¿Cuál es tu sueño?

¿Cuál es tu sueño

Descubre qué te apasiona.
Ama tu trabajo.
Crea una vida más plena.

Simon Squibb

Traducción de Nora Escoms

EMPRESA ACTIVA

Argentina – Chile – Colombia – España
Estados Unidos – México – Perú – Uruguay

Título original: *What's Your Dream?*
Editor original: Century, un sello de Cornerstone, Penguin Random House
Traducción: Nora Escoms

1.ª edición: octubre 2025

ISBN: 978-84-18308-18-5
E-ISBN: 979-13-87557-84-3
Despósito legal: M-17.348-2025

Fotocomposición: Urano World Spain, S.A.U.

Impreso por: Romanyà Valls, S.A. – Verdaguer, 1 – 08786 Capellades (Barcelona)

Impreso en España – *Printed in Spain*

Para Aidan,
que me inspira para hacer del mundo un lugar mejor.

Índice

ADVERTENCIA N.º 1

Cuando conozco a alguien que dice estar verdaderamente conforme con su vida, no le pregunto nada más. No le pregunto si tiene un sueño, porque sé que ya está viviéndolo. Lo felicito y guardo el micrófono.

Si te identificas con esa persona, puedes dejar de leer este libro. No es para ti. No te ayudará y, de hecho, podría hacer lo contrario.

Pero, si tienes alguna duda, una sensación de que quizás haya algo más en la vida, o de que tal vez deseas algo más, sigue leyendo. Lo escribí para ti. Para esas personas que aún no están cumpliendo su sueño. Y, en especial, para quienes ni siquiera saben aún que tienen uno.

INTRODUCCIÓN

—Curioso lotecillo, ¿verdad?

Era mi primera vez en una subasta inmobiliaria, pero quien parecía confundido era el hombre del martillo. Estaba a punto de abrir la puja, no sobre una casa, una oficina, un bloque de apartamentos ni una hilera de locales comerciales, sino sobre una escalera. Era un edificio abandonado, de cuatro pisos de alto y cuatro angostas ventanas de ancho, tan gris por dentro como por fuera. La manzana en la que se encontraba se había reurbanizado y solo quedaba eso: literalmente una escalera que no llevaba a ninguna parte, en espera de la demolición.

Me había enterado de la subasta el día anterior, escuchando a medias la radio mientras conducía. «Y se vende una escalera», había dicho el conductor del informativo, alzando la voz en tono de pregunta; casi se notó cómo arqueaba las cejas. Oí ese mismo tono al día siguiente, en la voz del subastador. Yo estaba sentado en la primera fila con mi hijo Aidan, de seis años, y mi equipo, con una paleta en la mano, esperando el momento de hacer mi primera oferta.

La mayoría de los presentes se lo tomaban como un chiste, pero para mí era un asunto serio. En cuanto me enteré de que se vendía aquel extraño inmueble, supe que lo quería. Mientras conducía, mi mente retrocedió treinta y cinco años. Tenía yo quince cuando mi padre falleció súbitamente. Murió de un infarto delante de mí. En las semanas siguientes, mi madre y yo no dejamos de discutir: dos personas doloridas, y dos personalidades obstinadas que no sabían dar el brazo a torcer. Después de una discusión especialmente violenta, me dijo que me fuera y yo le tomé la palabra al pie de la letra. Creo que ambos sabíamos que el otro no hablaba en serio, pero ninguno de los dos estaba dispuesto a disculparse ni a aplacar los ánimos. Me fui y nunca regresé.

Durante algunas semanas, me alojé en una casa que apenas merecía considerarse un refugio para okupas; no tenía dónde dormir. Pasé algunas noches en el sofá de algún amigo, y otras, en la calle. Caminaba por la avenida comercial de Saint Neots hasta salir de la ciudad y luego volvía sobre mis pasos: cualquier cosa con tal de combatir el frío, de pasar el tiempo. Uno de esos días, mucho después de caer la noche, cuando el silencio indicaba que toda la gente que tenía una cama ya se había ido a dormir, me llamó la atención una hendija de luz mientras caminaba. Había una puerta entreabierta y la empujé. Dentro, con la tenue luz, vi un cartel que señalaba una salida para incendios. Miré la escalera que tenía ante mí y supe que era lo mejor que podía hacer: lo más cercano a un refugio que encontraría esa noche. Me acurruqué en mi chaqueta, me acosté y me dormí.

Eso fue hace mucho tiempo, pero las palabras que salían de la radio me devolvieron al pequeño santuario que encontré aquella noche. Sabía que una escalera, incluso una que no lleva a ninguna parte, puede significar algo. A veces es el primer paso hacia algo mucho más grande.

La puja empezó en 23.600 euros. Parecía absurdo gastar tanto dinero en un edificio que no servía para nada. Por lo general, no me gusta comprar inmuebles, y hasta aconsejo a la gente que no lo haga como inversión. Sin embargo, allí estaba yo, dejándome arrastrar a una batalla de ofertas por algo que, a todas luces, no valía nada. El precio fue subiendo poco a poco, de 24.000 a 26.000 euros. En ese punto, levanté mi paleta por primera vez. Seguían llegando ofertas de personas que no estaban en la sala: 27.000, 28.000. Cuando volví a levantar la mano por casi 30.000, no estaba seguro de cuánto más subiría el precio. Pero ahora que había empezado a subir mi oferta, no iba a detenerme.

—¿30.100 euros?

El subastador formuló la pregunta, pero no hubo respuesta. Quienes participaban en línea ya no ofrecían más. La sala semivacía quedó en silencio. Entonces cayó el martillo con un golpe decisivo. Alcé a Aidan y festejé el resultado.

—¡La conseguimos!

Las risas nerviosas que se oyeron a continuación me indicaron que la gente no solía reaccionar así en las subastas. Pero aquel no era un lote cualquiera. Hasta el mismo subastador admitió que nunca había vendido algo así.

Casi de inmediato, empezaron a llamarme de la BBC, de *The New York Times* y otros medios, para preguntarme por qué había cometido semejante locura.

En pocos minutos, había firmado un contrato y pagado un anticipo, y ya era, irreversiblemente, el propietario de lo más extraño que se pueda comprar jamás: probablemente el edificio más feo de Twickenham. Más tarde, tras un viaje en taxi, llegamos allí. Un edificio sin dirección, sin código postal, sin ninguna razón de ser. Gris y mugriento, sobresalía del fondo de un edificio de apartamentos, con coches estacionados a la izquierda y unos enormes cubos de basura a la derecha. Aún no teníamos las llaves, pero, igual que tantos años atrás, la puerta estaba abierta. La empujé y, al entrar, nos topamos con una vista extraña: habían arrojado allí todo tipo de desperdicios, incluso bicicletas, armazones de camas y extintores de incendios. Parecía un caos del que nada podía rescatarse. Supe de inmediato que era perfecto.

La escalera no era solo un bonito recuerdo. Estaba a punto de convertirse en la base de un negocio que yo había fundado poco antes de esa visita a la sala de subastas y que creo que será el emprendimiento más importante de mi vida. Se llama HelpBnk y su misión es ayudar a diez millones de personas a emprender y perseguir su sueño, gratis. La idea es increíblemente simple: te suscribes a la plataforma y pides apoyo con tu idea de negocio, o bien ofreces ayudar a otros con la suya. Decidí crearlo porque, durante mis más de tres décadas como empresario, muchas veces necesité asistencia u orientación pero no las conseguí, o no podía pagar para acceder a ellas. Nunca olvidé cómo fue tener quince años, dirigir mi primer negocio y pedirle ayuda a un empresario local. Él quería dinero, y yo no lo tenía. Le rogué que me ayudara de todos modos. Él sonrió, meneó la cabeza y dijo unas palabras que jamás olvidé: «Si no pagas, no prestas atención». Siempre supe que eso no es verdad, pero me llevó treinta y cinco años demostrarlo. Por eso creé HelpBnk: una plataforma que permite que unas personas ayuden a otras y les ofrezcan los consejos, el apoyo, los conocimientos o la mentoría que necesitan para cumplir su sueño. Ese es mi sueño: un mundo en el cual todos nos sintamos libres de ayudar a otros sin cobrarles y sin condicionamientos, libres de dar sin esperar nada a cambio.

Durante un tiempo, había promocionado esa idea de *#GiveWithoutTake* (#DarSinRecibir) como una empresa unipersonal, mantenida por mi excelente equipo. Si me conoces de alguna parte, probablemente es por ser el tipo de TikTok que se acerca a personas por la calle y les pregunta si tienen un sueño, y que a veces les ofrece dinero para que renuncien a su empleo y se dediquen a ello. Cuanto más hacía eso, más me convencía de que muchos ya tenemos ese sueño. Solo que no sabemos cómo cumplirlo. Nos da miedo dar el salto, no confiamos en nuestra capacidad o no estamos seguros de cuál debería ser el primer paso.

Hay millones de sueños que viven en la cabeza de la gente, a la espera de la chispa que les dé vida. Ideas que podrían mejorar mucho la vida de algunos ciudadanos. Solo necesitan una ayudita. Una sola persona que crea en ellas. Lo sé porque, cuando me acerco a la gente que trabaja en los supermercados, en locales de comida rápida, en las estaciones de ferrocarril y en las obras en construcción, muchos están ansiosos por contarme a mí, un desconocido, sobre la marca que quieren crear, los países que quieren conocer y el cambio que quieren generar en el mundo. Acerca de su sueño de ayudar a otras personas a tener un hogar, de apoyar a quienes sufren de cáncer o de fabricar ropa para pacientes que acaban de someterse a una cirugía traumática. Eso no significa que odien su trabajo, tan solo que están convencidos de que quieren hacer algo más con su vida.

Todo ese potencial existe. ¿Te imaginas qué podría ocurrir si lo liberáramos? Me entusiasmo con solo escribir sobre ello, y por eso los sueños son una fuerza tan potente.

Y también por eso la escalera estaba a punto de hallar su utilidad. En un principio, pensé que podría ser un espacio donde la gente pudiera acudir en busca de asesoramiento: un local de atención al público de HelpBnk. Luego Dudley, un integrante de mi equipo, sugirió una idea aún mejor. Señaló algo más que faltaba en aquel edificio sin nombre, código postal ni dirección. Un timbre. Podíamos instalar un timbre con una cámara de vídeo e invitar a las personas a que vinieran a contarnos su sueño. Las grabaríamos a todas, subiríamos el contenido a internet y buscaríamos maneras de ayudarlas. Hasta entonces, yo me acercaba a la gente al azar para preguntarle si tenía un sueño. Ahora, la gente que ya conocía su sueño podía venir a la escalera y tocar el timbre.

Y así fue. Empezaron a llegar vídeos a raudales: incluso una persona me etiquetó en una publicación en la que decía que estaban iniciando un viaje de seis horas desde Escocia hasta Londres para tocar el timbre. Si te llevara allí ahora, a aquel edificio de aspecto extraño cercano a la calle principal de Twickenham, veríamos algo: una persona de pie con un papel, con su sueño en la mano, practicando las palabras. La veríamos vacilar, ensayar por última vez y, por fin, tocar el timbre.

De esta manera, cientos de personas se acercaron a la escalera y dieron ese primer paso fundamental para cumplir su sueño: decirlo en voz alta y contarle a alguien que van a hacerlo. Habíamos convertido aquella escalera que no llevaba a ninguna parte en la fábrica de sueños más inesperada del mundo.

Instalé el timbre porque estoy convencido de que una de las cosas más importantes que se pueden hacer por una persona es invitarla a contarte su sueño, a tomarla en serio, e intentar ayudarla a cumplirlo. Quiero brindar a la gente la ayuda y el aliento que yo necesitaba con desesperación, pero no pude conseguir a mis quince años, cuando vivía en la calle y no tenía dinero. Quiero que más personas tengan la oportunidad de cumplir su sueño y de dar el primer paso que llevará a muchos más.

Este libro es el siguiente paso en ese proceso. Es mi argumento para explicar por qué todo el mundo debería tocar el timbre —aunque ese timbre no exista más que en su mente— y seguir una guía que indica qué hacer a continuación. Es todo lo que he aprendido tras años de fundar, dirigir e invertir en decenas de empresas y de hablar con personas sobre cómo descubrir y cumplir sus sueños.

En este libro, analizaré por qué es necesario tener un sueño y cómo, si se lo permitimos, este se convertirá en una fuerza motivadora en nuestra vida. Hablaré de cómo puedes descubrir el tuyo, porque te prometo que este existe aunque no sepas aún dónde y cómo buscarlo. Además, te explicaré qué hacer una vez que lo tengas: los pasos prácticos que debes dar para empezar a convertir una visión audaz en una realidad trascendente.

Me apoyaré en mi experiencia como emprendedor, desde que inicié mi primer negocio a los quince años, cuando vivía en la calle en Cambridgeshire, hasta que desarrollé Fluid, una agencia creativa digital en Hong Kong que más tarde se vendió a PricewaterhouseCoopers: algo que mi esposa, Helen, y yo construimos a partir de una idea en el dorso de un posavasos de cerveza hasta convertirla en una empresa que fue adquirida por una de las consultoras más grandes del mundo. Te contaré lo que aprendí de los muchos emprendedores a quienes conocí; algunos serán nombres conocidos y otros no. Y te mostraré cómo algunas personas que empezaron con apenas una idea en su mente pudieron convertirla en algo increíble que les cambió la vida.

Tengo la esperanza de que, cuando termines de leer este libro, tu sueño ya no sea un deseo lejano sino una realidad que esté al alcance de tu mano. Si lo lees detenidamente, haces lo que te aconsejo y buscas muy dentro de ti para hallar tu propósito, sus páginas pueden ser un billete hacia la vida que siempre soñaste.

Pero primero permíteme responder una pregunta que, presiento, algunos querrán hacerme. ¿Por qué esto es importante? ¿Por qué incido tanto en esto de los sueños y los timbres? Es simple. Cuando tienes un sueño y has identificado un propósito, te cambia la vida. Todo empieza a cobrar sentido, porque ya no juegas según las reglas de otro. Todo el trabajo que realizas responde a una razón importante que hace que valga la pena. Ya no cuentas las horas que faltan. Ya no tienes que obligarte a levantarte por la mañana. Ya no trabajas para beneficio de alguien a quien nunca conocerás. Tienes la única motivación que importa: la que tú mismo te has infundido.

Un sueño es algo potente y necesario. Y también es cosa seria. No me refiero a nociones difusas o fantasías vagas, sino a una base sólida, algo sobre lo que puedas construir toda tu vida. Necesitas claridad para pensar en tu sueño, disciplina para definirlo y perseverancia para cumplirlo. Debes escapar de la trampa de las aspiraciones que no son sueños de verdad, esquivar las excusas y los mitos generalizados que nos impiden ir a por nuestras metas, y aprender a aceptar el miedo, hacerte fuerte para enfrentar los riesgos, perseverar ante la adversidad y elegir el momento indicado para apartarte y pasar a otra cosa.

La buena noticia es que todo eso se puede enseñar. No se trata de habilidades especiales ni de poderes mágicos. Lo he hecho yo mismo muchas veces, y he ayudado a cientos de personas a conseguirlo. Definir un sueño y luchar por cumplirlo no es un lujo: es algo que todos necesitamos y que cada uno de nosotros tiene la capacidad de lograr. Hazlo, y nunca más querrás volver a la vida que tenías antes.

Plantear la pregunta es solo el comienzo. Lo que tiene el poder de cambiarlo todo es lo que viene después. Entonces, yo te interpelo: ¿Cuál es tu sueño? ¿Y quieres saber cómo conseguirlo?

PARTE I

¿Por qué soñar?

*Los sueños, el propósito
y lo que nos impide cumplirlos*

1

Los mitos sobre la vida

Durante la mayor parte de mi vida, jamás pensé en tener un sueño. No sabía que necesitaba uno. De hecho, cuando por fin comprendí la vital importancia de eso, ya tenía más de cuarenta años y había vendido una compañía.

Después de irme de casa a los quince años y emprender mi primer negocio, de servicios básicos de jardinería, no paré: me pasaba los días trabajando, buscando posibles clientes, hallando nuevas ideas. Más tarde, tras vender mi empresa por varios millones, ya podía hacer todo lo que quisiera. Por primera vez en mi vida, tenía total libertad. No tardé mucho en darme cuenta de que la detestaba.

Al principio, no te das cuenta de lo que te falta. Gastas un poco del dinero que ganaste: una casa bonita, el coche que siempre has querido, las vacaciones que siempre habías postergado por la empresa. Juegas al golf, tomas baños calientes y te dices que esa es la vida que querías. Y, durante un tiempo, te lo crees.

Hasta que caes en la cuenta. Cada vez que alguien dijo que el dinero no compra la felicidad, estaba en lo cierto. A mí siempre me había parecido una frase hecha. Habiendo empezado sin nada, yo había trabajado y trabajado hasta tener mucho dinero y la libertad que este trae aparejada. Me había convencido de que lo que yo quería era tener seguridad financiera y poder retirarme a los cuarenta años. Pero luego comprendí la verdad: ganar dinero me había dado satisfacción, pero tenerlo no. Ya no estaba construyendo algo, sino conservando lo que ya poseía.

Ahora que disponía de toda la libertad del mundo y suficiente dinero para no tener que trabajar nunca más, ¿qué era lo que quería? Al pensar en eso, me di cuenta de que nadie me había hecho esa pregunta nunca. Y, peor aún, no me lo había preguntado yo mismo. En la escuela, había dado por sentado que me dedicaría a un oficio donde haría un trabajo manual sin aspirar a nada más. Luego, cuando me fui de casa, no tenía opción: necesitaba encontrar un empleo y ganar dinero para sobrevivir. De un modo u otro, es lo que hago desde entonces.

Me había devanado los sesos buscando el modo de que mis empresas tuvieran éxito. Pero nunca me había planteado qué significaba el éxito para mí. Qué era una buena vida. Qué me daría felicidad y plenitud. Había puesto la mira en un solo punto y perdido de vista el resto.

Empecé a tomar conciencia un día mientras cumplía con mi única obligación fija: llevar a mi hijo a la guardería y recogerlo más tarde. En busca de comunidad, había estado experimentando con las redes sociales, y una mañana, después de dejarlo en la guardería, publiqué un vídeo. Dije lo que pensaba en ese momento: que era la mejor parte del día para mí y que me sentía el hombre más afortunado del mundo. Estaba viviendo un sueño: ya no necesitaba trabajar y podía pasar todo el tiempo que quisiera con mi hijo. Para mí, eso era el éxito.

Para entonces, tenía unos pocos miles de seguidores. Por la razón que fuera, el vídeo se viralizó; fue la primera vez que sucedió. Pronto empezaron a llegar los comentarios, algo a lo que no estaba habituado. Algunos eran humorísticos («Yo estoy desempleado y también puedo hacer eso»), pero otros eran críticas. Hubo uno en particular que me llamó la atención: «Deja de publicar estupideces. No todo el mundo puede tener un sueño». Al principio, el comentario me fastidió, pero pronto empezó a intrigarme.

¿Por qué no? ¿Por qué no debería alguien tener un sueño? De hecho, ¿no deberíamos todos tener uno?

Entonces la cuestión comenzó a carcomerme. ¿Acaso yo tenía un sueño?

¿Lo había tenido alguna vez? ¿Y era lo que estaba viviendo? Por mucho que me gustara cuidar de Aidan y participar en su crianza, sabía que no duraría para siempre. En poco tiempo más, crecería y tendría su propia vida. Ya no me necesitaría. Entonces, ¿cuál era mi sueño, algo a lo que dedicarle el resto de mi vida?

No podía olvidarme de aquel comentario y, cuando volví a casa, le respondí: «¿Tienes un sueño? ¿Cuál es?».

¿Cuál es tu sueño?

Es una pregunta engañosa: parece simple, pero, en realidad, es difícil de responder; parece inocente, pero, a la vez, es profundamente provocativa. Puede parecer ingenua en un primer momento, pero lo que respondas será increíblemente revelador de dónde te encuentras en la vida.

Aquella mañana, en aquella respuesta, fue la primera vez que formulé esa pregunta. Algunos dicen que los inspiraron sus padres; otros, que fue un hermano, un maestro o un mentor. Para mí, fue un trol en internet. Así que gracias, desconocido de TikTok. Si no te gusta lo que estás por leer, échale la culpa a él.

Aquel seguidor descontento nunca me respondió. Pero sus palabras se quedaron grabadas en mi mente. Si, en todo aquel tiempo, yo no había tenido un sueño, ¿qué había estado haciendo? ¿Cómo había llevado mi empresa a un desenlace exitoso, y de la manera correcta?

Me hizo pensar, por primera vez, en qué es realmente el éxito y cómo podemos lograrlo.

Pensé en las empresas que había creado, en los éxitos y los fracasos, en las historias que yo mismo me contaba y en cómo las recordaba ahora. Al hacerlo, tomé conciencia de algo. Tenemos algunas ideas muy raras de lo que es el éxito y de cómo se logra. Mitos y conceptos erróneos que indican que a menudo apuntamos a las cosas que no debemos e intentamos conseguirlas como no debemos. Cosas que son obstáculos para los sueños verdaderos.

Mientras reflexionaba sobre mi vida en retrospectiva, me di cuenta de que, si bien había triunfado a todas luces, también me había equivocado mucho. No solo había cometido errores: también había entendido mal las cosas. Los mitos me habían encandilado e impedido ver algunas verdades más fundamentales.

El viaje que me llevó a comprender la importancia de tener un sueño comenzó cuando identifiqué esos mitos y el papel que desempeñaban en mi vida. Creo que tu viaje también debería empezar por allí. Así como un jardinero prepara la tierra antes de sembrar el césped, o un pintor lija una pared antes de tomar la brocha, vas a necesitar una superficie limpia sobre la que tu sueño pueda adherirse: una superficie de donde se hayan barrido las ideas que seguramente son perjudiciales.

Esto es importante, porque estos mitos están por doquier y son muy potentes. Empiezan con lo que suelen enseñarnos en la escuela y se siguen reforzando durante toda nuestra vida. Los mitos están tan difundidos que es fácil vivir toda una vida de acuerdo con ellos.

Antes de entrar de lleno en el tema del sueño, es necesario quitar de en medio todo ese equipaje. Debemos desprogramarnos de algunas de las ideas más comunes —y, a menudo, más dañinas— que nos han inculcado. Aquellas que nos han dicho que nunca debemos cuestionar —lo que explica por qué uno de mis mantras en la vida es que es necesario cuestionarlo todo, y eso incluye lo que te digo aquí—. Si no aprendes a identificarlos, rechazarlos y superarlos, estos mitos acabarán con tus sueños.

Mito n.º 1: Cuanto más trabajo, más suerte tengo

El primer mito es uno que descubrí cuando observaba mi trayectoria en retrospectiva. Durante quince años, me había convencido de que a la empresa le iba bien porque tanto yo como todos los demás trabajábamos mucho. Porque nos quedábamos hasta tarde, hasta muy entrada la noche, y siempre estábamos dispuestos a hacer una llamada más antes de dar por terminado el día. A todos nos lo han dicho: cuanto más trabajas, más suerte tienes. Es lógico, ¿no?

Y yo había trabajado muchísimo. En comparación con la brillante creatividad de mi esposa, Helen, con quien había creado la compañía, mi única habilidad verdadera era trabajar mucho. Así nos organizamos cuando se nos ocurrió lanzar una agencia creativa llamada Fluid, al poco tiempo de conocernos. Ella se ocuparía del diseño y yo, de vender. Y eso no cambió en los años siguientes, mientras formábamos equipos a nuestro alrededor. Había sido necesario trabajar mucho, pero no fue por eso que tuvimos éxito. El trabajo, por sí solo, no explicaba nada. Yo ya tenía suficiente experiencia para saber que muchas personas habían emprendido proyectos con todo su empeño y aun así habían fracasado. Había visto a empresarios que se agotaban intentando sacar a flote sus compañías, trabajando durante años sin parar ni tomarse vacaciones. Cuando me detuve a pensarlo, comprendí que el trabajo duro tiene tanto en común con el fracaso como con el éxito.

Pero en todo el tiempo que pasamos desarrollando la empresa, no lo había pensado. Había dado por sentado que teníamos éxito porque trabajábamos mucho. Que nuestro crecimiento era el producto del esfuerzo. Los comentarios de la gente cuando nos iba bien reforzaban esa idea: «Felicidades, habéis trabajado mucho para lograrlo». Como si el esfuerzo fuese la única causa de lo que habíamos conseguido, y no la capacidad, el buen criterio, la creatividad o la suerte. ¿Por qué a todos nos seduce tanto esta idea de trabajar a destajo e insistimos en usarla para explicar nuestros logros? ¿Por qué este mito está tan difundido?

En parte, por modestia. Cuando a la gente le preguntan cómo ha logrado tener éxito, muchos se lo atribuyen a otros: tuvieron buenos padres, buenos maestros, un equipo fantástico. Y, si se insiste en la pregunta, responderán que trabajaron duro. A casi todos nos resulta más fácil responder «trabajé duro» y «tuve suerte» que decir «sí, me fue bien» o «fuimos más listos que la competencia». Explicar el éxito como resultado del esfuerzo significa que no necesitas admitir tu propia capacidad o poner énfasis en lo que hiciste bien. Lo decimos y oímos a otros decirlo con tanta frecuencia que hemos acabado por creerlo. Por eso es una mentira tan común: la gente ni siquiera es consciente de estar mintiendo.

Aun así, la falsa modestia por sí sola no basta para explicar este mito. Nos empeñamos en venerar el esfuerzo por derecho propio. Es una de las creencias fundamentales que nos inculcan desde el comienzo.

Piensa en cuando ibas a la escuela. Durante los primeros años, era divertido. Pintabas, dibujabas, te leían cuentos, cantabas, bailabas, jugabas. Luego, a la avanzada edad de ocho años, todo cambiaba. Tenías que dejar atrás todas esas tareas creativas y maravillosas. Apartarlas, pues eran actividades infantiles, aceptables solo para los más pequeños. Ahora tenías que hacer otras cosas: memorizar, dar exámenes, aprobar y reprobar. Cuanto más podías memorizar y repetir, mejor te iba. Aprendías, por primera vez en tu vida, que, para triunfar, había que esforzarse. Estudiar mucho para conseguir un buen empleo. Trabajar mucho para adquirir una vivienda. Trabajar más para mantener a tus hijos y comprar una casa más grande. Seguir trabajando para poder retirarte con una buena jubilación. Hagas lo que hagas, nunca dejes de trabajar.

El problema de todo esto no es que el esfuerzo sea algo malo. Es necesario para todos y, si estamos persiguiendo un sueño, lo conseguiremos sin intentarlo.

El problema es hacer del esfuerzo la meta final. Decir que, si lo haces, seguro que vas a conseguir lo que desees. Difundir la idea de que es el esfuerzo, más que el perseguir tus sueños, lo que te dará plenitud.

Esta mentalidad te dice que no es necesario que pienses. Que basta con que bajes la cabeza y te dediques a la tarea que tienes entre manos. Trabaja duro y lo demás se dará por añadidura.

Es parte de una visión prescriptiva de la vida que dice que hay que ser sensato, realista y cuidadoso. No renuncies a tu empleo para emprender. No te dediques a algo que no sea estable. No intentes nada que la gente que te rodea no entienda o con lo que no se identifique.

Por eso me fastidia ese evangelio de considerar el esfuerzo por encima de todo. Por eso me parece un mito peligroso. Porque nos dice que NO soñemos. Que no abordemos nuestras mayores ideas y nuestras más profundas ambiciones si tienen alguna pizca de riesgo. Que no nos bajemos de la noria ni pensemos qué queremos realmente en la vida.

En lugar de eso, nos dice que sigamos, que recorramos el mismo camino que nuestros padres y nuestros compañeros, que respetemos las reglas y confiemos en que nuestro esfuerzo —por lo general en nombre de otro y mayormente para beneficio de otro— será recompensado. Y que veamos nuestros sueños como una forma de esfuerzo que es demasiado difícil: imposible de lograr, poco realista e incluso egoísta.

Es una visión estrecha y abnegada del mundo. Y me consta que es una mentira porque, aunque en mi vida he trabajado mucho, mi mayor éxito llegó cuando no estaba haciéndolo. Tuve mis mejores ideas de negocio mientras estaba de vacaciones y mi mente no estaba enfocada en la compañía. Gané más dinero que nunca en los últimos años de Fluid, cuando pusimos a otra persona al mando de la empresa y me relegué al segundo plano. Además, en todas las compañías que tuve, los resultados mejoraron cuando aprendí a delegar las tareas importantes en personas capaces. Cuanto menos me aferré al mito de que esfuerzo es igual a éxito, más prosperamos mis empresas y yo.

Aquí hay una lección: no logramos el éxito obligándonos a trabajar duro como si fuera una especie de castigo. De hecho, conseguimos más cuando trabajamos con inteligencia y en algo que realmente queremos hacer. Cuando estamos persiguiendo un sueño que nos anima y nos impulsa, en lugar de golpearnos la cabeza contra la puerta del esfuerzo por el esfuerzo mismo. Por eso, el primer paso hacia el éxito es dejar este mito en los libros escolares, donde debe estar.

Mito n.º 2: Fracaso es igual a desastre

Cuando pregunto a una persona si tiene un sueño, siempre dispongo de una segunda pregunta en espera. Si alguien me cuenta cuál es su sueño, primero lo felicito. Y después le pregunto: ¿Por qué todavía no empezaste a hacer eso?

La gente da muchas razones, y un poco más adelante examinaremos estas barreras con más detalle y analizaremos cómo superarlas. Pero la que en verdad se me grabó en la mente tiene seis palabras, que por lo general se pronuncian en voz ligeramente más baja que las anteriores:

«Tal vez no me vaya bien».

De todos los mitos que promueven la sociedad y la educación tradicional, este miedo al fracaso es quizá el más dañino. Nos enseñan a creer que está mal equivocarse. Que el fracaso es una vergüenza, un secreto sucio que hay que esconder. Que demuestra que somos tontos y nos falta talento. Que nunca seremos lo suficientemente buenos. Es una idea generalizada y corrosiva, que nos impulsa a renunciar a nuestros sueños incluso antes de hacer el intento de cumplirlos.

Igual que la creencia en el esfuerzo, esta comienza en la escuela. A menudo, en el aula nos enseñan que hay respuestas correctas e incorrectas, o que tenemos que contestar de cierta manera para sacar una buena nota en un examen. Eso continúa mientras obtenemos los resultados de esos exámenes y entramos en la universidad o nos capacitamos en algún oficio. Un empleo de prestigio, y luego otro más. Ascensos y bonificaciones por buen desempeño. Son todas cosas en las que nos va bien o mal. Eres capaz de hacerlo o no. Estás por encima de la línea o por debajo. El éxito es el cielo, y el fracaso, el infierno.

El problema de esta creencia es que casi no tiene relación con el modo en que las personas consiguen realmente las cosas, y con lo que se necesita para lograrlo. A ver si puedes encontrar un empresario exitoso que no haya pasado por decenas de fracasos: o a la empresa le fue mal, o sus ideas no llegaron a nada o se arrepienten de las decisiones que tomaron. O un inventor que no tenga una lista de prototipos fallidos tan larga como el diccionario. O un actor al que nunca le haya ido mal en una audición, o un atleta a quien nunca hayan dejado fuera del equipo.

Fíjate en el chef Jamie Oliver. Nadie puede negar que tiene un éxito fantástico. Es uno de los autores más vendidos de todos los tiempos en el Reino Unido, superado tan solo por J. K. Rowling y Julia Donaldson, la autora de *El grúfalo*. Es una de las mayores estrellas de la televisión. Y ha tenido una enorme influencia en la sociedad con su campaña por la comida saludable.

También sufrió uno de los fracasos comerciales más catastróficos de los últimos años. En 2019, todo su imperio comercial se derrumbó. Su compañía debió ser intervenida y tuvo que clausurar veintidós restaurantes, con lo cual dejó a mil empleados en la calle. Lo más doloroso fue que se vio obligado a cerrar el primer restaurante que había abierto, Fifteen, donde todo el personal estaba compuesto por jóvenes de entornos desfavorecidos o vidas problemáticas. Durante casi dos décadas, había cambiado la vida de todos los que trabajaban en ese restaurante y en sus sucursales por todo el país. La suya era una empresa brillante cuyo propósito radicaba en rehabilitar a jóvenes vulnerables, brindarles una segunda oportunidad y una capacitación que les serviría de por vida. Pero tuvo que parar. Mientras tanto, perdió casi treinta millones de euros de su fortuna intentando, sin éxito, sostener su grupo de restaurantes y evitar la quiebra. «Cuando todo estaba mal, parecía un colador: la empresa estaba llena de agujeros y no había nada que pudiera hacer para taparlos», comentó más tarde.

Fue un enorme fracaso. La prensa lo denigró y, cuando lo entrevistaron, Jamie lloró en televisión. Pero, al mismo tiempo, fue un fracaso relativo que no restó valor a todo lo que ya había logrado, ni le impidió volver al ruedo. En 2023, una vez más, su empresa tenía ganancias multimillonarias, nuevamente estaba abriendo restaurantes y expandiendo su escuela de cocina. Juró no volver al sector ya saturado de los restaurantes en cadena, ni tratar de crecer con tanta rapidez como antes. Había aprendido de su fracaso y este no le impidió triunfar otra vez. De hecho, es como si el fracaso lo hubiese motivado a seguir, a reconstruir lo perdido y a hacerlo mejor la segunda vez. Te apuesto que, si se lo preguntaras, diría que llegó a ser mejor empresario por la dimensión del fracaso y las pérdidas financieras que había sufrido.

Puede que sea un ejemplo extremo, pero contiene una lección universal. Quizá no todos perdamos millones en un fiasco comercial, pero sí todos experimentaremos fracasos que nos parecerán desastrosos. Tenemos que aceptarlo y estar preparados. Es más: debemos acoger esos momentos. En lugar de aceptar el mito que muestra el fracaso como algo que hay que evitar, debemos tomarlo como algo que podría beneficiarnos. Debemos perseguir nuestros sueños plenamente conscientes de que vamos a naufragar en algún momento y que eso nos hará mejores, en lugar de dejar que la amenaza del hundimiento nos impida hacer el intento.

Te lo dice alguien que ha visto fracasar muchos emprendimientos y triunfar unos pocos. Cada experiencia te enseña algo, y llegas a ser mejor justamente porque fracasaste. La próxima vez estarás mejor equipado para triunfar. Serás más consciente de los obstáculos y no te cogerán desprevenido los acontecimientos que al principio resultan inesperados, pero que, con la experiencia, se vuelven previsibles. A través del fracaso, obtienes datos y desarrollas una comprensión que no podrías conseguir de otro modo. Así ganas conocimiento, afinas tus instintos y, en última instancia, logras cumplir un sueño ambicioso.

Uno de mis fracasos más importantes fue en un área inesperada: la de los libros de historietas. Mientras encabezaba Fluid, inicié un emprendimiento conjunto con un destacado empresario de Hong Kong. Teníamos planeado invertir en todo tipo de cosas, desde restaurantes conceptuales hasta los principales eventos deportivos de la ciudad. Nuestro primer proyecto fue una novela gráfica. Por aquel entonces, comenzaba el auge de Marvel Cinematic Universe y los superhéroes eran el gran negocio. Nuestra idea era simple: ¿Y si Batman hubiese ido a parar a China, o Superman hubiese nacido en la India? ¿Y si pudiéramos hacer para Oriente lo que Marvel y DC habían hecho en Occidente? El resultado fue *DevaShard*, un libro de historietas protagonizado por dos hermanos e inspirado en el *Mahabharata*, un poema épico sánscrito que databa del siglo III antes de nuestra era. Era original, maravillosamente producido por una combinación de artistas locales y otros famosos, y de inmediato atrajo la atención del público.

La respuesta positiva fue apabullante, y parecía que habíamos acertado en la apuesta. Especialmente cuando algunas de las productoras más importantes empezaron a interesarse en llevar nuestra historieta al cine; con eso, habría podido dejar de ser una publicación para un público reducido y convertirse en un éxito mundial. En dos oportunidades, creímos tener el acuerdo asegurado. La segunda vez, firmamos un memorando de entendimiento con una importante productora cinematográfica, y la prensa anunció que iban a convertir *DevaShard* en una película de ochenta millones de dólares, de la magnitud de *El señor de los anillos*.[1]

Lleno de entusiasmo y confianza, gasté más y más en *DevaShard*: agregué mejores valores de producción y más personal para las ediciones subsiguientes. Pero la industria del cine es lenta, y las promesas viajan mucho más rápido que las garantías. Poco a poco, nos quedó claro que todos aquellos titulares y memorandos acabarían en nada. Cuando se cayó el segundo acuerdo y aceptamos que el sueño de hacer la película de *DevaShard* no se haría realidad, ya habíamos gastado un millón y medio de dólares. Todo aquel dinero había comprado un hermoso producto que encantaba a los fans pero, como emprendimiento serio, no tenía futuro. Nos vimos obligados a afrontar las pérdidas y bajar la cortina.

Fue un revés colosal. Jamás, ni antes de eso ni después, había perdido tanto dinero. Pero, tras reponerme de la decepción inicial, nunca me arrepentí de haberlo hecho. A pesar de las pérdidas económicas, fue el fracaso más gratificante de mi vida. Lo pasé estupendamente bien aprendiendo sobre áreas de las cuales no sabía nada, e incluso viajé a San Diego para presentar *DevaShard* en la Comic-Con. Aún me encanta el producto que creó nuestro brillante equipo y creo que algún día puede llegarle su hora. Además, la experiencia sirvió para solidificar algunas lecciones de negocios; la más importante: no gastar lo que no se tiene, y no invertir en un emprendimiento basado en promesas vagas. Aprendí muchas cosas que antes no sabía, y la experiencia me hizo un mejor emprendedor. Algunos años más tarde, encontré otra razón más para estar agradecido por el fracaso. Uno de los productores que habían querido hacer una película basada en *DevaShard* era Harvey Weinstein. Había mostrado interés en la historieta y quería hacer una película sobre uno de los personajes. No estuvimos de acuerdo con sus condiciones y no aceptamos el trato. Cuando el negocio fracasó, ese «no» empezó a parecernos sumamente costoso. Lo recordaba como una oportunidad perdida y pensaba que la culpa era mía. Mucho más tarde, me di cuenta de que tal vez había sido un escape con suerte. Resultó que ese «no» había sido la respuesta correcta, y el fracaso, el mejor resultado. Una de las cosas más importantes que quiero enseñarte es que no te conviene hacer negocios con las personas equivocadas.

Mi experiencia con *DevaShard* me ayudó a entender que es necesario aprender a sentirse cómodo con el fracaso. Tienes que aceptarlo, aprender de él y entender que suele ser el precio del riesgo. Sobre todo, no puedes dejarte derrotar por él.

Eso no significa que podamos desterrar el miedo al fracaso. Es normal y sano no querer fallar, pero es una esperanza imposible. Si aceptas los riesgos apropiados, lo más probable es que tengas grandes fracasos en tu vida. Lo importante es cómo reacciones a ellos, la medida en que puedas entrenar tu mente para vivir con él y aprender de él. Cuanto más cómodo te sientas con el hecho de equivocarte, mejor podrás aceptar los riesgos que te den buenos resultados, los riesgos que necesitas para conseguir tu sueño.

Para dedicarte de verdad a cumplir tu sueño, es necesario que plantes cara al miedo al fracaso que puedas estar sintiendo. Mi consejo es que definas el problema. Debajo de esa sensación general de temor hay otro sentimiento más profundo, más específico, que es necesario identificar. ¿Te asusta quedar en bancarrota, que los demás te juzguen, que te rechacen, o darle la razón a alguien que tiene una imagen negativa de ti? Ponle un nombre al miedo, escríbelo y trata de entender de dónde proviene.

El miedo a veces es material: a quedarte sin dinero y no poder mantener a tu familia. Ese es un temor práctico que tiene solución. Puedes reducir tus costes, tener ahorros para casos de necesidad y no dar el salto hasta que estés más o menos protegido contra el fracaso. O bien tu miedo puede estar arraigado en la idea de lo que pensarán los demás. Ese es un temor psicológico, pero tienes la capacidad de entrenar tu mente para superarlo. No olvides que, para mucha gente, juzgar y criticar a los demás es una forma distorsionada del respeto. Desearían tener la valentía de hacer lo que tú estás intentando y, al criticarte, desvían su atención de sus propias limitaciones. En esas circunstancias, tu miedo no es más que un simple reflejo del ajeno. Si comprendes eso, te resultará mucho más fácil superarlo. Nunca dejes que los demás definan lo que significan para ti el éxito o el fracaso. No crees una imagen falsa de cómo piensas que reaccionarán los otros, y no permitas que esa prisión que tú mismo has creado te impida perseguir tu sueño.

Siempre que voy a embarcarme en un proyecto importante o en un nuevo negocio, me planteo la misma pregunta. ¿La misión justifica el riesgo? Si puedo convencerme de que sí, seré capaz de controlar mis miedos y aceptaré cualquier fracaso que tenga.

Mito n.º 3: No está mal evitar las cosas difíciles

Nuestros antepasados tenían que salir a cazar. Era difícil, pero les daba un propósito: proveer para sus seres queridos y luchar por ellos. Ahora el mundo ha cambiado y, por lo general, compramos nuestros alimentos en el supermercado en lugar de tener que perseguirlos por el bosque. La vida es inconmensurablemente más fácil y deberíamos estar agradecidos por ello. Pero además es necesario reconocer lo que hemos perdido: ya no necesitamos luchar a diario para sobrevivir, y eso ha quitado agudeza a nuestros sentidos y apagado nuestro apetito por correr riesgos y rehuir aquello que es difícil de hacer.

Hoy vivimos en un mundo diseñado para la comodidad y la gratificación instantánea. Basta pulsar un botón para que nos traigan las cosas a nuestra puerta. Podemos trabajar desde nuestro hogar, encargar casi todo a domicilio y, de hecho, es más fácil que nunca quedarnos en casa cuando llueve y no queremos enfrentarnos al mundo.

Todo eso es muy bueno, hasta cierto punto. ¿A quién no le gusta la comodidad? Yo, que trabajo predominantemente en las redes sociales, sería el último en decir que necesitamos volver a la Edad de Piedra. Pero sí deberíamos saber adónde puede conducirnos todo eso si no lo tenemos presente. Debemos estar atentos al peligro de que la posibilidad de elegir nos lleve a optar por lo más fácil, de que la practicidad se convierta en indolencia y la comodidad impulse la falta de ambición. Es maravilloso tener toda la tecnología al alcance de la mano si la usamos bien, pero, si no, es una influencia nociva que puede impulsarnos a ser la peor versión de nosotros mismos, en lugar de la mejor.

El mayor riesgo que plantea esto es que empezamos a evitar aquellas cosas que son difíciles: precisamente las que necesitamos para lograr cualquier sueño importante. Nuestra forma de vida moderna fomenta la idea de que las cosas complicadas demandan demasiado esfuerzo cuando siempre se puede elegir una opción más fácil.

Si aceptamos este concepto, perdemos justamente lo que nos hace especiales. Los seres humanos aprendemos mediante la experiencia y crecemos en la adversidad. Los momentos que realmente nos moldean suelen ser los más difíciles de nuestra vida. No queremos que el día a día sea difícil todo el tiempo, pero sí necesitamos que lo sea de vez en cuando. Sin esos golpes, no crecemos como personas, no desarrollamos la confianza que nace de la resiliencia ni nos preparamos para hacer frente a los desafíos más importantes de nuestra vida. Además, las «cosas difíciles» suelen serlo mucho más en nuestra mente que en la realidad. Cuanto más las dejamos crecer, más intimidante nos resulta tener que enfrentarnos a ellas. En cambio, si nos obligamos a abordarlas, por lo general descubrimos que nuestros temores eran infundados.

Recordé esto cuando conocí a alguien hace poco, en Hong Kong. Estábamos filmando y, cuando detuve a ese hombre en la calle y le pregunté por su sueño, me di cuenta de que lo conocía. Había trabajado para mí hacía más de veinte años. No le había ido bien. En la entrevista me había dicho que estaba ansioso por tener éxito, pero al cabo de un mes resultó evidente que eso no era verdad. No era el trabajo indicado para él en ese momento de su vida, y él no estaba dispuesto a hacer lo necesario para alcanzar el éxito. En lugar de prolongar algo que no nos servía a ninguno de los dos, le dije que no renovaríamos su contrato al finalizar el período de prueba. Cuando nos encontramos, más de dos décadas después, rio y dijo que su sueño era volver a trabajar conmigo. Porque, aunque le había ido bien económicamente en la actividad bancaria, se sentía insatisfecho. No había asumido suficientes riesgos, pero había saltado de trabajo en trabajo y, a la vez, de un matrimonio a otro, y ya llevaba tres divorcios a cuestas.

No creo ser injusto con esta persona si digo que no había logrado lo que quería porque siempre buscaba lo fácil y esquivaba las cosas difíciles. Había evitado complicarse la vida y, en consecuencia, se sentía un poco vacío. Aquí hay una lección muy simple: cualquier cosa que desees conseguir en la vida, sea cual sea tu sueño, te prometo que será difícil. Es complicado mantener el rumbo, ya sea en un trabajo, en la dirección de tu empresa, en un matrimonio o una relación. Para hacerlo, necesitas adaptarte, crecer y desarrollarte como persona. Quienes estén dispuestos a hacer cosas difíciles harán todo esto, a diferencia de quienes prefieran quedarse sentados y tomar el camino fácil.

Por eso es necesario acabar con el mito de que está bien evitar las cosas difíciles y querer facilitarse la vida lo máximo posible. A menos que estés dispuesto a complicarte la vida una parte del tiempo, no crecerás, no progresarás y no conseguirás cumplir tu sueño.

Te daré un consejo. Deja este libro un segundo y haz una lista. Ponle como título «Las cosas difíciles». Ya sabrás cuáles son. Esa llamada que has estado postergando, el puesto para el que estás pensando en postularte, una actividad o un proyecto adicional que te has prometido emprender. Escríbelos y elige uno para empezar ahora mismo. Te garantizo que te sentirás mejor apenas logres el primer punto de tu lista. Dejarás de pensar que esas cosas son «difíciles» —y, por lo tanto, inaccesibles— y empezarás a aceptarlas como necesarias: cosas que te darán una vida mejor, pasos que estarás dando hacia tu sueño.

Esa fue la experiencia de una mujer que me dijo que su sueño era ser rica. Le dije que me parecía muy bien, pero que tendría que aprender a vender: la habilidad número uno en la vida, algo que todos debemos hacer, ya sea nuestro trabajo o no. Pero ella nunca había vendido nada. Para ella, esa habilidad esencial era una de las cosas difíciles de la vida que le parecía mejor evitar.

Sin darle tiempo a contarme todas las razones por las cuales no sería buena vendedora, tomé un bolígrafo que tenía en el bolsillo y le ofrecí cien euros si lograba vendérselo a alguien en la calle en los siguientes sesenta segundos. Sin capacitación, sin discurso de venta, sin planificación. Ella empezó a acercarse a los transeúntes y a conversar con ellos como una profesional.

Al cabo de treinta y tres segundos, lo consiguió, y fue un gran placer darle los cien euros. Más tarde, me envió un mensaje que decía que esos veintisiete segundos le habían cambiado la vida. Ahora se sentía segura. Y todo porque se había armado de valor para hacer algo que temía. Se había atrevido a hacer una cosa «difícil», y ahora sabía que podía volver a hacerlo. Mis cien euros estaban en buenas manos. Una vez superado el obstáculo en su mente, estaba lista para escalar su vida y acometer su sueño. Había aprendido el gran secreto de que las cosas difíciles suelen ser mucho más fáciles de lo que imaginamos. Y precisamente por eso, debemos correr hacia ellas y no huir de ellas.

Mito n.º 4: Poseer cosas te hace feliz

Algunos de los mitos más peligrosos sobre la vida tienen que ver con lo que se necesita para alcanzar el éxito. Pero uno de los peores es sobre lo que significa tener éxito. Según el mito, debes medirlo en función de tus posesiones materiales. La casa en la que vives, el coche que conduces, las vacaciones que puedes permitirte. Disfruta lo que te ha dado el trabajo —y asegúrate de que todo el mundo te vea—.

Yo creí en eso durante mucho tiempo. Aunque nunca he sido una persona particularmente materialista y he preferido reinvertir el dinero en mi negocio en lugar de gastar en artículos bonitos, siempre hubo algo que he querido comprar. Algo en lo que pensaba cuando vivía en la calle y arañaba dinero de donde podía. Si me hubieses conocido entonces y preguntado cuál era mi sueño, probablemente te habría respondido esto.

Yo quería un Porsche. Un automóvil bello, elegante y caro que demostrara, a mí y al mundo, que había triunfado. Que no tenía que preocuparme por lo mucho que costara; así todos sabrían que yo había alcanzado el éxito.

Por eso nos encanta poseer cosas: hablan por sí solas. No es necesario que nos pregunten nada, basta con que nos miren.

Así que, cuando por fin tuve dinero para el Porsche y pude justificar su compra, después de vender mi empresa, fui y me lo compré. La primera vez que lo conduje, al salir del salón de ventas en Mayfair, me sentí increíble. Fue un momento de verdadera euforia. No podía creer que yo, que en una época no había tenido literalmente nada, en aquel instante estuviera sentado en un coche que decía a las claras que podía tener lo que quisiera.

Esa sensación duró más o menos una semana. Hablaba constantemente del Porsche y aprovechaba cualquier excusa para conducirlo. A la segunda semana, alguien lo raspó. Pasé tres días yendo al mecánico y volviendo para que me arreglara ese problemita. ¿Qué pasaría, me pregunté, cuando sucediera algo muy malo?

A la tercera semana, me di cuenta de lo que era en realidad aquel «sueño». Me ponía nervioso conducir el coche; tenía miedo de que se dañara. Yo mismo me aburría de oírme hablar de él. Pensaba que era el dueño de aquel deportivo, pero en realidad yo le pertenecía. Estaba más preocupado que feliz. Si es verdad que solo ciertas personas pueden tener un vehículo así, era obvio que yo no era una de ellas. Cuando lo vendí, me alegré más que nunca.

Había aprendido una lección importante: **tu sueño nunca debe ser poseer algo**. De hecho, no puede serlo. Veamos otro ejemplo común. Cuando pregunto a las personas cuál es su sueño, a menudo me responden que es tener su vivienda propia. Yo las entiendo, pero te diré lo que sucede. Ahorras y consigues una hipoteca, lo cual te mantiene atrapado en tu empleo actual. Poco después, te mudas a tu nueva casa y ya empieza a no ser adecuada: tienes hijos y necesitas más espacio. Pasan unos años más y quieres un jardín más grande, tus hijos necesitan su propio cuarto, y vuelves a mudarte. No te preocupa la vida que llevas, sino el lugar en el que estás viviendo. Estás en una cinta transportadora: ahorras para la entrada, pagas la hipoteca, necesitas una casa más grande, la reformas para mejorarla. No pasa mucho tiempo hasta que todo eso se adueña de ti.

Cuando digo esto, a veces me replican: ¿Acaso no sabes lo caro que es alquilar? Y yo lo entiendo, pero debo decirte que comparar alquiler con hipoteca no es la manera correcta de encararlo. Una hipoteca puede ser marginalmente menos costosa desde el punto de vista del desembolso mensual, pero eso esconde los muchos costes que implica ser propietario de una vivienda: el dinero que tienes que gastar en mantenimiento cuando algo anda mal, la oportunidad perdida de poner todos tus ahorros en la entrada de un piso en lugar de hacerlo en un negocio que te haría ganar dinero, y el espacio mental que ocupa, pues la vivienda pasa a ser tu problema, lo que no sucede cuando alquilas. La razón por la que le digo a la gente que no le conviene gastar todos sus ahorros en la compra de una casa es que limita sus opciones. De pronto, tienes todo tu dinero y gran parte de tu tiempo enfocados en una sola cosa. En cambio, sin una hipoteca, dispones de flexibilidad. Si yo hubiese sido propietario, tal vez nunca me habría mudado a Hong Kong, donde ahorré dinero durmiendo durante meses en el sofá de un amigo, y mi carrera como empresario quizá nunca habría despegado como lo hizo. Por eso, la verdadera alternativa no es hipoteca o alquiler, sino hipoteca o libertad.

Te diré algo que puede sorprenderte —como a mí—. Cada vez que me desprendo de algo, me noto más libre. Cuando vendí el Porsche, me sentí casi tan bien como cuando lo compré. ¿Por qué? Porque las cosas que posees son un lastre. Necesitan que las mantengas y las cuides. No pasa mucho tiempo hasta que quedan obsoletas y tienes que cambiarlas. Y cuanto más gastamos en ellas, más nos preocupamos por ellas. Una vez más, hazte esta pregunta: ¿Quién es el dueño en esa situación? ¿Eres tú quien dirige tu vida o ella te dirige a ti?

Desde luego, todos necesitamos un lugar cómodo donde vivir, un medio de transporte, y vestimenta que sea acorde a nuestro ambiente de trabajo o que nos haga sentir bien. Pero, si somos sinceros, muchas veces ambicionamos cosas porque las queremos, no porque las necesitamos. Por influencia de un anuncio publicitario. Porque lo tiene alguien a quien conocemos. Porque pensamos que va a hacernos felices, más sanos o más atractivos.

Es otra de esas ideas que nos inculcan desde muy jóvenes. Si ahorras suficientes monedas, podrás comprarte el juego, las zapatillas o el dispositivo del que hablan todos tus amigos. Cuando crecemos, hacemos lo mismo con nuestro sueldo. La psicología no cambia: solo el tamaño del premio y su precio.

Igual que el trabajo duro que no está dedicado a un propósito y a un sueño, esto es un callejón sin salida. A la larga, consigues adquirir aquello que tanto querías, y quizá te hace feliz por un tiempo. Pero pronto te aburres de tu nuevo juguete; resulta que te causa más problemas de lo que esperabas, y una parte de ti se pregunta por qué te dejaste llevar tanto por el entusiasmo.

Es enfocar la vida como la comida rápida. Por lo general, la idea de la comida es mucho mejor que la realidad. Lo mismo pasa con las posesiones. Las deseas, a veces las consigues, pero, en general, no las necesitas. Y estarás muy bien sin ellas. Aunque creas que tu sueño es tener una casa, un coche o un jardín con piscina, te aseguro que no lo es. El ansia de poseer objetos materiales solo será un obstáculo que te impedirá hacer realidad tu sueño.

Esos son, entonces, los mitos que nos cuentan sobre la vida y por qué es necesario evitarlos. Para empezar a avanzar hacia tu sueño, lo primero que debes hacer es liberarte de la creencia de que el trabajo duro es la solución para todos tus problemas, que el fracaso es algo que debes temer, que hay que evitar las cosas difíciles y que lo que buscas es poseer objetos materiales. Debes erradicar esas ideas para que tu sueño pueda arraigarse.

Pero ¿y el sueño? En definitiva, ¿qué es un sueño, un sueño de verdad? ¿Por qué es importante? ¿Por qué es esta la pregunta que te ruego que te plantees? Normalmente, empezamos algo por el principio. Pero cuando se trata de los sueños, el objetivo de este ejercicio es que empieces por el final. Así que ¿comenzamos?

2

Por qué es importante tener un sueño

De todos los emprendedores con los que me he topado, desde aquellos a quienes conocí en una sala de reuniones hasta los que descubrí mientras recorría las calles con mi micrófono, pocos me han inspirado más que Kellie. Ella fue una de las primeras personas que narraron su sueño ante el timbre, y su historia me deslumbró. Era una idea simple. Kelly era peluquera de perros y quería montar su propia empresa en lugar de trabajar para otros. Amaba a los animales con los que trabajaba, y quería un ambiente que le permitiera cuidar a las mascotas como mejor sabía. Ya tenía un nombre excelente para su empresa: Kellie's K9s.

Hasta ahí, todo bien. Pero había otra cosa en Kellie, algo que me decía que era más que una empleada frustrada que quería ser su propia jefa. Cuando accedió a reunirse conmigo y contarme su sueño, pronto me di cuenta de lo que era. Con poco más de veinte años, Kellie ya había superado más desafíos que los que enfrentan muchos con el triple de edad. Su padre había fallecido cuando ella era muy pequeña, y su madre había vuelto a casarse con un hombre que, para Kellie, era difícil. Cuando un tribunal le ordenó abandonar el país, la madre de Kellie se fue con él. Así, siendo adolescente, ella se quedó abandonada y sin hogar. Cuando hablamos, en una entrevista que aceptó publicar, me explicó el día en que una trabajadora social había ido a su escuela a informarla de que su madre se marchaba.

—Tuve que aprender a ser independiente desde muy joven —me dijo—. Si yo no me ocupaba de mí, nadie más iba a hacerlo.

La experiencia le había aportado no solo la capacidad de ser independiente sino, además, el deseo de cuidar a otros: «Poder ayudar a un ser que no puede hablar cuando necesita ayuda», así describió su trabajo con los animales.

Su relato me dejó claro lo profundamente arraigado que estaba ese sueño en sus experiencias de vida. Ella no hablaba solo de trabajar con animales, sino de atenderlos, de tenerles cariño y de cuidarlos como nadie más lo haría… como ella habría deseado que la cuidaran.

—Esto tiene mucho que ver con el bienestar —señaló—. Los peluqueros de mascotas observan en los animales algunas cosas que a los dueños se les escapan. Bultos, hinchazones, problemas en la piel.

Para ella, ese trabajo significaba dedicarse a algo que le encantaba y, a través de él, tratar de ayudar a aquellos que no podían ayudarse a sí mismos.

El modo en que Kellie había sobrellevado el dolor más grande de su vida y lo había transformado en un propósito me resultó tan instructivo como inspirador. Demostraba el inmenso poder de un sueño que nace de la experiencia personal: un mal que deseamos corregir en el mundo o una diferencia que queremos lograr. Dado que Kellie tenía tan claro su plan y que este se basaba en un propósito, no dudé siquiera por un instante de que lo lograría. Incluso cuando tuvo un contratiempo y no encontraba un espacio adecuado para su salón de belleza para perros, supe que hallaría el modo de conseguirlo. Y pronto lo encontró: una camioneta que le permitió abrir un salón móvil y llevar su empresa a las calles, para mayor comodidad de sus clientes. Había nacido Kellie›s K9s. Su hermoso sueño había despegado.

La historia de Kellie es un excelente ejemplo del poder de los sueños, de cómo estos pueden enfocarte e inspirarte, ayudarte a apuntar alto y a apartar los obstáculos de tu camino. Demuestra cómo podemos combinar nuestras peores experiencias y nuestras mayores esperanzas para crear algo que dé forma y rumbo a nuestra vida. Además, explica en parte por qué paso tanto tiempo recorriendo las calles y planteando una pregunta muy específica a la gente.

No es «¿cuál es tu objetivo en la vida?».

No es «¿qué deseas lograr?». No es «¿cuál es tu mayor ambición?».

Siempre elijo la misma palabra: ¿Tienes un sueño? ¿Cuál es tu sueño?

He planteado esta pregunta a miles de personas, tanto en las redes como recorriendo las calles con un micrófono. En Londres y en Nueva York, en festivales y en locales de comida rápida, a gente que cruzaba la calle y a otros que sobrevolaban el océano a diez mil metros de altura. Hacer esa pregunta y escuchar las respuestas de la gente cambió mi manera de pensar en la vida, el éxito y la felicidad. Me abrió los ojos a las increíbles posibilidades que todos tenemos, y también a las barreras que tantos nos ponemos y que nos impiden aprovecharlas.

Planteo esta pregunta porque creo que la palabra «sueño» es una de las más poderosas de nuestro idioma.

Veamos algunos ejemplos. La idea que impulsó algunas de las empresas más increíbles, los descubrimientos científicos más radicales y la creatividad más brillante del último siglo no fue el «objetivo americano» ni la «promesa americana». Fue el sueño americano.

El Dr. Martin Luther King, líder de los derechos civiles, no inspiró a millones de personas diciendo que tenía un plan. Dijo: «Tengo un sueño».

La idea del sueño influye. Provoca. Nos hace detenernos a pensar y permanece en nuestra mente mucho después de haberla oído.

En parte, eso se debe a que un sueño tiene algo de tabú. Muchas personas temen confesar que tienen uno. Se arriesgan a que los tilden de poco serios, arrogantes y pretenciosos. ¿Quién crees que eres para tener un sueño? ¿Qué te hace pensar que tienes derecho a eso?

Esta actitud nace directamente de los mitos de los que acabamos de hablar. De la compulsión de mantener la cabeza gacha, trabajar a destajo y esperar que el mundo nos recompense en lugar de salir a conseguirlo. Hace que la gente tema admitir su sueño, incluso a sí misma. En muchos casos, existe también una sensación de que el tiempo no alcanza para tener aspiraciones: hay trabajos que hacer y cuentas que pagar.

Por eso planteo así la pregunta. Es una llave para abrir esa prisión y darnos permiso para decir en voz alta aquello en lo que hemos pensado a menudo, pero que quizá nunca hemos comentado con nadie. Con mi micrófono, salgo a hablar con personas que trabajan en supermercados, como empleados de seguridad en las puertas de los edificios, o que simplemente van cruzando la calle. Las sorprendo en mitad de su día, siguiendo una rutina. No todas saben cómo reaccionar ni quieren responder la pregunta.

Pero en muchos casos sucede algo milagroso. Se les iluminan los ojos. Se paran un poquito más derechos y me cuentan sobre la marca que quieren lanzar y la cultura que quieren homenajear con ella, sobre sus planes de viajar por el mundo, de lanzar un negocio de fotografía, una cafetería especial, un servicio de atención a personas en crisis. A menudo me parece estar hablando con alguien distinto al que abordé apenas segundos antes. La transformación es inmediata, y nos dice algo sobre el poder de los sueños. Sobre cómo pueden cambiar lo que pensamos del mundo y de nosotros mismos.

Fíjate en Delon, que estaba trabajando en McDonald's cuando lo conocí. Mientras me entregaba mi comida, le formulé la pregunta.

—¿Un sueño? No, en realidad, no.

Su expresión me indicó que nunca nadie le había preguntado algo así. Su respuesta no me convenció, y decidí indagar un poco más. ¿Y en el futuro? ¿Qué quería lograr?

Se encogió de hombros: no tenía planes, ni sueños; simplemente vivía su vida y se dejaba llevar por ella.

Todavía no le creía del todo. Me pareció que tal vez había algo más en la historia de Delon, pero que él aún no estaba listo para hablar de ello. Entonces cambié de estrategia y transformé la pregunta en una oferta. Me sentaría a comer. Si a él se le ocurría un sueño y venía a contármelo antes de que me retirara, yo lo ayudaría a cumplirlo.

Resultó ser que faltaba poco para que terminara su turno y, al cabo de diez minutos, apareció en mi mesa, con su abrigo puesto y una lata de gaseosa en la mano. No solo su atuendo había cambiado: también había cambiado él. Sonreía con confianza y no vacilaba.

—Creo que ya encontré mi sueño. Mi sueño es ser *streamer* en Twitch. Llegar a mucha gente y hacerla sonreír.

Así como había dudado cuando Delon decía que no tenía un sueño, esta vez le creí. Tras sentarse y seguir conversando, me enteré de que había tenido miedo de compartir esa idea con sus amigos o su familia. Pensaba que no lo tomarían en serio y que se reirían de él por decir que quería ganarse la vida como *gamer*. De hecho, yo era el primero a quien se lo contaba. Pronto descubrió que esos temores eran infundados. Había gente que escuchaba nuestra conversación y lo alentaba. Incluso su gerente dijo que quería ayudarlo. Cuando subí un vídeo sobre Delon, millones de personas oyeron su historia y lo apoyaron.

Fue notable observar a alguien animarse de esa manera, ponerle voz a su sueño y ver que la gente quería apoyarlo y ayudarlo. Ese es el poder de los sueños: la expresión de nuestro deseo más profundo —y a veces más secreto— en la vida, la ambición que siempre hemos mantenido viva, aunque rara vez hayamos hablado de ella. Es una imagen de la mejor versión de nuestra existencia, algo que puede cambiar el modo en que nos ven los demás y en que nosotros mismos lo hacemos.

Casi todos tenemos alguna idea de esto, pero muchos nos comportamos luego de manera extraña. **Guardamos nuestro sueño y nos olvidamos de él**. Lo tratamos como si fuera un placer culpable que hay que esconder, y no una ambición ardiente que debemos perseguir. Nos convencemos de que tenemos pocas probabilidades y nos rendimos sin intentarlo.

Y la culpa no es necesariamente nuestra. Hay muchas voces e influencias que nos dicen que un sueño es una fantasía y que debemos aceptar lo que nos ha tocado en suerte. El mensaje constante es que bajemos la cabeza, aprobemos nuestros exámenes, nos capacitemos y trabajemos mucho para lograr el siguiente ascenso. Son consejos que se dan con buenas intenciones, pero nos disuaden de hacer lo que necesitamos para cumplir un sueño, como destacar entre la multitud, aplicarnos en nuestras propias ideas, asumir riesgos y aceptar el fracaso.

Dado que todos pasamos por este entrenamiento, en el que nos dicen que nuestro valor se define por nuestros logros en la escuela y en el trabajo y no por aquello que nos apasiona en la vida, a menudo acabamos por desconfiar de nuestros sueños, si los hemos admitido alguna vez. Nos convencemos de que no tenemos lo necesario para cumplirlos. Que es mejor no intentarlo que arriesgarnos al fracaso y a salir mal parados. Aun cuando no descontemos del todo la posibilidad del éxito, podemos postergarlo para otro día u otro año... y, en algunos casos, para otra vida.

La paradoja de nuestros sueños es que **aquello que más deseamos en la vida suele ser lo que más tememos hacer.** Con mucha frecuencia, tomamos una de las más milagrosas capacidades humanas, la de imaginar cómo podría ser el futuro, y la usamos contra nosotros mismos. Imaginamos un mañana maravilloso y luego nos negamos la oportunidad de intentar cumplirlo. Decimos que nuestro deseo más profundo no es posible y que es mejor olvidarlo.

Este es uno de los rasgos más negativos que tenemos como seres humanos, porque no hay mejor manera de pensar en nuestra vida o de encarar el futuro que verlo en forma de sueño.

Esto es mucho más que una idea. Es una fuente de poder, como enchufarte a la corriente cuando has estado todo el tiempo funcionando a base de baterías medio agotadas. Cuando tienes un sueño en la vida, no necesitas cuestionarte jamás por qué estás haciendo algo o si vale la pena seguir. Ya lo sabes: porque eso está acercándote un paso más a aquello que quieres lograr y a la persona que quieres ser.

Un sueño suele ser una cosa muy simple, algo que puede y debe expresarse en una frase. Pero, a la vez, es algo multifacético que nos apoya en muchos aspectos mientras vivimos. Ahora echemos un vistazo a esas razones por las que creemos que esta es la pregunta más importante que debes plantearte, y qué ganas cuando tienes la valentía de encontrar una respuesta.

¿Por qué soñar? Un fin y un comienzo

Algunas páginas atrás, te dije que tener un sueño significa empezar por el final. Pues bien, es un poco más complicado.

Te diré la parte veraz de esa afirmación. El poder de los sueños es, en cierta medida, que nos llevan a un lugar distinto de aquel donde nos encontramos. No importa a qué dificultades nos estemos enfrentando en la vida —buscar empleo, pagar impuestos, terminar los estudios, tener una familia—: la gran idea nos eleva más allá de todo eso. No para siempre, sino el tiempo suficiente para que podamos vislumbrar cómo sería un futuro mejor. Nos permite ver la línea de llegada en la carrera que estamos a punto de correr. Nos aporta motivación.

Tu sueño es capaz de hacer eso, y también tiene el poder de inspirar a otros. Una de las cosas que más me entusiasman de mi trabajo es que, cuando ayudo a una persona, también comparto su historia con millones de personas más. Mis cuentas se inundan de mensajes directos de hombres y mujeres que han iniciado su propia empresa o una segunda actividad inspirados por alguien a quien vieron en uno de mis vídeos.

Una vez publiqué uno en el que un muchacho de dieciséis años se me acercaba en la calle para contarme su idea de negocio: coches de juguete motorizados para niños. Seis meses más tarde, recibí el siguiente mensaje de otro joven: «Mi padre me dijo que mejor consiguiera un empleo en Tesco (el supermercado donde trabaja) y no perdiera el tiempo en un pasatiempo caro. Desde que me topé con el vídeo del muchacho que soñaba con vender cochecitos motorizados y vi que un pasatiempo puede llegar a ser una empresa, me di cuenta de que mi afición por los autos podría ser un buen negocio. Ahora gano en un mes más de lo que mi padre ganaba en todo el año, y me encanta».

Eso es el sueño de una persona en acción, brindando confianza y convencimiento a alguien que aún no se había atrevido a abordar el suyo. Es el poder de nuestra imaginación, que el sueño nos permite aprovechar. Si no puedes imaginar un futuro mejor, nunca vas a conseguirlo. Sin embargo, ese «músculo» fundamental de nuestro cerebro, que todos desarrollamos y ejercitamos en la niñez, es algo que demasiada gente permite que se pierda con la edad. Para volver a desarrollarlo, se necesita un sueño.

Y ahora viene lo interesante. Aunque estemos pensando en el futuro, en algo que aún no hemos logrado y que puede tardar años, **podemos empezar ahora mismo**. El sueño está, y nada nos impide dar el primer paso. Esa es la genialidad de la capacidad humana de predecir e imaginar el futuro, de pensar en cómo podría ser. Es a la vez distante y accesible. Un fin y un comienzo. Saber adónde quieres llegar es también una invitación para ponerte en marcha.

Una de las características más importantes de los sueños es su capacidad de modificar nuestra percepción de la realidad, aunque sea brevemente. Porque es algo que está abierto a cualquier persona. No es necesario tener dinero, un empleo, un diploma, ni siquiera un techo sobre tu cabeza. Los sueños son democráticos y universales. Por cierto, son aún más importantes para aquellos que tienen poco o nada que para quienes ya llevan una vida cómoda.

Quizá no te suene el nombre de Chris Gardner, pero probablemente recordarás la película que se hizo sobre su vida, *En busca de la felicidad* (*The Pursuit of Happyness*, en inglés). El libro en el cual se basaba la película narraba cómo había encontrado su sueño en el peor momento de su vida. Era un padre soltero de veintisiete años. Tenía un empleo, pero no dónde vivir, y no podía pagar un alquiler ni una guardería. Durante un año, él y su hijo, Chris Jr., vivieron en la calle: dormían bajo el escritorio en su oficina, en las áreas de espera del aeropuerto, en refugios de la iglesia y hasta en el baño de una estación de ferrocarril. Con una mano, empujaba el cochecito de su hijo, y en la otra llevaba un bolso con todas sus posesiones, además de un portatraje donde cargaba su muda de ropa para el trabajo.

Un día, literalmente, su sueño se detuvo junto a la acera en un deslumbrante Ferrari rojo. Chris abordó al hombre que bajó de él y le preguntó qué había hecho para conseguir aquel deportivo increíble. El hombre era corredor de bolsa. Entonces Gardner decidió hacer lo mismo. Vio una manera de salir de la desesperación, y más tarde fundó una sociedad de bolsa que vendió por millones de dólares. Por último, llegó a ser reconocido mundialmente como orador motivacional. Lo que lo sostuvo y los ayudó a él y a su hijo a sobrevivir a aquella peligrosa situación fue el hecho de tener un sueño, escribió: «Al enfocarme siempre en lo que me reservaba el futuro, un futuro que —tenía la osadía de soñar— quizá incluyera un Ferrari para mí, me protegía de la desesperación. Mientras no dejara de avanzar, de poner un pie delante del otro, se acallarían las voces del miedo y la vergüenza, y los mensajes de quienes querían hacerme creer que no tenía lo necesario».[2]

Es un ejemplo increíble de lo que una persona puede lograr con la ayuda de un sueño —y no tiene nada de malo incluir allí el deseo de poseer un objeto físico siempre y cuando esté vinculado a un propósito y no se dependa solo de él para ser feliz—.

Imaginar y soñar es una capacidad humana universal: no se transmite de generación en generación ni se estudia en la universidad. Es algo que todos podemos hacer. La única pregunta es si nos permitimos hacerlo y estamos dispuestos a seguir un sueño adonde nos lleve.

No importa cuál sea tu situación en la vida; un sueño te da un punto de partida porque te proporciona una meta. Apela a esa enorme habilidad humana de predecir el futuro y la usa a nuestro favor. Nos permite imaginar, tener esperanza y creer. ¿Qué mejor punto de partida puede haber que ese?

¿Por qué soñar? Te mantiene en movimiento

Un sueño te da una meta a la cual apuntar, pero pronto empiezas a preguntarte cómo harás para llegar allí. Te das cuenta de que, por más confianza que tengas, será difícil.

Por eso es necesario que empieces con un sueño y no con un plan, un objetivo o una esperanza. Porque es difícil hacer cosas en la vida y, para lograrlo, necesitas la motivación correcta. Una motivación que no te haga avanzar durante unos días o algunas semanas, sino que te mantenga en marcha durante años y años, a pesar de la duda y la adversidad.

No importa qué sea lo que nos comprometemos a hacer, siempre vamos a enfrentarnos a problemas. Si tienes una empresa, perderás clientes, tus empleados renunciarán, otros serán elegidos antes que tú, te aparecerán competidores y cometerás errores. Algunas de tus ideas serán un fracaso, y te lamentarás por las oportunidades perdidas. Tal vez una mañana despiertes y descubras que el mundo ha cambiado de pronto a tu alrededor, que hay guerra, enfermedades o eventos meteorológicos extremos. Cualquiera de estas cosas, o todas, van a sucederte en alguna etapa de tu vida. Es en esos momentos cuando el sueño demuestra su valor.

Te proporciona estabilidad a largo plazo, no solo para esta semana, el próximo trimestre o el año que viene. Está más allá de los problemas a los que te enfrentas, y no puede destruirlo la adversidad que ha llegado a tu puerta —a menos que tú se lo permitas—.

Esto lo demostró con toda claridad una de las personas más notables de nuestro tiempo: la activista por la educación Malala Yousafzai, la ganadora más joven del Premio Nobel de la Paz. Cuando Malala tenía once años, los talibanes se apoderaron de su ciudad, en el norte de Afganistán, y decretaron, entre otras prohibiciones, que no se permitiría el acceso a la educación para las mujeres y las niñas. Cerraron la escuela. Pero Malala no se amilanó: empezó a expresar su opinión y por qué aquello le parecía tan malo. Llegó a ser conocida hasta tal punto que los extremistas intentaron detenerla. En 2012, le apuntaron y tirotearon en el autobús escolar, y estuvo muy cerca de morir.

«Pues sí, los talibanes me dispararon. Pero solo pueden dispararle a un cuerpo —escribió más tarde acerca de la experiencia y de cómo la llevó a redoblar su activismo—. No pueden dispararles a mis sueños, no pueden matar mis creencias ni poner fin a mi campaña por ver a cada niña y cada niño en la escuela».[3]

Casi ninguno de nosotros tendrá que atravesar algo tan extremo, traumático y radical como lo que sufrió Malala. Pero todos somos capaces de aprender de su ejemplo y su creencia en el poder de un sueño, que no hizo sino fortalecerse cuando aquellos que odiaban ese sueño intentaron detenerla de la manera más violenta posible.

Esa es la energía de soñar: te permite no solo sobrevivir a la adversidad, sino crecer a través de ella. Si logras sobrellevar todos los contratiempos de la vida sin perder tu sueño, tanto él como tú acabaréis siendo más fuertes. Porque él sigue intacto, tú sigues ahí, y si esas cosas no logran detenerte, tal vez nada lo hará.

Es allí donde un sueño difiere y supera a sus primos más conocidos: las metas que nos fijamos, las decisiones que tomamos y los objetivos que esperamos conseguir. Casi puedo garantizarte que todos los que estén leyendo esto han tenido alguna versión de este tipo en su vida. Y casi todos sabrán lo que es fracasar. Metas que no se alcanzan, objetivos que se postergan o modifican y decisiones que se abandonan: todo esto sucede cuando sentimos que nuestra fuerza de voluntad empieza a agotarse.

Ese es el problema de estos conceptos. Los modelos más difundidos para pensar en el futuro y encararlo son de corto o, a lo sumo, mediano plazo: una vez que terminamos —o no— con los objetivos y las metas de este año, adoptamos otros nuevos, a menudo sin pensar siquiera en lo que aprendimos la última vez. Son binarios, como exámenes que vamos a aprobar o no. Y, como tienen un cincuenta por ciento de probabilidades de fracasar, son frágiles, casi como si estuvieran destinados a que renunciemos a ellos.

En cambio, un sueño está hecho para el largo plazo y para sobrevivir. A menudo, es tu destino. Es algo que debe ser y que lucharás por conseguir a menos que el sistema te lo impida. Puedes tener un mal mes, incluso un mal año, y no rendirte. Puedes cambiar de ruta y de carrera sin dejar de trabajar a favor de tu objetivo. Nadie va a hacerte una revisión anual de tu anhelo ni a decirte que, lamentablemente, tu rendimiento no ha estado a la altura de las circunstancias.

Tu sueño vive y se mueve contigo. Es lo suficientemente grande como para contener el fracaso, para que seas capaz de apartarte del camino y corregir el rumbo muchas veces. No es solo que te inspira a dar el primer paso y seguir adelante: te brinda algo para mantenerte siempre en marcha. Tampoco te castiga cuando las cosas salen mal, o si te hundes y tienes que volver a empezar. Puede que tengas fracasos muy reales y dolorosos, pero tu sueño no muere con ellos sino que persiste. Y si tú también aguantas, encontrarás nuevas posibilidades y el empeño de volver a empezar.

Un sueño debe ser tu compañero, el que te estimula para dar el paso siguiente y te levanta cuando te caes. Al atraernos hacia el futuro y hacernos mirar más allá de las circunstancias en las que nos encontramos, nos da algo que necesitamos, pero que no siempre podemos hallar: una dosis de perspectiva que nos dice que ni somos tan buenos como creemos ni los problemas que enfrentamos son tan grandes como nos parecen. Un sueño debe apaciguar tus miedos, pero, a la vez, ponerles límites a tus excesos de confianza. Y, como nunca desaparece, puedes confiar en que te seguirá impulsando hacia él, por largo y escabroso que sea el camino.

¿Por qué soñar? Te hace creer

«Tenía ciento seis dólares en el banco. El futuro no parecía muy promisorio. Mi coche, que me había costado cuarenta dólares, ya no funcionaba, y yo tomaba un autobús para ir al trabajo».[4]

Esas no son las palabras que uno esperaría oír de alguien que acaba de rechazar una oferta de más de trescientos mil dólares por un guion cinematográfico de su creación. Pero aquel no era un texto cualquiera, y él tampoco era una persona cualquiera. Era el guion de *Rocky*, y su autor, Sylvester Stallone. Él quería el dinero, claro está, y también que se rodara su película. ¿Cuál era el problema? Que también quería protagonizarla.

Hoy nos resulta inconcebible que alguien más que Stallone pudiera haber representado el papel del boxeador por el que nadie apostaba y que sería la base de una franquicia cinematográfica de mil millones de dólares. A mediados de la década de 1970, a Stallone también le resultaba inconcebible. La inspiración de escribir el guion le había llegado después de ver, en 1975, la pelea entre Muhammad Ali y Chuck Wepner, un peso pesado más conocido por recibir golpes que por acertarlos, hasta el punto de que le habían puesto como mote «el Sangrador de Bayonne». Pero Wepner no había sido derrotado con facilidad por «el más grande». Había resistido casi los quince asaltos enteros, y se hizo famoso por derribar a Ali en el noveno.

Stallone terminó el guion en apenas tres días. Pero no quería limitarse a ser el autor. Quería actuar. Y quería interpretar ese papel, el que había sentido el impulso de escribir porque era un retrato de él y de sus frustraciones en la vida: alguien a quien la suerte no acompañaba, a quien se veía como un montón de músculos y nada más, que rogaba una oportunidad que nunca llegaba. Su propósito no era vender el guion, sino que se contara esa historia como él quería. De alguna manera, sabía que era su mejor oportunidad, quizá la única, de hacer realidad su sueño de llegar a ser un actor de Hollywood. «Había algo dentro de mí [que me decía] oye, no volverás a tener otra oportunidad como esta», reflexionó más tarde.

Sin embargo, los productores tenían otras ideas. Querían a alguien que ya fuese una estrella, no a un cualquiera que creía poder serlo. La lista de los posibles protagonistas estaba llena de nombres famosos —Robert Redford, Burt Reynolds, James Caan— y Stallone no tenía nombre. Su carrera de actor no llegaría a nada. De hecho, tras una audición fallida, solo había captado el interés de aquellos productores cuando mencionó, al salir, que también había estado escribiendo.

Debería haber sido un problema fácil de resolver. Stallone no tenía dinero —hasta tuvo que vender a su perro porque no podía comprarle comida—, y los productores lo tenían de sobra. No sería necesario que le pagaran mucho para que accediera. Pero ¿lo harían? La primera oferta, recordaba Stallone, fue de 25.000 dólares. Cuando les dijo que no, empezó a subir: 75.000, 100.000, 250.000. Aun así, se mantuvo firme y las rechazó. Era su historia y tenía que ser él quien la contara. Ese era su sueño. Si no podía ser el protagonista, no habría trato.

Es algo que nos cuesta creer, que una persona que no tiene dinero para pagar el alquiler del mes siguiente rechace una suma que le permitiría comprar varias casas. Pero el razonamiento de Stallone era claro: «En el fondo, sé que, si vendo este guion y le va muy, pero que muy bien [y yo no estoy en la película], voy a saltar desde un edificio». Se armó de coraje y siguió diciendo que no.

«No» es una palabra muy poderosa. Ojalá más gente rechazara los malos consejos o las ofertas de trabajo miserables. Stallone se afirmó en ese poder. Se dijo que, aunque pareciera ilógico, daría resultado, y más tarde recordó: «[Esta] es una de esas cosas en las que uno arroja los dados y actúa totalmente por instinto, y puede ser que me equivoque y [si es así] mucha gente va a caer conmigo, pero yo creo en esto».

Yo creo en esto.

Cuatro palabras que resumen el poder de un sueño y el don que nos da: una base sólida de convicción. Cuando estás haciendo algo por un motivo, y cuando de verdad crees en ese propósito, no permites que casi nada te lo impida. Sigues intentando, negociando, experimentando y soportando fracasos con tal de conseguir lo que quieres y alcanzar tu objetivo. Porque crees en lo que estás haciendo.

Stallone estaba dispuesto a rechazar una tras otra aquellas ofertas que podían cambiarle la vida porque sabía lo que en realidad deseaba. No quería un día de pago para aliviar sus problemas económicos, sino la oportunidad que esperaba desde hacía años: la posibilidad de contar su historia, y sabía que muchos se identificarían con ella. Sabía que aceptar aquel dinero y ceder su papel en la película era renunciar a su propósito y vender su sueño. Era perder la oportunidad que el instinto le decía que sería su futuro.

Todos sabemos que su convicción le dio resultado. Consiguió el papel y el dinero, y se convirtió en uno de los nombres más famosos de

Hollywood en su era. Lo hizo porque tenía lo más valioso que un sueño puede darle a una persona: creer en sí misma y en sus ideas.

Esa es la clase de convicción que todos necesitamos cuando nos proponemos conseguir algo. Siempre hay dificultades, siempre hay competencia, y nunca faltan motivos para darnos por vencidos. Con todo eso, no vas a sobrevivir y **no podrás lograr lo que deseas si no crees plenamente en ello**. Un convencimiento que nos dice que no importa lo que nos hagan las personas o nos presente la vida, ni cuántos rechazos se acumulen en el camino. Seguirás adelante, porque tu sueño es claro y tu fe, inquebrantable.

Habrá veces en que nadie creerá en una idea salvo tú. Otras, nadie creerá en ti salvo tú. Ese es el punto en el que renuncia quien no tiene un sueño, y quien sí lo tiene se reafirma para seguir adelante. Porque, mientras sigas creyendo, nunca te darás por vencido.

Esa es la belleza de tener un sueño en tu vida. No solo te hace más ambicioso respecto al futuro, sino que te da las herramientas para ser más resiliente, seguro y decidido en tu empeño. Si tienes uno, cambias la noria del salario y la hipoteca por algo más grande y mucho más gratificante. Una causa personal a la cual dedicarás tu vida. Algo que hará que el trabajo te divierta y que te ayudará a lidiar mejor con las tareas difíciles. Es lo más cercano a la alquimia que tenemos en la vida.

Yo recorro el mundo preguntándole a la gente por sus sueños porque nunca deja de asombrarme el modo en que esas ideas pueden transformar el lenguaje corporal y hacer aflorar un poco del espíritu. Estoy convencido de que todos queremos soñar y que estamos aquí para eso, pero demasiadas personas piensan que no deberían hacerlo o esperan que alguien les dé permiso. Pues bien, yo te doy permiso. Y con este libro, voy a ayudarte a decidir cuál es tu sueño y cómo cumplirlo.

El primer paso de ese viaje fue comprender los mitos de la sociedad y por qué es necesario que los dejemos atrás. Y el segundo paso es conectarnos con aquello que impulsa al sueño: con la gasolina de su motor, eso que te hace avanzar cada día y ante cada nuevo desafío. Ese combustible es el propósito, y nuestra siguiente prioridad es hallarlo.

3

Por qué el propósito es importante

Cuando mi equipo y yo salimos con la cámara, nunca sabemos con quién nos vamos a encontrar. Incluso, mientras observo pasar a la gente en la calle o en un centro comercial, no sé a ciencia cierta con quién voy a intentar hablar. No siempre identifico qué me impulsa a salirle al paso a esa persona y preguntarle por su sueño. Tampoco tengo idea de cómo va a reaccionar.

Eso es, en parte, lo que hace divertido este trabajo: cada historia es una sorpresa y a menudo esconde una gran sabiduría, de personas que no han ensayado lo que van a decir y hablan realmente desde el corazón.

Tuvimos un excelente ejemplo una tarde, mientras filmábamos en una estación de ferrocarril. Por allí pasaba un hombre alto, fornido, vestido de negro, con tatuajes de manga, bigote y la cabeza rasurada. No necesariamente la clase de persona a la que a uno se le ocurriría parar para conversar, pero el instinto me llevó a hacerlo. Pronto estaba contándome su historia. Se llamaba Bradley y había sido ingeniero de helicópteros en el ejército británico. Ahora trabajaba como masajista deportivo. Observándolo con más atención, vi el nombre de su negocio impreso en su camiseta: *The Massage Guys*.

No se había tratado solamente de un cambio de ocupación, sino del despertar de algo más profundo.

—Quiero ayudar a la gente a librarse del dolor —me dijo—. Ese es el principal objetivo en mi vida.

Cuando trabajaba como ingeniero, Bradley estaba atrapado en la rutina: reparaba una máquina y se lo agradecían enviándole la siguiente. «Pero reparar a las personas es diferente», dijo. «Obtienes gratitud, te sientes bien porque sabes que le has quitado el dolor a alguien, y estás ansioso por ayudar al siguiente. El trabajo pasa a ser tu propia recompensa».

El modo en que Bradley contaba su historia, con claridad y humildad, me indicó que él había encontrado algo que todos necesitamos: un complemento de nuestro sueño que es necesario para lograrlo. Es el propósito, nuestra razón fundamental de ser, el motivo que nos hace funcionar y seguir adelante mientras trabajamos para lograr nuestro sueño. Para él, su propósito era sanar a la gente y quitarle el dolor.

Bradley no se limitó a contarme cuál era su intención. También hizo un resumen perfecto de cómo y por qué debemos buscar eso tan valioso.

—Ofrece más y prueba distintas maneras de hacerlo. Y cuando encuentras eso que te hace sentir bien, adóptalo.

Es un bello sentimiento, que me recuerda a una de mis citas preferidas: «El propósito de la vida es tener un propósito en la vida».

De eso quiero hablar ahora: del propósito, porque es algo que necesitarás para cumplir tu sueño. Es un pariente cercano a este, pero no es lo mismo, y será importante en tu proceso por diversas razones.

Para explicar lo que es el propósito y por qué lo necesitamos, permíteme recordar el caso de Fluid, la agencia creativa que fundamos Helen y yo en Hong Kong. Fue la empresa más exitosa de mi vida laboral, en la que trabajé más tiempo y con la que gané más dinero. Ese logro tuvo muchas causas, como el hecho de que ocupamos un vacío de diseño digital que había en el mercado en un momento en el que las empresas comenzaban a basarse más en internet. Pero no éramos los únicos que nos dedicábamos a eso, y, cuando empezamos, había por lo menos un competidor establecido que tenía unas oficinas de lujo, mientras que nosotros apenas contábamos con un par de escritorios.

Al principio, pensé que bastaría con que ocupáramos nuestro nicho, que así podríamos superar a la competencia y que el éxito de una empresa se reducía a nada más que ofrecer un buen servicio a un precio adecuado —y, por supuesto, dedicarle todo el trabajo intenso del que ya hemos hablado—. Pero me equivocaba, y Fluid estuvo a punto de fracasar por eso.

En los primeros años, parecía que nos iba bien. Firmamos contratos con clientes importantes, como la CNN y Estée Lauder, y teníamos trabajo constante. La empresa creció. Pero había un problema que no se resolvía: nuestros trabajadores se iban. Siempre estábamos cortos de personal, lo que nos llevaba a perder clientes y tener que rechazar trabajos.

Durante mucho tiempo, me resistí a creerlo. Decía que la gente no entendía, que no habían sido los mejores empleados para la compañía y que encontraríamos otros que hicieran mejor su trabajo. Esto es algo que suele sucederles a los emprendedores: la empresa es su vida y les cuesta entender que a los demás puede no importarles tanto como a ellos.

Finalmente, la situación llegó a ser tan evidente que ya no pude seguir negándola. Empecé a hablar con la gente que había decidido irse de la empresa, y pronto tomé conciencia de que debería haberlo hecho desde el comienzo. Sus comentarios eran claros y similares. A su modo de ver, nuestra empresa no tenía un propósito. Solo ayudábamos a otros a ganar dinero. No era un trabajo gratificante y no tenían un motivo superior que los llevara a trabajar después de la jornada o hacer un esfuerzo extra por los clientes.

Al principio, rebatía sus argumentos. Insistía en que sí teníamos un propósito: trabajábamos con firmas importantísimas y las ayudábamos a triunfar y contar sus historias al mundo. Era un argumento endeble, y pronto yo mismo dejé de creerlo. Finalmente, les presté atención, y juntos, Helen y yo, reflexionamos mucho sobre la empresa y lo que queríamos que representara.

Nos hizo volver a la razón por la cual habíamos fundado Fluid. Esa razón había sido Helen. Poseía un gran talento como creativa, pero los clientes siempre se aprovechaban y le regateaban el precio. Ella hacía un trabajo brillante y no cobraba lo suficiente. No era la única: con frecuencia, los creativos padecen un trato injusto porque no necesariamente tienen la habilidad de negociar sus honorarios y su remuneración. Esa había sido la base de nuestra empresa: dejar que los diseñadores hicieran lo que mejor sabían hacer, y que alguien más se ocupara de cuidarlos.

Ese había sido nuestro propósito al principio, pero en algún punto del camino lo habíamos perdido. Pero ya no. Tomamos una decisión: en lugar de ser una empresa enfocada a ayudar a las marcas a generar aún más dinero, seríamos una empresa que celebrara la creatividad. Queríamos poner en un pedestal a las personas que hacían el trabajo importante para esas marcas y darles el entorno que necesitaban para hacer mejor su trabajo. No con palmaditas en la espalda o masajes en el cuello, sino asegurándonos de que se les pagaba lo que valían e informando a los clientes de que, si querían un trabajo bien hecho, no podía ser urgente. Tratamos de eliminar las dos presiones que abruman a los creativos en su vida laboral: no recibir una remuneración acorde y no tener suficiente tiempo para hacer su trabajo. Desde entonces, nunca volvimos a tener un problema importante de rotación del personal.

Ese propósito era la columna vertebral de la empresa. Se transmitía a las personas a quienes contratábamos, a los clientes que intentábamos conseguir y a nuestra cultura como compañía. Con el tiempo, hizo crecer nuestra reputación entre quienes más nos importaban: los creativos se enteraban de que era un buen lugar donde trabajar, y los clientes nos conocían por ser una agencia que lo hacía todo con esmero. Eso significaba que evitábamos la mayor trampa de nuestro sector: estás tan ansioso por complacer al cliente que acabas por arruinarle la vida a tu propia gente, que entonces se va de la empresa y recomienda a sus colegas que no se vayan contigo.

Piensa en la diferencia entre trabajar mucho y trabajar con un propósito. El trabajo duro se nota: horarios interminables, discursos infructuosos y esfuerzos extra para los clientes exigentes. ¿Cómo no notarlo? Pero el propósito, el ingrediente secreto, trabaja en silencio. Cuando lo tienes, casi no demanda esfuerzo y no deja huellas: como la harina en un bizcocho, no percibes su sabor cuando está listo, pero sin ella no hay pastel.

En Fluid, ese ingrediente era el propósito. La gente quería trabajar con nosotros porque lo teníamos. No estábamos simplemente creando un logo, diseñando un folleto o desarrollando un sitio web: estábamos haciendo algo en lo que todos creíamos, que era crear un mejor entorno para la clase de trabajo que nos encantaba hacer. Estábamos construyendo algo. Por eso, una de las citas más difundidas en el ambiente empresarial es que la cultura devora a la estrategia. Lo que atrae a la gente a una empresa y hace que no se quiera ir es su cultura, que nace de su propósito y de cómo este se aplica en el trabajo de todos los días.

Esa es la magia silenciosa del propósito en el contexto empresarial. Es la soga a la que todos pueden aferrarse mientras escalan la montaña. Conecta a la gente en los equipos y la organiza hacia un objetivo común. Incita a la acción, motiva y unifica.

Eso es algo que todos necesitamos tener. Y deriva directamente de tu sueño. Un sueño no es algo aislado. No es una nube solitaria que flota en el cielo, sino algo que está profundamente arraigado en tu experiencia de vida, en tus deseos y necesidades. Tampoco puedes lograrlo sin la concentración y motivación correctas, aquellas que tienes contigo cada día y que te impulsan hacia una meta que a menudo parece lejana. Eso es lo que te da el propósito.

Puedes tener muchos propósitos, y todos aportan combustible para el sueño, que es singular. Permíteme ponerme como ejemplo: yo deseo crear un mundo donde prevalezca la mentalidad de *#GiveWithoutTake*, de la gente ayudando a la gente. Ese sueño contiene múltiples propósitos, como mejorar el sistema educativo, ayudar a otras personas a encontrar su sueño y encender diez millones de esos sueños.

Mi aspiración es grande —un punto en el horizonte— y mis propósitos me proporcionan diversos caminos para alcanzarla. El sueño te pone en marcha y te da ese destino al que quieres llegar, pero lo que te mantiene en movimiento, día tras día, año tras año, es el propósito. Si el sueño es como el cerebro, una fuente de imaginación y sentimiento, el propósito es el corazón, que bombea sangre y mantiene el pulso. Están estrechamente relacionados, pero cumplen funciones diferentes. Y los necesitas a los dos, trabajando juntos, a la par.

El propósito se inicia contigo: luego, mientras desarrollas un equipo y una empresa, puede conectar a muchas otras personas a ese sueño. (Pero solo si es auténtico. En el mundo hay mucho propósito falso, y la gente lo detecta de inmediato).

En este capítulo, realizaremos un análisis más detallado del propósito: qué es, cómo funciona y por qué debes tenerlo para cumplir tu sueño.

El porqué del propósito: te carga las baterías

Cuando usamos la palabra «propósito», podemos dar una impresión un tanto pretenciosa. Como si fuera algo para gente a la que le sobra el tiempo. Algo extra, opcional, que es bueno si podemos tenerlo.

Esa percepción no podría ser más errónea. El propósito es esencial para nuestro bienestar, algo que marca la diferencia no solo en nuestra felicidad, sino también en nuestra salud. Nos sentimos muy bien si lo tenemos, y sufrimos en su ausencia.

La búsqueda del propósito comienza con una cuestión que guarda una estrecha relación con él: nuestras motivaciones. Todos disponemos de ellas. No importa lo que te digan, en la vida no hay gente que las tiene y gente que no las tiene. Pero sí hay motivaciones sanas y otras que no lo son.

La típica motivación insalubre es lo que yo llamo «motivación del *burnout*». Dices que tu propósito en la vida es alimentar a tu familia. Pagar tu hipoteca. Mantenerte a flote. Te concentras en esas necesidades y las llamas «propósito». El problema de ese enfoque es que estás subiéndote a una noria de la que no puedes bajarte. En el mejor de los casos, podrás sobrevivir un mes más y continuar en el siguiente. En el peor, habrás fracasado y decepcionado a la gente. Es una receta para despertarte cansado cada día. Para obligarte a salir de casa y afrontar la jornada laboral.

Esa situación es el peor de los panoramas: te matas trabajando sin un propósito que te gratifique y te nutra. Lo das todo y no recibes nada a cambio, salvo evitar caer en la pobreza.

Tener un propósito te coloca en la situación opuesta. Te olvidas de las largas noches de zozobra pensando en el trabajo, y del botón para postergar la alarma de tu despertador. Ir a la oficina es algo que te entusiasma. Dejas de hablar del equilibrio entre el trabajo y la vida personal. ¿Por qué? Porque estás haciendo algo que quieres hacer. Algo que sientes que vale la pena hacer: un buen uso de tu tiempo, esfuerzo y habilidad. Y no sientes que todo ese empeño va a parar a la basura, o a bolsillos ajenos. Está ayudándote, acercándote a tu sueño. El trabajo que haces pasa a ser una inversión, un depósito para reservar el futuro que intentas crear, y no una rutina que absorbe toda tu energía y tu voluntad de vivir.

Ese es el aspecto fundamental del propósito: el modo en que altera la relación entre lo que hacemos y cómo nos sentimos. Imagina que tu voluntad, tu estado de ánimo y tu salud mental son como una batería. Todo lo que haces la carga o descarga. Con la motivación del *burnout*, estás descargando tu energía cada día de cada semana.

Por el contrario, el propósito puro, la motivación buena, recarga esa batería aunque estés trabajando como un burro. Se han realizado estudios que han abarcado desde bomberos en Polonia hasta sacerdotes católicos en Italia y que han revelado que aquellos que tienen un sentido expresado del propósito contaban con menos probabilidad de padecer *burnout* y sufrir por las dificultades de su trabajo.[5] El hecho de tener un propósito no solo te ayuda a sentirte mejor en relación con tu vida y con lo que haces; también te permite hacer más. Como un corredor que usa calzado deportivo con suela de carbono en comparación con otro que corre con pesas sujetas a los pies.

Saber cuál es tu propósito te mejora la vida, y hasta puede salvártela. Un estudio que hizo un seguimiento de la salud de más de trece mil estadounidenses mayores de cincuenta años descubrió que aquellos que tenían más sentido del propósito también contaban con menos riesgo de mortalidad.[6] Otro análisis demostró que esas personas en general pasaban menos tiempo en el hospital.[7] Por eso, créeme cuando te digo que el propósito no solo tiene la capacidad de cambiarte la vida: es posible que también tenga el poder de mantenerte vivo.

El porqué del propósito: resuelve los demás problemas

Quizá, mientras leas esto, ya sepas cuál es tu propósito en la vida. Quizá sospechas cuál es, pero aún no exploras del todo esas ideas.

O tal vez crees que no tienes ninguno y te cuesta hallarlo.

Cuando encuentro personas que encajan en este tercer grupo, suelen darme alguna de las siguientes explicaciones:

«No dispongo de tiempo para soñar».

«No me importa. Soy demasiado perezoso».

«Antes de tener un sueño, necesito dinero».

Ninguna de estas afirmaciones es cierta o, al menos, no hay ninguna que no se pueda cambiar. Lo que dicen las personas para explicar que no conocen su propósito, o que nunca lo tendrán, suele ser una serie de excusas, conceptos erróneos y cárceles que crean ellas mismas. Hablaré más sobre eso en el próximo capítulo.

Con mucha frecuencia, veo a personas que miran a otras a quienes les va bien y piensan: yo no soy así. No nací así. Ellos sí pueden. Lamentablemente —y esta es una de esas ocasiones en las que necesito ser muy directo—, eso es otra mentira. Es una de esas historias que nos contamos para sentirnos mejor. Para renunciar al control sobre nuestra vida y decir que todo lo decidió alguien o algo más: las circunstancias, la genética, la suerte.

Además de preguntarle a la gente por la calle cuál es su sueño, he entrevistado a más de doscientas de las personas más exitosas del mundo para mi pódcast. Esas conversaciones me han demostrado que la diferencia que existe entre los que triunfan y los que creen estar fracasando no tiene que ver con la magia ni con la voluntad de Dios. No es innata ni inmutable. Es simple, y a esta altura ya sabes lo que es: tener una misión inquebrantable. Un propósito.

Esa es la diferencia. Porque todos tenemos dentro una persona que es perezosa, que tiene dudas, que es insegura y envidia a otros. La falta de propósito hace que nos resulte muy fácil rendirnos a esas voces negativas, retrotraernos a nuestras especificaciones de fábrica y caer en la autocompasión o culparnos por nuestros fracasos. Nos expone a las distracciones, a los malos hábitos y a un ciclo en el cual nunca podemos huir de las limitaciones que nosotros mismos nos imponemos.

La persona que tiene un propósito no se diferencia de las demás en ningún aspecto fundamental… salvo uno. Es capaz de enfocarse en su vida, en lo que desea hacer, en un objetivo que quiere lograr y un sueño que desea cumplir.

Cuando tienes esa buena motivación —no importa de dónde provenga—, te recargas de energía y estás ansioso por correr hacia la próxima oportunidad. Una persona así es difícil de distraer, no se desvía de su rumbo ni se abate por mucho tiempo. Ha tomado lo más parecido a una píldora mágica que hay en la vida, simplemente aprovechando el poder del propósito.

Esa es la verdad incómoda. Todas esas razones que aduces para no tener un propósito se resuelven si dispones —ya lo adivinaste— de uno.

Es la segunda gran ventaja de tener una misión en la vida. Además de darte energía cuando tantas cosas en el día a día te la consumen, el propósito te da concentración. Afirma tu perspectiva y agudiza tu mentalidad.

Por algo la persona a la que envidias en secreto en tu grupo de compañeros o en tu trabajo parece ser capaz de hacerlo todo. Dedicarse a la empresa o a su emprendimiento secundario, ir al gimnasio por la mañana muy temprano, hacer trabajo voluntario y además dedicarle tiempo a su familia. La razón es que ya tiene un propósito y puede transferir esa cualidad a cada aspecto de su vida.

Encontré un hermoso ejemplo de esto mientras visitaba Nueva York. Estábamos filmando y, francamente, no parecía un día prometedor. El cielo de Manhattan estaba gris. De hecho, todo se veía gris, desde la acera bajo nuestros pies hasta los rascacielos que se alzaban alrededor. Hasta que divisé un estallido de color que emergía de ese paisaje apagado. Se acercaba una mujer de mediana edad, con el cabello teñido de rojo y un llamativo vestido verde azulado. Tenía que hablar con ella, y pronto me alegré de hacerlo.

Su sueño era ganar dinero, y pensaba lograrlo mediante su trabajo como artista. ¿Para qué lo quería? No para poseerlo ni para subir en estatus, sino para un fin mucho más profundo. Había sobrevivido al cáncer en dos ocasiones, y quería ganar dinero para contribuir a financiar la investigación y el tratamiento de esa enfermedad.

—Siempre digo que, si llego a ser millonaria, mi mayor prioridad por encima de todo lo demás será donar a la investigación del cáncer —me dijo.

Estuve con esa mujer no más de dos minutos. Pero cuando me enseñó una foto de uno de sus cuadros expuesto en el Hospital Bellevue de Nueva York, me di cuenta del poder del propósito que ella había asumido en su vida. Un propósito que le había llegado mediante el dolor.

—Sentí que me había sucedido por algo, porque, si no lo hubiese tenido [el cáncer], no habría descubierto esto —añadió, en referencia a su arte.

Su sueño era erradicar el cáncer, y su propósito, lo que la ayudaría a conseguirlo, eran sus pinturas. Su intención de hacer arte, y utilizarlo para ayudar a otros que estaban sufriendo, se había convertido en la motivación fundamental en su vida.

Cuando tienes un propósito así, tiendes menos a perder el tiempo porque sabes que tienes cosas importantes que hacer. Es menos probable que cedas a la tentación porque puede distraerte de tu objetivo. Es, también, menos probable que dudes de ti hasta el punto de caer en la inacción, porque ya sabes lo que deseas conseguir y no te amilana la posibilidad de encontrar escollos en el camino.

Por eso el propósito es lo que resuelve los problemas: anula todas esas dificultades por las que nos dejamos llevar. Malos hábitos, distracciones y dudas: todos pierden su poder sobre nosotros. El mejor favor que puedes hacerte en la vida es hallar tu propósito. Al hacerlo, eliminas gran parte del desorden dañino que rodea tu vida y te ocupa la cabeza, y creas el espacio para concentrarte en lo que realmente importa. Allanas el camino para llegar a tu sueño.

El porqué del propósito: hace que cada día valga la pena

Nos guste o no, casi todos pasaremos la mayor parte de nuestro tiempo trabajando. Solo podrás cumplir tu sueño si te mantienes de alguna manera. La pregunta es: ¿Puedes hallar tu propósito en tu trabajo? ¿Puedes hacer que sea divertido, algo que en verdad quieres hacer y que asocias con cosas más positivas que negativas?

Cuando la Oficina de Estadísticas Laborales de Estados Unidos recaba datos sobre trabajo, pide a la gente que califique su ocupación según varias escalas, como felicidad, importancia y estrés. En varias encuestas realizadas entre 2010 y 2021, los tres campos más importantes fueron, en este orden: agricultura, explotación forestal y silvicultura; salud y asistencia social, y servicios relacionados con la educación.[8]

Dicho de otra manera, quienes consideraban que su trabajo cumplía más con un propósito eran los que ayudaban a alimentar a la gente, a cuidarla en la enfermedad y a enseñar a los jóvenes. No son los trabajos más fáciles ni los mejor remunerados. Desde el punto de vista de la felicidad, la gente que se dedica a la salud y la educación estaba muy lejos de los primeros puestos en la tabla. Pero su trabajo es importante. Cumple un propósito. Permite a las personas tener lo que consideran un buen día laboral, para luego volver a hacerlo aunque las condiciones sean difíciles y las circunstancias disten mucho de ser perfectas.

Lo mismo me comentan siempre enfermeros, bomberos y agentes de policía. Tienen trabajos difíciles, pero la mayoría están encantados de hacerlos, porque ayudar a la gente les da un propósito que da significado a cada día. De los miles de personas a quienes he entrevistado, son estos los profesionales que más a menudo parecen conformes con su vida. De hecho, siempre que veo un policía le pregunto por su sueño, y nunca he encontrado ninguno que no haya respondido que ya está viviéndolo. Nunca me he topado con un banquero o un abogado que me haya dicho lo mismo.

Ese es un ejemplo importante del papel que tiene el propósito en lo cotidiano. No en los vídeos que publicamos en Instagram, la imagen que elegimos dar de nuestra vida, sino en la realidad: tener que concurrir a trabajar día tras día, aunque llueva, estemos cansados y sepamos que nos espera una jornada difícil.

Nuestra vida no puede ser inspiradora todo el tiempo. No vas a sentirte realizado cada vez que envíes un correo electrónico o concretes una venta. Nadie se salva del hecho de que hay facturas que pagar, llamadas que hacer, almuerzos que preparar para los niños y ropa que lavar.

Y precisamente por eso necesitamos un propósito: saber que estamos trabajando por algo que vale la pena, aunque lo que estemos haciendo ahora nos parezca prosaico. Significa que incluso una jornada completamente infructuosa, o una que pasas haciendo tareas aburridas, puede ser un buen día de trabajo. Porque estás cumpliendo con tu propósito y, a través de él, estás un paso más cerca de cumplir tu sueño.

Una mañana, en Fluid, nos encontrábamos preparándonos para recibir a un grupo importante de gente en nuestra oficina. Se trataba de un cliente que hacía años que nos esforzábamos por incorporar, y por fin habíamos conseguido la reunión que tal vez nos traería un proyecto ideal. Ese día, la persona que limpiaba la oficina se enfermó y no vino a trabajar. Entré a los baños y me di cuenta de que no podía dejarlos como estaban, ya que vendrían visitas importantes. Entonces me calcé unos guantes de goma y los limpié yo mismo. Y fue lo mejor que hice esa semana por la empresa. Pasé una hora limpiando los baños porque, aunque no era lo que hubiese preferido estar haciendo, nos ayudaría a acercarnos más a aquello que sí queríamos. Es una buena metáfora de la vida. A veces, para ganar, tenemos que limpiar la porquería. Si tienes claro tu propósito, no te importará hacerlo.

Esa es otra razón por la que es tan importante el propósito. Es una especie de armadura que hace que las cosas aburridas, malas y desconcertantes de la vida nos afecten menos. Si no olvidas que todo lo que haces contribuye a algo más importante que el problema que se te presenta ese día, puedes aceptar las tareas tediosas, hacer frente a lo difícil y superar lo desagradable. Como sucede con la mayoría de las cosas de la vida, podemos afrontarlas mejor si sabemos para qué estamos haciéndolas.

El porqué del propósito: convierte los deseos en necesidades

Hasta ahora, hemos visto cómo el propósito te proporciona energía y concentración, destierra los malos hábitos y te ayuda a creer. Son todas cosas que necesitas para hallar el éxito y cumplir tu sueño. Pero ni siquiera ellas son suficientes por sí solas.

Hay una última pieza que completa el rompecabezas del propósito, un último regalo, y es la necesidad.

Es allí donde las cosas se simplifican bastante. En la vida, hay personas que quieren cosas, y personas que las necesitan. ¿Hace falta que te diga cuál de los dos grupos tiene más probabilidad de conseguir lo que se propone?

Esto no es una crítica a la gente que quiere cosas. Todos deseamos algo. Tener mejor salud. Encontrar el amor. Gozar de mayor seguridad económica. Cambiar algún aspecto del mundo.

Pero querer es un sentimiento vacío. Significa que miramos, pero no tocamos. Pensamos, pero no hacemos. Es el lema de la inacción en un mundo donde los premios son para quienes actúan.

En comparación con la gente que quiere, quienes necesitan encajan en una categoría distinta. No se dan otra opción que actuar. Hacen porque deben. Evitar problemas, demorar acciones y buscar excusas: para ellos, son todos conceptos ajenos. Temen más las consecuencias de no hacer algo y de no trabajar por su sueño que la posibilidad de fracasar. Se vuelven implacables porque no se dan alternativa.

Todos, en la vida, llegamos a un punto en el cual un deseo pasa a ser una necesidad, y sabemos cómo es estar realmente motivados. Esto suele suceder cuando atravesamos algún tipo de crisis. Supongamos que enfermas y consultas a un médico por primera vez en años. Este te da malas noticias: tienes sobrepeso, corres el riesgo de contraer diabetes y estás forzando demasiado tu corazón. Si sigues por ese camino, las consecuencias podrían ser graves.

En una situación así, puedo garantizarte lo que ocurrirá a continuación. Dado que siempre dijiste que querías tratar de llevar una vida más sana, adoptar el hábito de ir al gimnasio y eliminar lo peor de tu alimentación, ahora empezarás a hacerlo. Las promesas incumplidas del pasado y las dietas fallidas pasan a ser un recuerdo lejano. Esta vez adoptas una y la sigues. Porque ahora tienes un propósito: mantenerte con vida. En el transcurso de una visita al médico, tu deseo de llevar una vida más sana ha pasado a ser una necesidad urgente. Ese es el poder del propósito, la fuerza que convierte los deseos en necesidades.

Lo mismo sucede en los negocios. En todas las personas que he conocido y a las que he entrevistado, he podido ver una fuerte correlación entre el éxito y el hecho de no empezar con dinero. Muchos dan por sentado que la financiación es el ingrediente más importante para triunfar en los negocios, pero la realidad es muy diferente. La persona que no tiene dinero está obligada a arreglárselas, y la que sí lo tiene no se preocupa si no le va bien. Es, en resumidas cuentas, la diferencia entre querer y necesitar. El éxito nace de ese sentido fundamental de necesidad. Un apetito que no se sacia a menos que se triunfe.

Por la misma razón, de hecho, tener demasiado dinero puede ser un problema. He trabajado con muchas *start-ups* que fracasaron por recaudar demasiado capital. Un ejemplo clásico es el caso de WeWork, que, mientras duró, obtuvo un total combinado de 22.000 millones de dólares hasta que finalmente presentó la quiebra. Al contrario de lo que se esperaría, de no haber estado tan bien capitalizada, la empresa habría tenido que ser más cuidadosa con los contratos de alquiler que firmaba, y habría debido hacer de cada local un centro de ganancias y no de costes. Sin embargo, como disponían de una inmensa cantidad de capital de inversión, pudieron desempeñarse en sitios que nunca serían rentables. Echaron la disciplina por la borda y, como no tenían problemas de dinero, construyeron la compañía sobre cimientos endebles y a base de ilusiones. Si bien esa empresa tenía un propósito fuerte, contar con demasiado dinero contribuyó a aniquilar su éxito.

WeWork era una empresa donde el exceso de financiación anuló el sentido de necesidad que debe tener toda compañía para lograr el éxito. Otro ejemplo es Juul, la marca de cigarrillos electrónicos que triunfó hasta que se empantanó en una inmensa cantidad de demandas que la acusaban de comercializar su producto a menores de edad. Se podría argumentar que la empresa se había iniciado con un propósito fuerte: un producto que podía reemplazar a los cigarrillos por algo menos nocivo. Pero Juul tuvo problemas y acabó por aceptar dinero de la industria tabacalera a la que se había propuesto sustituir. Pronto, ese dinero, el origen de los fondos y las campañas de *marketing* que solventaron habían destruido el propósito de la compañía, y con él, su reputación.

Así vemos cómo el deterioro del propósito o la supresión de la necesidad pueden acabar con un negocio prometedor. En cambio, vemos muchas compañías exitosas fundadas por empresarios a quienes impulsaba algún tipo de experiencia decisiva: un problema que necesitaban resolver, algo malo en su vida que necesitaban corregir. Un propósito intensamente personal.

Sophie es una empresaria que, estoy convencido, algún día se podrá describir así. Sophie presentó su sueño ante el timbre poco después de que lo instaláramos. La compañía se llamaba I Am Denim y la idea era hacer «*jeans* para gente con barriguita». Sophie había estado muy grave después de dar a luz a su hijo y habían tenido que operarla para salvarle la vida, por lo que le llevó un tiempo recuperarse.

—En esas semanas posteriores a la operación, descubrí lo difícil que podía ser algo tan simple como ponerse un par de *jeans* —dijo en su presentación. Lo que la motivaba era que nadie más tuviese que pasar por eso sin ayuda—. No encontraba unos vaqueros que me resultaran cómodos. Entonces creé los míos para ayudar a otras personas a sentirse bien.

Más tarde, me reuní con Sophie y me contó todos los problemas de salud que había padecido en su vida. A los doce años, le habían diagnosticado enfermedad inflamatoria intestinal, una dolencia crónica que tuvo que ver con sus complicaciones de posparto, las cuales, a su vez, requirieron la operación que le salvó la vida. Para ella, aquel sueño era su manera de resistirse.

—Diseñé estos *jeans* con pasión y para resolver un problema —explicó—. Por haber estado tan débil en un momento de mi vida, ahora puedo elegir ser fuerte.

Desde entonces, su empresa prosperó, tanto que logró asociarse con Debenhams y salió en una edición de *Vogue*. La historia de Sophie demuestra cómo las necesidades pueden pasar a ser propósitos que den impulso a los sueños. El suyo era que la marca I Am Denim fuese un gran éxito, y el propósito que lo impulsaba era que nadie se encontrara en la situación en la que había estado ella, en la que al padecimiento físico por la afección médica se sumaba la imposibilidad de encontrar algo tan simple y esencial como un par de vaqueros cómodos.

Me recuerda a otra marca de ropa fundada por una mujer: el caso de éxito de miles de millones de dólares que es Spanx. Su fundadora, Sara Blakely, vendía máquinas de fax puerta a puerta, hasta que se frustró porque toda la ropa interior que compraba se marcaba a través de la ropa. Sara sabía que tenía que haber algo mejor, pero, tras una búsqueda exhaustiva, no encontró a nadie que vendiera lo que ella quería comprar. Entonces creó las prendas modeladoras. Sobre esa base, desarrolló una empresa inmensa y llegó a ser la multimillonaria más joven de Estados Unidos. Su necesidad generó un sueño, que se mantuvo a flote con el propósito expreso de favorecer a las mujeres.

Todo su éxito surgió del propósito: el de encontrarse en una situación en la que no solo quería crear la empresa e inventar el producto, sino que necesitaba hacerlo. No fue una elección, sino una compulsión. En esas circunstancias, no importa si te enfrentas a gigantes ya establecidos, que la economía unitaria no tenga mucho sentido, que la cadena de suministro sea difícil ni que nadie lo haya intentado nunca.

Es personal, es una necesidad y, en la mayoría de los casos, da resultado.

Estas dos condiciones —un propósito que nace de una necesidad fundamental— son un superpoder en la vida. Son una forma de invencibilidad ante los contratiempos, la adversidad y los competidores. Podrán copiarte e intentar clonar tu modelo de negocio, pero no igualar tu propósito, tu ansia y tu sed de riesgo. No pueden replicar tu sentido compulsivo de necesidad. Y por eso perderán: porque les falta el activo más importante que tú tienes. Esa es la belleza del propósito. Una persona no puede tomarlo prestado, y la IA no tiene la capacidad de simularlo. No se transmite de una generación a la siguiente. El gobierno no puede gravarlo ni los inversores, comprarlo —a menos que tú decidas aceptar su dinero—. Tu propósito es el único activo que siempre tendrás, aunque pierdas todo lo demás.

Si cuidas de él, te prometo que te lo devolverá con creces. Nutrirlo es una de las mejores inversiones que puedes hacer.

A estas alturas, espero haberte convencido de que es necesario tener un sueño en la vida y de que, para cumplirlo, necesitas un propósito —o varios—. Tal vez ya has empezado a desprenderte de aquellos viejos mitos de que el trabajo duro es la respuesta a todos tus problemas, o de que el fracaso es algo que se debe evitar. Es probable que ya tengas un sueño claro en mente y estés listo o lista para pulsar el timbre y presentarlo, o quizás apenas estás tomando conciencia de la importancia de contar con uno.

Como sea, casi puedo garantizarte que estás trabado en algún punto. Tal vez tienes la idea y no sabes a ciencia cierta cómo empezar o cómo pasar al siguiente nivel. Tal vez te aferras a un sueño que jamás has admitido ante nadie. Tal vez te asusta que alguien vaya a robártelo o se te anticipe —más adelante explicaré por qué este es un temor infundado—. O quizá se te hace difícil ver lo que significa para ti un sueño, y cómo descubrir el tuyo.

Lo primero que debes saber es que eso es normal. Todos necesitamos ayuda y nos atascamos en un momento o en otro. Lo importante es ser franco y reconocer con exactitud en qué punto te encuentras. Si entiendes eso, la solución —ese siguiente paso tan decisivo— se vuelve simple. Entonces, permíteme echarte una mano.

En el siguiente capítulo, quiero presentarte la escalera: mi resumen de todos los lugares donde la gente se empantana cuando intenta cumplir un sueño, todos los bloqueos y las creencias limitantes que menciona la gente cuando hablamos de esto. En los escalones, hay distintas personas: desde aquellas que son reacias a embarcarse en un sueño hasta otras que se sienten atrapadas por su situación económica, o que tienen miedo porque antes intentaron cumplir un sueño y sufrieron una decepción. Me propongo mostrarte las principales etapas en las cuales la gente se queda atascada, y cómo superarlas. Una vez que sepas en qué escalón estás y cómo seguir ascendiendo, entonces podrás realmente definir, perseguir y empezar a cumplir tu sueño.

4

Siete escalones

En la vida, la gente pasa a nuestro lado y pasa de largo. Especialmente hoy en día, cuando tantos caminamos con los auriculares puestos, la cabeza gacha y aislados del mundo. En tu trayecto diario al trabajo o al gimnasio, sin que lo sepas, puedes cruzarte con cinco o seis personas que podrían cambiarte la vida.

Eso es lo que casi le ocurrió a Sam, a quien conocí en Hong Kong. Ella iba caminando por la calle con tanta prisa que casi parecía correr, con una enorme botella de agua en una mano, y en la otra, un pastelito en una bolsa de papel. Resultó ser que iba camino a una cita. Pero primero, yo tenía una pregunta que plantearle. La pregunta.

No necesitó pensarlo dos veces.

—Sí, tengo un sueño. Quiero tener una empresa de comidas.

Me encanta cuando sucede eso. Cuando le planteo la pregunta a alguien que podría decirme literalmente cualquier cosa, y me responde eso directamente. Sí, tiene un sueño. Sí, hace mucho tiempo que piensa en ello. Sí, sabe qué negocio quiere crear, a quiénes quiere ayudar y hasta qué nombre le va a poner.

—¿Qué te impide hacerlo?

La segunda pregunta. En muchos aspectos, la más difícil.

—No sé cómo se crea una empresa. Además, es solo un sueño.

«Es solo un sueño». Pocas palabras que dejan muchas más sin pronunciar:

«Nunca lo haré».

«No va a suceder».

«Es difícil».

«No puedo».

«Tengo miedo de intentarlo».

Hacía pocos segundos que conocía a Sam, pero ya sabía que estaba en la situación en la que se encuentran tantos otros. Ella tenía un sueño, uno muy factible. Contaba con las destrezas necesarias, como pronto descubriríamos. Incluso sabía el nombre del negocio que temía crear: Chez Sam. Y siempre le digo a la gente que, una vez que se le pone un nombre, ya se puede lanzar.

No había nada que impidiera a Sam abocarse a ese sueño. Es decir, nada salvo ella misma.

Esa es una tendencia autodestructiva que muchos tenemos. Esa voz en nuestra cabeza que nos dice que no tenemos la capacidad, y que no podemos hacerlo porque no sabemos cómo. Eso es mentira porque, en general, es fácil averiguar cómo se hace. Disponemos de todo el conocimiento del mundo al alcance de la mano. Cuando decimos que no contamos con la capacidad o la experiencia, lo que realmente queremos decir es que no tenemos el coraje.

Yo sabía que Sam, como miles —si no millones— de personas más, se encontraba en una encrucijada en su vida. Nuestro encuentro casual se había dado en el momento justo. Si ella no hacía nada con ese sueño, aquella voz dubitativa se haría más fuerte. La creencia de que no sabía cómo lograrlo se arraigaría más, al punto de que pronto sería ineludible. Esta es una verdad difícil sobre nuestros sueños. No se mantienen frescos para siempre. Si siempre los negamos y nos convencemos de que están fuera de nuestro alcance, forzaremos que esa sea nuestra realidad. Como una fruta madura, si no los cosechamos a tiempo, se pudrirán.

Nuestra conversación fue oportuna, porque Sam no podía dejar aquella idea en suspenso para siempre, y además porque ella solo estaría en la ciudad una semana. Unos días más tarde, presentaríamos HelpBnk en Hong Kong en un auditorio lleno de empresarios influyentes. Vi de inmediato que mi lanzamiento podía ser también el de Sam, si ella estaba dispuesta.

Si podía traer algunas muestras de sus comidas, estaría presentando su concepto a aquellos emprendedores, que podían pasar a ser a la vez clientes e inversores. Cada uno de ellos tenía una empresa que, en algún momento, organizaría algún evento. En su mayoría, eran inversores. Ni aunque lo hubiésemos intentado habríamos podido planear una mejor plataforma de lanzamiento. Entonces, ¿ella aceptaría? ¿Llevaría algunas de sus comidas al lanzamiento de HelpBnk y daría el primer paso para hacer de Chez Sam una realidad?

Sam dijo que sí, de acuerdo. Pero, en realidad, no parecía muy decidida.

—Tengo prisa —explicó.

Tenía que llegar a aquella cita. Yo le había dado el día y el lugar en el que debía presentarse, y había intentado convencerla de la oportunidad. Aunque esperaba con desesperación que acudiera, debo ser franco y admitir que no estaba seguro de que fuese a hacerlo. Tampoco lo estaban muchos de los que hicieron comentarios cuando publiqué el vídeo en TikTok: «No va a ir». «No lo hará». «No se lo tomó en serio».

Tres días más tarde, llegó la noche del lanzamiento. Yo no había vuelto a tener contacto con Sam. O estaba a punto de entrar o no la vería nunca más. Sentía esos nervios que aparecen cuando una parte de ti teme que te dejen plantado.

Hasta que se abrió la puerta y todas mis dudas se disiparon. Era Sam, vestida para impresionar y con una bandeja de bocadillos horneados. El día que la conocí, llevaba un cruasán que había comprado en el local de otra persona. Ahora, apenas 72 horas más tarde, había preparado sus propios bocadillos y estaba atendiendo en su primer evento. Más que eso, estaba presentando a una cantidad de expertos el negocio que había dudado de poder lanzar, y lo hacía de manera brillante.

—Voy a aprovechar la oportunidad para mostrar mi comida a la gente —les decía.

Había nacido Chez Sam. Acababa de llegar la emprendedora más reciente de Hong Kong. Y todo se había dado por casualidad, en cuestión de días. El revuelo que provocó el vídeo de Sam significaba que lo habían visto más de diecisiete millones de personas solo en TikTok, y le dimos las ganancias de esas visualizaciones como base para financiar su negocio.

Te cuento el caso de Sam no solo porque es un ejemplo de lo que es posible, sino también porque podría fácilmente haber resultado de otra manera. ¿Y si nadie le hubiese dado ese empujoncito? ¿Si nadie le hubiese dicho que creía en ella y que quería ser su primer cliente? ¿Habría creado su empresa? No hay manera de saberlo.

Lo que sí sé es que el caso de Sam se asemeja al de tantas otras personas que andan por ahí con un plan en mente, pero no tienen la confianza o el ímpetu para llevarlo a la práctica. Hombres y mujeres que no están haciendo nada por cumplir sus sueños, que se arriesgan a dejarlos envejecer y morir. Que están atascados. A veces, en mi TikTok, veo comentarios que incluyen una sigla de tres letras: PNJ. Este término proviene de los videojuegos, donde significa «personaje no jugador», una de esas figuras de relleno que encuentras y con las que hablas durante el juego, y que pasó a usarse en referencia a aquellos que van por la vida exactamente de esa manera, como preprogramados. Sin libertad, sin rumbo y sin un sueño. Es lo que todos intentamos evitar. Para eso, necesitamos resolver lo que está bloqueándonos.

Tal vez tú estás atascado en la misma etapa que Sam, o en algún punto anterior o posterior. Pero el consejo es el mismo, estés donde estés. Si quieres avanzar, tienes que resolver aquello que te lo impide, esa combinación de dudas, creencias limitantes, circunstancias de la vida y condicionamientos sociales que no te permite dedicarte a tu idea y empezar ahora mismo. Allí comienza verdaderamente el viaje para descubrir y cumplir tu sueño.

Permíteme ayudarte a acelerar el proceso. En este capítulo, voy a darte algunos trucos: todos los motivos por los cuales las personas no cumplen sus anhelos, y todas las razones por las que son erróneos. Te enseñaré cómo puedes superar tus creencias limitantes para despertar tu propósito y dar vía libre a tu sueño.

Para eso, tenemos que subir una escalera, formada por todas las excusas que da la gente para explicar por qué su sueño no es posible. Consta de tan solo siete peldaños, pero cada uno es un asesino de sueños en potencia hasta que aprendes a reconocerlo y superarlo. Puedes partir desde el primer escalón o estar ya más cerca del último, pero, para poder cumplir tu meta, primero debes dejar atrás todos estos bloqueos. Entonces, veamos dónde te encuentras ahora y subamos juntos la escalera.

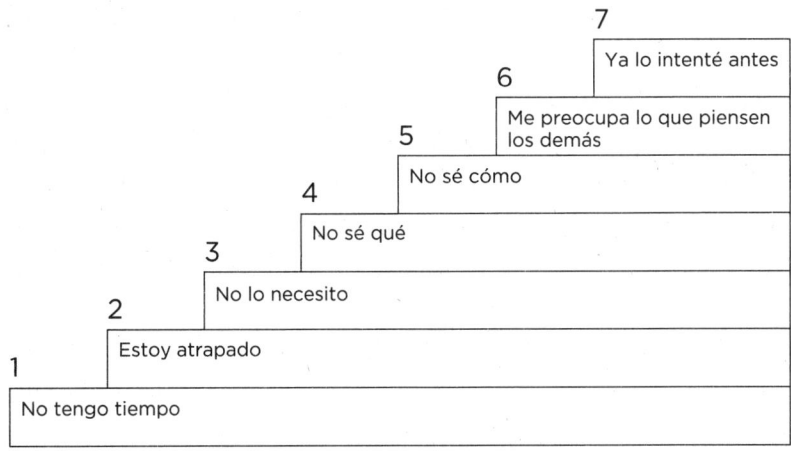

Los siete escalones

Primer escalón: No tengo tiempo

Cuando me acerco a la gente con mi micrófono, algunos ni siquiera intentan responder la pregunta. Siguen de largo, menean la cabeza o me sonríen como diciendo que todo eso les parece un poco ridículo.

Si consigo que una de esas personas se detenga y hable conmigo, probablemente me dará alguna de estas respuestas:

«Tengo cuentas que pagar».

«Tengo un empleo».

«No tengo tiempo».

O mi favorita: «Debo coger ese autobús».

Si estás en esa situación, un sueño queda descartado. No te has permitido pensar en él. La idea de un sueño no solo te resulta ajena, sino casi ofensiva. Cuando en tu vida ya tienes tantas obligaciones que te ocupan tanto de tu tiempo, soñar parece algo frívolo. Sugerir que podría y debería haber algo más es prácticamente un insulto a todo lo que trabajas.

Si te identificas aunque sea un poquito con esta descripción, te diré cuál es el problema. Estás en modalidad de supervivencia. Es una forma de vivir que se basa en llegar al final del día, de la semana y del mes.

Y te entiendo. Te entiendo. Hubo momentos en mi vida en los que no tenía dinero y no podía pensar en otra cosa que de dónde me llegaría el siguiente trabajo y cómo llevar comida a la mesa. Sé lo que significa estar pasando por una situación difícil y no poder pensar más que en sobrevivir.

El problema no es estar en modalidad de supervivencia, sino aceptarlo. Creer que así es tu vida y que no puedes ni debes hacer nada para cambiarla. Si tienes esa mentalidad, te prometo que nada va a cambiar. Le has puesto límites a tu existencia y te mantendrás dentro de ellos. Estás atrapado y no quieres escapar.

Por eso, el viaje hacia tu sueño debe comenzar por descartar ideas como «no tengo tiempo» y «no es para mí». **Estas cosas son ciertas solo si las dejas serlo.** Aceptar un sueño, darte permiso para pensar en él, es el billete que te sacará de esa prisión.

¿Por qué? Porque, cuando le haces lugar a tu sueño y lo reconoces, tu mentalidad cambia en un instante. Empiezas a pensar en el futuro y a imaginar algo mejor. Pronto das el primer paso hacia allá. Puede ser un paso pequeñito, de puntillas, pero está bien: al principio, no importa la distancia, sino solo el rumbo. Estás avanzando, aunque sea lentamente y en tus ratos libres.

Todos los días, pasas un minuto pensando en ello, y luego cinco minutos. Empiezas a tomar notas, a garabatear ideas, y hasta lo comentas con la gente. Si el sueño es real, no tardarás mucho en no poder dejar de pensar en él. Ese es su poder: lo que comienza como una chispa apenas perceptible puede llegar a ser una hoguera ardiente. Y por eso, uno de los obstáculos más poderosos es la idea de que el sueño no es posible. Elimina esa percepción y te asombrará ver con qué rapidez las cosas empiezan a transformarse. Tu mentalidad ha cambiado, y ahora todo se ha vuelto posible.

Segundo escalón: Estoy atrapado

Cuando le ofrezco ayuda para cumplir su sueño a alguien, ya sea dándole dinero, conectándolo con otro o mostrando su perfil en mis canales, nunca sé cómo va a terminar. Las personas a quienes les ofrezco trabajo son desconocidas para mí, y yo, para ellas.

Desde que empecé a dedicarme a esto, tuve dos casos en los que el resultado no fue bueno. Esas historias terminaron más o menos de la misma manera, y estoy convencido de que fue por la misma razón, el mismo obstáculo al que se enfrentan muchos en el camino a sus sueños.

En 2022, conocí a Davide, un joven chef italiano que, desde niño, soñaba con tener su propio restaurante. Demostraba confianza y carisma mientras explicaba su concepto: La Perla Negra. Creí en él, igual que gran parte de los treinta millones de internautas que vieron su vídeo. Ocasionalmente, las personas a las que conozco me impresionan muy bien: tienen sueños tan claros y sentimientos tan profundos por él que casi estoy seguro de que van a conseguirlos. Con Davide, esa impresión fue más intensa que nunca. Era un bellísimo día de sol, y nuestro encuentro a la sombra del Big Ben parecía cosa del destino.

Yo no quería limitarme a dar a Davide un empujoncito en la dirección correcta. Ansiaba con desesperación que el restaurante de sus sueños se convirtiera en la realidad que merecía ser. Seguí su historia, logré que preparara lo que resultó ser una comida maravillosa para un grupo de expertos en hostelería y restauración, y le eché una mano para recaudar casi doce mil euros en internet. Lo ayudamos a registrar la marca, lo cual no fue tarea fácil, dada su semejanza con una película muy conocida. Creí que todo estaba encaminado.

Hasta que Davide desapareció. Pasaron meses sin saber nada de él, no respondía los mensajes. A la larga, nos enteramos de que había regresado a Italia. Tenía deudas, grandes deudas, y había decidido que era mejor empezar a saldarlas antes de abrir el restaurante. El restaurante que yo estaba convencido de que lanzaría no iba a abrir sus puertas… al menos, por el momento. Eso me entristeció y me preocupé por Davide. Deseé que me hubiese hablado de sus problemas económicos, pero creo que lo avergonzaban. Aún ahora me preguntan por su caso, y estoy convencido de que es capaz de cumplir ese sueño, que inspiró a tanta gente a apoyarlo. Pero su historia nos había demostrado que, si nos negamos a encararlos, los problemas de los que huimos vuelven a acosarnos y se convierten en una trampa de la cual ni siquiera el sueño más fuerte puede ayudarnos a escapar.

La cruda realidad es que no cumpliremos nuestras metas si antes no hacemos frente a nuestros problemas. Los asuntos que tendemos a ignorar o que intentamos barrer bajo la alfombra son los mismos que van a acabar con nuestros sueños a menos que los resolvamos. A menudo nos avergonzamos de esas cosas cuando, en realidad, no tenemos la culpa de ellas. Y empeoramos la situación si no somos sinceros con nosotros mismos y con los demás, o si alejamos a quienes quieren ayudarnos. Cuando rechazamos a las personas que intentan sacarnos del pozo, nos hundimos más en él.

Si quieres tener un sueño, te aconsejo que empieces por ser totalmente sincero y hagas borrón y cuenta nueva. Sé transparente respecto de los escollos que encuentras en la vida y, si necesitas ayuda o apoyo, ten la humildad de admitirlo. No des por sentado que sirve de algo esconder tus problemas en un armario o hacer como si no existiesen. Te prometo que cada asunto que guardes sin resolver te perjudicará más adelante.

Tercer escalón: No lo necesito

«No es para mí».

A menudo recibo esta respuesta de personas que dicen estar conformes con lo que tienen. Poseen un trabajo, tal vez han comprado una casa y están pensando en cambiar el coche. Son felices… o, al menos, eso se dicen a sí mismos y a quien se lo pregunte.

Pero si raspas un poquito la superficie, la historia es muy distinta. La casa está hipotecada. El coche lo compran con financiación. Les guste su trabajo o no, no pueden cambiarlo.

Esta es una clase diferente de trampa, en la que creamos una prisión con nuestras obligaciones financieras. Las deudas y las cuotas nos controlan. Nuestros sueños se quedan sin aire.

Este es el resultado del ansia por poseer que describí antes. Todas las cosas que creías desear acaban por dominarte. No estás trabajando para cumplir tu sueño, sino para devolver el dinero que debes.

La gente que está atrapada en esa situación dice que «no necesita» un sueño, pero eso no es sino una fachada. La verdad es que no pueden tenerlo y lo saben. Todas las cosas que en realidad querían conseguir han quedado sepultadas por una montaña de obligaciones y cuentas por pagar. No confío en las personas que dicen que no es necesario o importante para ellas tener un sueño. Quienes están ganando en la vida te dirán que ya lo están viviendo, y te ofrecerán compartir la sabiduría que tanto les costó adquirir. Por otro lado, la gente que se niega a soñar suele expresar frustración porque su existencia está dominada por su situación económica.

Creo que la mayoría de la gente se encuentra atascada en este escalón. Han dejado morir su sueño y han culpado por ello a las obligaciones que tienen en su día a día. Dicen que viven así por sus hijos, y es verdad. Pero hay un problema en eso: **tus hijos no hacen lo que dices, sino lo que haces**. Si el ejemplo que les das es el de alguien que mantiene un empleo que detesta solo para pagar la hipoteca, es muy probable que ellos también tengan esa vida, dentro de veinte o treinta años. Los padres queremos que nuestros hijos sueñen. Que tengan una vida que los entusiasme y los haga sentir plenos. Demasiada gente piensa que la manera de lograrlo consiste en negar sus propios sueños. Eso es lo que en realidad están diciendo esas personas cuando me responden que «no necesitan» un sueño.

La buena noticia es que es posible escapar de esa trampa. No será fácil, porque la única solución para las deudas es saldarlas, y el único recurso para contrarrestar un estilo de vida superior al que puedes pagar consiste en reducir tus costes por todos los medios que sea necesario. Tendrás que ser implacable y renunciar a algunas cosas a las que te has acostumbrado. Tal vez debas vender el coche que te convenciste de que podías pagar, o pensar en mudarte a una casa que te imponga una hipoteca menor para contar con un poco más de efectivo. Si tienes la suerte de ser joven y carecer de obligaciones financieras importantes, lo único que necesitas cambiar es tu mentalidad: deja de pensar en el próximo reloj que vas a comprarte, o de soñar con ganar mucho dinero invirtiendo en criptomonedas, y empieza a concentrarte en un sueño de verdad.

Para subir este escalón, tienes que renunciar a creer que las posesiones son la meta última en la vida. Es difícil pero, a la vez, inmensamente liberador: como bajar de peso. De verdad, te sentirás más liviano, y liberarás espacio en tu mente para tu sueño.

Vivir dentro de tu presupuesto no significa que no tengas ambición, como tampoco un coche elegante o un reloj que compras a crédito significa que seas rico o exitoso. En realidad, es una de las cosas más trascendentes que puedes hacer. Te permitirá vivir sin temer la factura que llega a fin de mes, y te dará libertad para soñar. No hay en el mundo nada que puedas poseer que sea tan valioso como eso.

Cuarto escalón: No sé qué

«No lo sé».

Nunca he llevado la cuenta de las respuestas que me da la gente cuando le pregunto cuál es su sueño, pero esta es una de las más frecuentes. Es lo que respondemos sin pensar cuando nos hacen una pregunta difícil: tratamos de anularla, de evitar tener que pensar en la respuesta.

Es una limitación diferente de decir «no tengo tiempo» o «no lo necesito». La persona que dice que no lo sabe no está rechazando la idea de un sueño. Es solo que aún no lo ha abordado del todo. Está abierta a ello, y eso es un buen comienzo.

Lo notable de la gente que se encuentra en esta situación es que, por lo general, el sueño está muy cerca de la superficie. No necesita hurgar mucho para encontrarlo. Si logro que se detengan a hablar conmigo, les hago más preguntas: cómo se ganan la vida, qué les gusta de su trabajo, qué estarían haciendo si no dependieran del dinero.

Por supuesto, es posible que tu sueño sea algo que está totalmente fuera de tu experiencia de vida actual. Tal vez ansías recorrer el mundo porque casi no has salido de tu país, o quieres dedicarte a la música aunque nunca lo hayas intentado.

Pero, en la mayoría de los casos, el sueño está más cerca. Tiene que ver con algo que ya está en nuestra vida. Una versión diferente y mejor de lo que ya estamos haciendo. Quizá trabajas como camarero y te gustaría abrir un restaurante propio. O tocas en una banda los fines de semana pero quieres emprender tu propio camino musical.

Kellie, a quien ya conocimos, era un excelente ejemplo de esto. Ella trabajaba como peluquera canina; era lo único que deseaba hacer, pero no estaba conforme. Sabía que se podía realizar mejor y necesitaba la libertad de trabajar con los animales como ella quería. Para ella, era sencillo: tenía que crear su empresa.

Kellie sabía cuál era su sueño, pero las personas que se encuentran atascadas en este escalón no lo saben. Tienen el impulso de llevar a cabo algo diferente, pero nunca lo han articulado de verdad. Siempre sienten cierta insatisfacción en su rutina, como si caminaran todo el día en el trabajo con una piedrecita en el zapato, pero no hacen nada por cambiar su situación.

En esos casos, la idea de tener un sueño es sumamente útil. Te hace pensar mucho en lo que quieres y no quieres en tu día a día. Te obliga a enfrentarte a aquello que te limita y te impide avanzar, y hace que te concentres en cómo sería tu idea perfecta de la vida.

Muchas personas nunca hacen esto hasta que se ven obligadas. Una vez conocí a un próspero empresario que jamás había pensado en tener su propio negocio, hasta que lo despidieron de la compañía en la que siempre había trabajado. Le había dedicado veinte años de servicio, pero ellos se habían valido de un tecnicismo para evitar indemnizarlo. En aquel momento, quedó desconsolado, pero resultó ser el mejor día de su vida. Llámalo ira, venganza o hasta destino, pero a partir de ahí tuvo su sueño. Fundaría su propio negocio y le iría mejor que a aquellas personas que lo habían declarado prescindible. Cuando terminó, su empresa quintuplicaba el tamaño de la que lo había despedido.

Te garantizo que, si yo hubiese conocido a este hombre mientras aún estaba en su empleo original y le hubiese preguntado por su sueño, me habría respondido que no estaba seguro de tener uno. Por eso, las personas que «no lo saben» casi siempre están mintiéndose. En realidad, sí lo saben; solo necesitan detenerse a pensarlo. Se preguntan qué les gusta hacer en realidad, qué es lo que más disfrutan de la vida o de su trabajo, y cómo pueden dedicarle más tiempo a eso y menos a lo que odian en secreto.

Si, ante el título de este libro, tu respuesta instintiva es «no estoy seguro» o «no lo sé», hazte un favor. Prohíbe esas frases y oblígate a responder de nuevo la pregunta. Empieza por escribir una lista de las cosas que te gustan y las que te disgustan. Eso te llevará a tus fortalezas y debilidades, a los pasatiempos que podrían llegar a ser tu ocupación, y a lo que en verdad quieres dedicar tu tiempo. No pasará mucho hasta que empieces a pensar en aspectos prácticos: lo que puedes hacer solo y otras actividades con las que necesitas ayuda. Dónde y cómo empezar. Pronto, no solo habrás decidido cuál es tu sueño: también estarás resolviendo cómo conseguirlo.

Quinto escalón: No sé cómo

Los primeros escalones están ocupados por personas que dicen no tener un sueño. No tienen tiempo. No lo necesitan. No lo han pensado.

En muchísimos casos, nada de eso es verdad. Sí tienen un sueño y llevan un tiempo pensando en ello. Son capaces de imaginarlo y ponerle un nombre. Cuando les planteo la pregunta, a menudo me responden sin dudarlo —aunque algunos lo hacen como si se tratara de un secreto que debiera avergonzarlos: una mujer que trabajaba en un comercio de artículos de lujo me respondió que no quería que la entrevistara, pero enseguida, casi en un susurro, me confesó que su sueño era ser artista, como si le preocupara que alguien la oyera—.

¿Qué es lo que bloquea a estas personas que no niegan que es posible tener un sueño y ya saben cuál es el suyo? Lo diré sin vueltas: sienten miedo y piensan demasiado.

Esos son los casos en los que, como seres humanos, somos nuestros peores enemigos. En algunos aspectos, nuestro cerebro es demasiado complejo y demasiado capaz. En lugar de correr directamente hacia aquello que el instinto nos indica hacer, lo pensamos. Nos detenemos y nos preguntamos si es sensato llevarlo a cabo. Si es factible. Si tenemos la capacidad para hacerlo. Creamos barreras artificiales diciendo que no estamos capacitados, que nos falta estudio o experiencia.

Pronto interviene el miedo de siempre al fracaso y decidimos no hacer el intento. Colocamos el sueño en un estante y allí se queda. Y es muy posible que nunca salga de allí.

Esa es precisamente la situación en la que se encontraba Sam cuando la conocí en Hong Kong. Tenía un plan tan bien desarrollado que hasta le había puesto nombre, pero no había hecho nada por concretarlo. Sabía cómo quería que se llamara su negocio, pero dudaba de su capacidad para hacerlo despegar. Estaba atascada en un círculo que podría haberla mantenido dando vueltas y vueltas para siempre.

El caso de Sam fue un ejemplo perfecto de lo irracionales que son esos miedos. Pocos días después, había cumplido con su primer encargo. Tenía la habilidad, la voluntad y las ideas necesarias para que funcionara. Lo único que le había faltado era la convicción.

Lo cierto es que casi todos nos subestimamos, y sobreestimamos al mundo. Damos por sentado que todo lo que queremos conseguir es increíblemente difícil y que las personas que logran lo que desean deben de ser genios cuya capacidad sobrepasa por mucho la nuestra. Eso es una tontería: una profecía autocumplida que garantiza que nunca hagas nada.

Claro que en la vida hay cosas que son increíblemente difíciles y están reservadas para unos pocos elegidos. Pocos llegaremos a ser atletas olímpicos, a editar un álbum que llegue al primer puesto en el *ranking* musical o a ganar un Óscar al mejor actor o director.

Pero esos casos son, para la mayoría, fantasías más que sueños verdaderos. Y los que más me cuenta la gente son sueños de verdad, sueños posibles de cumplir. Abrir un restaurante, lanzar una marca de ropa, ser fotógrafo, dedicarse al arte o a la música. Son actividades que cientos de miles de personas realizan cada día en todo el mundo. La vara está mucho más baja de lo que creemos cuando se tiene dedicación, convicción y voluntad de aprender. Pero, instintivamente, descreemos de eso: damos por sentado que debe ser extraordinariamente difícil, y dejamos que esa creencia crezca más y más. En lugar de dividir el sueño en una serie de cosas que podemos lograr y empezar a hacer ahora mismo, ponemos objeciones y dudas hasta que estas nos sobrepasan. Nos empeñamos tanto en convencernos de que será difícil que, a la larga, casi nos vemos obligados a creerlo.

Mucha gente se encuentra atascada en este escalón. Saben cuál es su sueño. Tal vez sea un bosquejo a grandes rasgos, o un secreto que no se atreven a confesar, pero saben cómo es. Pueden imaginar ese futuro. El problema es que huyen, en lugar de correr hacia él.

Si sientes que estoy describiéndote, mi primer consejo es que pares. Deja de permitirte decir que no sabes, o que no estás seguro, o que será demasiado difícil. Más bien, concéntrate en lo que puedes hacer. Confecciona una lista de acciones factibles que te acerquen a tu meta y pon manos a la obra. Decide dónde quieres estar dentro de una semana, un mes y un año. Traza ese camino y empieza a recorrerlo.

Te diré lo que hago cuando conozco a alguien que me dice que tiene un sueño, pero no se decide a intentarlo y no sabe si es posible. Le hago preguntas que hacen que la idea resulte más tangible: ¿Cómo se llama el negocio, cuándo me realizarías una demostración, cuánto cobras, cuánto necesitas para empezar? Tú puedes hacer lo mismo: deja de pensar en los problemas grandes y empieza por plantearte preguntas específicas que te empujen a la acción. Reduce el tamaño del problema hasta que te sientas seguro de dar el siguiente paso.

Te prometo que, una vez que estés haciendo cosas en lugar de pensarlas, las dudas empezarán a disiparse. Te darás cuenta de que la mayoría de tus miedos eran infundados. Ahora estás empezando a vivir el sueño que ayer no creías posible. Da esos primeros pasos y empezarás a ver cuánto puedes lograr de verdad.

Sexto escalón: Me preocupa lo que piensen los demás

Cuando pienso en la diferencia entre los sueños que se cumplen y los que quedan frustrados, me acuerdo de Charlie, a quien conocí cuando teníamos veintitantos años. Él era conductor de autobuses, pero una tarde me contó que lo que de verdad le encantaba era dibujar. Tras cierta insistencia por mi parte, tomó un bolígrafo, abrió una servilleta de papel sobre la mesa y dibujó algo en treinta segundos. Yo no soy artista, pero me di cuenta de inmediato de que tenía un enorme talento. Igual que tantas personas brillantes, me presentó su genialidad encogiéndose de hombros. No quiso oír mis elogios y meneó la cabeza cuando le dije que, teniendo tantas aptitudes, debería dedicarse a eso.

Pronto salió a la luz el porqué. Charlie no creía demasiado en sí mismo, pero su pareja agravaba esa actitud. Ella siempre le había insistido en que tenía que buscar un empleo de verdad, y así había acabado por conducir un autobús. Cada vez que intentaba montar un portafolio con muestras de su trabajo para buscar encargos de alguna revista o editorial, ella le decía que no era el momento, o que probablemente no llegaría a nada.

Al final, Charlie superó las dudas de ambos y consiguió un contrato con una de las editoriales infantiles más importantes. Pasó de ser conductor a ser un artista exitoso, pero le había llevado varios años más de lo debido. Aun así, estoy convencido de que tuvo suerte. Su experiencia era la de muchos, y el resultado suele ser el opuesto: una persona renuncia a sus sueños porque su círculo más íntimo no la apoya.

Eso es más frecuente de lo que podrías creer. Les contamos nuestra gran idea a nuestros padres, a nuestra pareja y a nuestros amigos. Les decimos que estamos pensando en renunciar a nuestro empleo y dar el salto. La respuesta suele tener una sola palabra: no. O quizá dos: ¿estás seguro?

El impacto de esa duda puede ser profundo. Oír que alguien cuestiona nuestro sueño corta de raíz nuestra confianza. En el peor de los casos, reaviva viejas preocupaciones que quizás habíamos dejado a un lado. Especialmente cuando proviene de un familiar, una pareja o un amigo muy cercano, alguien que nos conoce y nos desea lo mejor. Cuando la gente expresa así sus dudas, magnifica las nuestras.

El problema es que es tan probable que se equivoquen como que lo hagas tú. Si cuestionan tu sueño, te dicen que no es realista o les preocupa que las cosas te salgan mal, probablemente no estén hablando desde el conocimiento, sino desde el miedo. Tal vez estás intentando hacer algo que sobrepasa por mucho su experiencia vital. Es natural que un padre que ha trabajado toda su vida en un empleo corporativo se sienta incómodo si su hijo le dice que quiere ser autónomo. Quienes son abogados, contables o banqueros dudan de que alguien pueda ganarse la vida con el arte o la música.

Se trata de personas y voces influyentes en nuestra vida y suelen, con toda facilidad, destruir un sueño que apenas empieza, cuando está en su etapa más frágil: solo una idea que existe en tu mente, sin prueba verificable de que vaya a dar resultado. Ese es el momento más difícil para sentirte seguro, y el más fácil para criticar.

Significa que tienes que estar listo para enfrentarte a quienes intentarán disuadirte, aunque a menudo lo hagan con buenas intenciones. Si eso sucede, no te lo tomes a pecho. Razónalo. Pregúntate por qué lo dicen. Úsalo para decidir si debes tomar en serio sus advertencias o no.

Piensa si te han dicho algo en lo que aún no has pensado, o si te han aportado información nueva.

Sobre todo, no te dejes disuadir con facilidad. No permitas que los miedos ajenos se conviertan en los tuyos —y, por regla general, solo acepta consejos si quieres vivir como quienes te los dan; si no quieres vivir como ellos, no les hagas caso—. Si de verdad crees en tu sueño cuando empiezas a contárselo a otros, no debes dejar de confiar en él cuando ellos duden. No seas una de esas personas que renunciaron a su sueño ante la primera crítica.

Séptimo escalón: Ya lo intenté antes

Una vez que dejas atrás las dudas ajenas, solo te falta subir un escalón. El obstáculo de la experiencia anterior.

Quienes han hecho el intento y fracasado son las personas más difíciles de convencer de que es posible cumplir un sueño. Se han quemado una vez y se han convencido de que nunca van a volver a intentarlo.

Esa es una reacción irracional al fracaso, que nos priva de las lecciones más importantes que nos deja.

Por haber tenido diecinueve empresas, me consta que esto es verdad. Algunas salieron adelante, pero muchas fracasaron. Algunas se hundieron incluso antes de despegar, y otras, después de años de esfuerzo. Una me costó más de un millón de dólares.

Pero estoy agradecido por esos fracasos. Cada uno me enseñó algo y me hizo mejor emprendedor. A veces, como sucedió con *DevaShard*, me salvaron de cosas que, en el momento, se habrían asemejado al éxito, pero que después me causaron problemas.

Por eso me frustra cuando la gente usa su experiencia como una barrera. Cuando dicen que la primera vez les fue mal, entonces no van a efectuar otro intento. Esto va contra todo lo que sabemos de cómo se llega al éxito. Es como tratar de leer este libro de atrás hacia delante y cabeza abajo. O como si Usain Bolt hubiese dejado de correr porque no batió un récord mundial en su primera carrera.

Las personas que se encuentran en esta situación tienen lo que yo llamo miedo malo. Han dejado que los temores les impidan seguir probando, porque no han diagnosticado su origen ni razonado lo que sienten. Ese miedo no resuelto —a fracasar, a perderse algo o a no estar a la altura de las expectativas— ha llegado a ser más grande que su sueño, y se han rendido. A diferencia del miedo bueno, que actúa como incentivo para ser y hacer lo mejor que podemos, el miedo malo abruma y debilita. El miedo bueno es el compañero que te hace responsable de ir con él al gimnasio tres veces por semana, o los amigos a quienes convencí de invertir en HelpBnk, porque sabía que no querría decepcionarlos, y que el miedo de hacerlo me ayudaría a no cejar en el empeño. El miedo malo es un enemigo, y a menudo se origina en las experiencias anteriores.

Es completamente natural sentir temores cuando se inicia un proyecto importante, y encontrarse abatido cuando se fracasa. Aun después de años de dirigir empresas, de experimentar tanto el éxito como el fracaso, todavía me suceden esas cosas. He sentido el miedo al fracaso mientras escribía este libro: me preocupaba que no fuese muy bueno, que la gente no lo disfrutara o que no se vendiera. Hace poco, di una charla TED que me mantuvo preocupado durante semanas; fue un miedo que fui calmando poco a poco mediante una preparación meticulosa.

El problema no es experimentar esos sentimientos, sino dejarnos controlar por ellos. Un poco de miedo puede darnos más agudeza y ayudarnos a rendir al máximo, pero si es excesivo —porque no hemos desmenuzado ni razonado nuestras preocupaciones— resulta abrumador. Está bien tener una dosis de ira y vergüenza cuando fracasamos, pues nos impulsa a mejorar, pero si esos sentimientos perduran, producen amargura, más que motivación. En lugar de levantarte y volver a intentarlo, renuncias a tu sueño.

En esa situación se encuentran atascadas las personas que están en el séptimo escalón. Tienen miedo malo de que la historia se repita. Piensan que los fracasos del pasado demuestran que no son capaces y que lo correcto es renunciar, cuando, en realidad, es todo lo contrario. Esos fracasos te fortalecen, si se lo permites. Esa experiencia que te parece un lastre pasa a ser positiva si la abordas con la mentalidad indicada.

Lo primero que debes hacer es retirar el fracaso de la caja en la que lo encerraste. Deja de considerarlo un lugar al que nunca debes volver y permítete reflexionar. ¿Qué fue lo que salió mal y por qué? ¿Acaso fue una mala idea, no era el momento oportuno o elegiste asociarte con personas que no te convenían? ¿O las circunstancias conspiraron en tu contra y, simplemente, tuviste mala suerte? Si buscas las verdaderas respuestas, es muy probable que la historia sea más complicada de lo que creías. No fracasaste porque seas inútil o incompetente. Fue porque tomaste malas decisiones, o no era el mejor momento, o te faltó disciplina en ciertos aspectos. En su mayoría, son aspectos que podrías mejorar en el segundo o tercer intento.

Luego debes perdonarte por haber fracasado. No te castigues más por lo que pasó. Si no dejas atrás tus emociones, nunca podrás analizar esos hechos con objetividad y aprender de ellos.

Esto es algo que me enseñó Adam, uno de mis cofundadores en HelpBnk. Él tenía una carrera musical que había iniciado a los trece años de edad, cuando había lanzado varios álbumes con sellos discográficos importantes, además de componer numerosos éxitos. Sin embargo, me contó que había tenido varias malas experiencias con gente que no le había pagado lo acordado o no cumplía con los contratos.

Cuando llevábamos un tiempo trabajando en HelpBnk sin un contrato formal, le pregunté por qué no pedía que formalizáramos las condiciones. ¿Acaso sus experiencias pasadas no lo hacían desconfiar? Su respuesta fue que, en algunos aspectos, estaba agradecido por todas las veces que lo habían defraudado. En lugar de hacerlo sospechar de todo el mundo, esas experiencias le habían enseñado que la decisión más importante en los negocios es elegir en quién confiar. Es mucho mejor trabajar con personas en quienes puedes confiar plenamente que en situaciones en las que dependes de las cláusulas de un contrato, que quizá no te protejan tanto como esperabas.

Este es un excelente ejemplo de cómo procesar y superar los fracasos o contratiempos del pasado, cómo aprender de ellos en lugar de castigarnos por ellos. Adam no dejó que sus malas experiencias fuesen un obstáculo para lo que quería hacer ahora. Había convertido en fortaleza lo que podría haber sido una debilidad: se liberó para seguir trabajando por sus ambiciones, mejor preparado de lo que habría estado de otro modo. Estaba usando sus experiencias pasadas como fuente de fuerza, algo que todos debemos aprender a hacer si queremos eliminar las barreras que nos separan de nuestros sueños.

Entonces, ¿ya descubriste en qué escalón te encuentras? ¿Eres una de esas personas que nunca han pensado en un sueño, o andas por ahí con una gran idea de la que nunca has hablado? Pues bien, este es el momento de admitirlo, de escribirlo y ser sincero sobre lo que te impide conseguirlo. Tienes que eliminar esas barreras para poder tener la mayor probabilidad de triunfar. Y tienes que hacerlo ahora, porque estamos por volcar nuestra atención hacia tu sueño. ¿Cuál es, cómo lo defines y cómo podemos cumplirlo juntos?

PARTE II

Tu sueño

Cómo desbloquearlo, descubrirlo
y definirlo

5

Tres preguntas

¿Por dónde empiezo? Probablemente, esta es la pregunta que estás haciéndote ahora. Es una cuestión en la que algunos piensan durante toda su vida.

Quizá estés dándole vueltas a cómo comenzar a trabajar para cumplir un sueño que ya has definido, o cómo llegar al punto en el que ya conoces tu sueño. Por ahora, supongamos que estás en el segundo grupo; empecemos por el principio. Incluso si ya tienes tu sueño en mente, te recomiendo recorrer estos pasos como ejercicio, para que revises con qué cuentas y te asegures de tomar el rumbo correcto. Y, si todavía no conoces tu sueño, lo que te explicaré aquí te ayudará a descubrirlo.

Entonces, ¿por dónde empiezas? A menudo se dice que no hay nada en la vida que intimide más que una página en blanco. Si puedes decir, pensar o escribir absolutamente todo lo que sea, ¿cómo saber por dónde comenzar?

Eso suele ser cierto en el caso de los escritores o los guionistas cinematográficos, pero, para casi todos los demás, no lo es. Porque en la vida no hay páginas en blanco. No las hay para mí, ni para ti, ni para nadie. Nuestras páginas ya están cubiertas de anotaciones, garabatos, correcciones y tachaduras. Tenemos toda una vida que nos ha moldeado, nos ha dado experiencias buenas y malas, y nos ha hecho entender algunas cosas sobre nosotros mismos y sobre el mundo. A todos nos han formado los lugares donde crecimos, las personas que nos criaron y aquellas con quienes pasamos la vida aprendiendo, trabajando o divirtiéndonos.

Este condicionamiento es parte de nosotros, nos guste o no. Podemos lamentarlo y quejarnos de que somos prisioneros de la vida que nos tocó en suerte. O podemos aprovecharlo.

Todo lo que nos ha sucedido tiene su importancia. Si lo examinamos bien y aprendemos de ello, haremos algunos descubrimientos notables. Dentro de nuestra historia vital, encontraremos la base de todo lo que nos importa: cómo encaramos el mundo, cuáles son nuestras motivaciones, nuestro dolor y nuestro sentido de identidad y propósito.

Por eso creo que **la pregunta de por dónde empezar es, en realidad, la parte fácil**. Aunque parezca complicado, lo cierto es que ya tenemos las respuestas. Están allí mismo, sepultadas en distintas áreas de nuestra experiencia de vida. Podemos encontrarlas rápidamente si sabemos cómo y dónde buscarlas.

Por eso también creo que el camino al futuro, hacia el sueño, comienza por mirar atrás. No en obsesionarnos con el pasado ni sentir nostalgia o remordimiento, sino entendernos de verdad, a nosotros mismos y nuestra vida. Plantear las preguntas que revelarán quiénes somos, qué queremos y qué no puede faltarnos para vivir. He aquí las tres cuestiones que te propongo en este capítulo. Una vez que las respondas, te prometo que estarás listo para articular tu sueño; quizá, incluso, para decirlo en voz alta.

Pregunta n.º 1: ¿Qué cosas me gustan y cuáles no?

Cuando tenía cuarenta y dos años, en esa etapa ligeramente apática de mi vida, cuando había vendido mi empresa y no sabía qué hacer a continuación, la pregunta que me hice fue: «¿Por dónde empiezo?».

Comenzaba a pensar en lo que significaba tener un sueño y por qué nunca me lo había planteado. Había estado tan ocupado desarrollando la empresa que no me había detenido a reflexionar de verdad sobre mi vida. Ahora, por fin podía hacerlo.

Mientras reflexionaba, me topé con lo que es ahora la primera pregunta clave para resolver tu sueño. Una pregunta muy simple: ¿qué me gusta hacer?

Conocer la respuesta podría parecer una obviedad. Porque, sin duda, todo el mundo sabe lo que le gusta e intenta organizar su vida de tal modo que le permita dedicar más tiempo a eso, ¿no es así? ¿No?

Ojalá así fuera, pero no lo es. Lo cierto es que muchos hacemos todo lo contrario de lo que indica el sentido común. **Pasamos la mayor parte de la vida realizando algo que no disfrutamos, y relegamos lo que nos encanta a algún rincón del tiempo libre.** Tratamos nuestras pasiones como pasatiempos y desplazamos nuestros intereses a un segundo plano.

Es increíble la cantidad de personas que están convencidas de que no pueden —o que no estaría bien— construir su vida en torno a lo que saben hacer bien y que les encanta hacer. Esta actitud contraproducente es, quizá, otro remanente de la escuela, donde nos inculcaban esforzarnos más en las materias que más nos costaban, en lugar de potenciar las que dominábamos. Esa educación nos instaba a pensar que la vida debe ser difícil y que, más que creer en nuestras fortalezas, debemos temer nuestras debilidades. Es una visión del mundo que nos afecta a muchos, en la cual consideramos que nuestras pasiones no son algo serio y no merecen que las tomemos como tales.

Para perseguir un sueño, antes necesitas desterrar esa filosofía y pensar, quizá por primera vez, en lo que en realidad te gusta. Debes ser absolutamente franco contigo mismo: ¿Qué te encanta hacer? ¿Qué se te da bien? ¿Qué es importante para ti? Escribe tus respuestas sinceras, no las que querrías que fuesen ciertas o que crees que impresionarían mejor a otras personas. ¡Di la verdad!

Te explicaré cómo fue ese proceso para mí, cómo era mi lista de lo que me gustaba y me disgustaba.

Me agradaba conocer gente y hablar con ella, ayudar a los emprendedores con sus negocios, vender y compartir lo aprendido. No me gustaba participar en reuniones, trabajar con personas difíciles, examinar números, leer documentos largos o, como había descubierto, no tener nada que hacer.

De hecho, no tener nada que hacer era lo peor para mí, porque lo que me da energía es la gente. Como muchos que se retiran a edad temprana, yo había descubierto que se puede tener demasiado tiempo libre, y no hay nada peor que ser alguien que antes estaba ocupado. Precisamente por eso, la jubilación es un sueño falso, cuyo objeto es hacernos trabajar durante los mejores años de nuestra vida a cambio de la promesa de un futuro que a menudo resulta ser decepcionante. Es mucho mejor trabajar en tu verdadero sueño mientras aún tienes tus mejores años por delante.

No tener nada que hacer me hizo ver cuánto necesitaba la energía y el ajetreo de dirigir una empresa y estar con otras personas. Si paso horas conversando con alguien, buscando ideas y compartiendo problemas, me siento más energizado al final que al comienzo. En cambio, si ocupo ese mismo tiempo jugando al golf, acabaré cansado, porque sentiré que no he logrado nada salvo, tal vez, menguar un poquito mi hándicap.

Todos tenemos estas líneas divisorias en nuestra personalidad, y una estructura particular. Cosas que nos gustan y otras que no. Cosas que nos aportan energía y otras que nos agotan. Cosas que se nos dan bien y otras que nos cuestan.

Si las identificas, tendrás la materia prima para tu sueño. Los ladrillos. En mi caso, el montaje del rompecabezas de mi sueño empezó con varias de las cosas de mi lista que me gustaban. Quería hablar con la gente, compartir ideas y, en cierto modo, enseñar. Entonces comencé un pódcast y pasé el año siguiente entrevistando a doscientos emprendedores acerca de sus negocios, sus vidas y el camino que los había llevado al éxito. Quería saber cómo habían hecho otras personas y comparar sus historias con la mía. A falta de una palabra mejor, era un poco entrometido.

No tenía idea de cómo administrar o promover un pódcast. Mis equipos eran muy malos, y yo no tenía experiencia como entrevistador. De hecho, empecé deliberadamente con dispositivos baratos. En 2019, Helen me regaló un micrófono de ciento quince euros y empecé a usarlo. Me agradaba ese enfoque *low cost* de emprender con lo que tenía. Podría haber invertido miles de euros, pero no quería hacerlo en algo que aún no estaba seguro de que sería un proyecto a largo plazo.

Ahora me horrorizo cuando vuelvo a escuchar alguno de esos primeros episodios, pero en su momento me encantó grabarlos. Estaba haciendo exactamente lo que necesitaba y quería hacer. Tenía conversaciones interesantes. Superaba mi propia inclinación hacia la supervivencia en cuanto a lo que se necesita para triunfar en los negocios. Empezaba a desarrollar una comunidad en las redes sociales. Aunque incierto, fue el comienzo de todo lo que hago hoy: promover la idea de un mundo mejor en el cual todos nos ayudemos, donde las redes y el conocimiento se compartan por igual entre todos. Me encaminó hacia mi sueño. Aquel pódcast pésimo y de bajo presupuesto fue, en realidad, una de las cosas más importantes que he realizado, y lo hice del mismo modo en que digo que cualquiera puede iniciar un negocio: con un equipo barato que me regalaron para Navidad.

Pronto empecé a experimentar con distintos formatos de contenido, a buscar nuevas maneras de llegar a mi audiencia e incrementarla. Me di cuenta de que la idea había sido buena, pero mi rumbo había estado ligeramente desviado. No quería relajarme y hablar de bueyes perdidos con gente que ya había triunfado —aunque tardé doscientos episodios en caer en la cuenta—.

Lo que quería era trabajar con personas que aún estuviesen intentando llegar. Quería ayudar a la gente que en verdad necesitaba ayuda, como la había necesitado yo cuando emprendí mi primer negocio, a mis quince años. Con el tiempo, este propósito fue la base de mis vídeos en TikTok, y de todo lo demás que he hecho en mi intento de ayudar a la gente a cumplir sus sueños.

Por eso, la primera pregunta es qué te gusta y qué no. Quizá todavía no tienes un sueño o un propósito establecido, pero si empiezas por algo que te guste hacer, casi tendrás la seguridad de estar siguiendo el rumbo correcto. Puede costarte varios intentos, pero vas a llegar.

Otro enfoque consiste en preguntarte qué harías hoy si no tuvieses que ir a trabajar ni preocuparte por ganar dinero. Si tuvieses toda la libertad del mundo, ¿qué estarías haciendo ahora mismo? Ese es tu punto de partida. No tengas miedo a eliminar el dinero de la ecuación al principio; ya llegaremos a eso y a cómo crear un modelo de negocio basado en lo que te apasiona. Al principio, lo importante es que estés empezando con algo que de verdad te importa. Es la manera de garantizar que el sueño será perdurable.

Muchos no coinciden conmigo en este aspecto, en la importancia de basar tu sueño —y el negocio que vas a desarrollar en torno a él— en algo que ames. Empieza por algo que falte en el mercado o que nadie más esté haciendo, dicen. Busca un problema que puedas resolver. Piensa qué quieren los demás. Se equivocan. ¿Por qué? **Porque lo que hace que un negocio prospere nunca es la idea. Es la gente y la motivación: el sueño que lo impulsa.** Si tienes eso, trabajarás toda tu vida sin sentir que estás trabajando. Vas a superar fracasos inevitables y a insistir cuando otros se den por vencidos. Ese grado de concentración y deseo no te lo proporciona un intento de llenar un hueco en el mercado, sino el dedicarte a algo que es tan valioso para ti como para definir tu vida. A menos que tu sueño tenga sus raíces en algo que de verdad te importa y te encanta hacer, es muy probable que fracase.

Lo sé porque he visto, una y otra vez, lo que ocurre cuando la gente emprende algo sin un profundo compromiso personal. Una compañía en la que invertí iba a ser el equivalente asiático de Red Letter Days, que permitía a la gente regalar experiencias. Su fundador se me acercó con un discurso promocional muy simple: «Es un negocio exitoso en Europa, y en Asia aún no se hace». Tenía todos los números que necesitaba para sustentar el emprendimiento: tamaño del mercado, ingresos potenciales, datos demográficos. Invertí porque me pareció un plan de negocios sólido. Pero cometí un error de novato: No le pregunté por qué le importaba esa idea. ¿Por qué, de todas las ideas de negocio que había en el mundo, se había quedado con esa?

Caí en la cuenta del error cuando la empresa fracasó y acabamos por vender lo que quedaba a uno de sus principales competidores. A ellos les iba bien mientras nosotros nos hundíamos, y yo quería saber por qué. Tras pasar un tiempo con la fundadora, pronto me quedó claro. La presentación de ella fue cien veces más convincente que aquella en la que había invertido unos años antes.

—Quiero que la gente gaste su dinero en tener experiencias, no objetos. Cuando era niña, mi familia me compraba cosas, y yo solo quería tener experiencias y tiempo con ellos —explicó.

Aquella fundadora no se limitó a crear una copia oportunista de una compañía exitosa. Estaba desarrollando una empresa con una misión en la que creía y que nacía de su experiencia vital. Eso, por sí solo, explicaba por qué le había ido mejor que a nosotros. Por eso, estoy convencido de que, en los negocios, no existe una idea que sea especial, sino solo la capacidad especial de llevarla a la práctica. Casi siempre, esa capacidad se encuentra cuando alguien está desarrollando un proyecto basado en un sueño.

Por eso, es importante que tomes en serio la pregunta sobre qué te gusta y qué no. Que pienses cuál es realmente tu pasión y tu propósito en la vida.

«¿Qué me gusta hacer?» puede parecerte una pregunta simplista, y así debe ser. Te libera la mente de todo el desorden y las complicaciones y te obliga a concentrarte en algo real. Es una cuestión que todos podemos responder ahora mismo, porque no existe nadie que no tenga al menos algo que le guste hacer, le interese o quiera aprender. Tal vez eres artista, o *gamer*, o te encanta pasar tus fines de semana en el jardín, o tu mejor día de la semana es el que ocupas cumpliendo tareas como voluntario, o lo que más te gusta del año es el tiempo que pasas viajando.

Puedes negar que es posible construir tu vida en torno a lo que te gusta, o afirmar que no dispones de tiempo o que tienes otras obligaciones más urgentes —ya hablaremos de todo esto más adelante—. Pero no puedes negar que hay actividades que disfrutas, otras que te aportan energía y otras que se te dan bien.

Con esto en mente, debes poner manos a la obra. Si haces más de aquello que te gusta, si encuentras distintas maneras de dedicarte a esa pasión, aprenderás, recabarás datos y afinarás tu enfoque. Pronto dejarás de pensar y pensar, preguntándote cuál es tu sueño. Ya lo sabrás, porque te habrás topado con él en algún momento. No te preocupes si no eres capaz de definirlo con exactitud cuando inicies este viaje —aunque, si ya puedes, te felicito—. Haz lo que te gusta, y eso te conducirá a él.

En la inmensa mayoría de los casos, un sueño surge de nuestra experiencia de vida y de las actividades que nos apasionan. A veces damos por sentado que el sueño debe ser alguna idea lejana, pero, en realidad, está muy cerca. Quizá ya sabes cocinar muy bien, diseñar prendas geniales, hacer música, cuidar animales, reparar automóviles o escribir historias. La única pregunta es cómo convertir ese «me gusta» en tu vida: de pasatiempo a objetivo, de una actividad secundaria a un negocio serio.

¿Da resultado de verdad? ¿En serio es así de simple? Ya te oigo decir: «Simon, a mí me gusta salir a caminar, pero ¿cómo puedo hacer de eso un negocio?»். Y aquí entra en escena Chris, que se sumó a un directo de TikTok en el que yo ofrecía tres mil euros a quien tuviera la mejor idea para un negocio. Chris trabajaba en un banco, y su salud mental se había deteriorado tanto que, en varias ocasiones, había llegado a pensar en suicidarse. Se recuperó, en parte, pasando más tiempo al aire libre y saliendo a caminar por los South Downs para despejar su mente. Ahora quería ayudar a otros a superar los mismos problemas que él había tenido.

Su presentación fue para una empresa llamada We Power On. La idea era sencilla: salir a caminar, conversar y, al final, tomar una taza de té con bizcochos. La parte comercial era que él prepararía y vendería el té y los bizcochos para pagarlo todo, con lo cual un producto básico pasaba a ser una compra con propósito. La idea de Chris fue la ganadora: yo sabía que, dado que lo sentía como una misión personal, haría lo necesario para que le fuera bien. Mientras tanto, había demostrado cómo algo tan simple como salir a caminar puede pasar a ser un negocio. Y ese fue tan solo uno de los posibles negocios que Chris veía factible encarar basándose en su pasión. Habría podido dedicarse a pasear perros, u organizar excursiones a pie bajo tarifa. Cuando de verdad empezamos a pensarlo, la mayoría de nuestras pasiones tienen la capacidad de convertirse en una idea de negocio, y a menudo, en varias.

Mientras lo analizas, cabe hacer una salvedad importante. Lo que te gusta y a lo que te encantaría dedicarte no tiene por qué ser lo que ya se te da bien o a lo que te has dedicado hasta ahora. Si confundes las dos cosas, o si te mientes sobre cuál es cuál, pronto puedes encontrarte en problemas.

Yo lo descubrí hace años, cuando invertí en un chef que quería abrir su primer restaurante tras quince años de trabajar en el sector. Dijo que tenía una idea para algo que nadie más estaba haciendo, y que disponía del lugar perfecto. Me agradó su visión, respetaba su experiencia, e invertí casi 120.000 euros en el proyecto. El restaurante se abrió y fue un éxito, pero cuando volví a visitarlo tres meses más tarde, el dueño no estaba. Había salido a tomar fotos. Me pareció raro, pero con el tiempo las cosas se aclararon. Cada vez que quería conversar con él sobre el restaurante, él prefería hablar de su práctica fotográfica. Me di cuenta entonces de que el negocio que me había vendido no era, en realidad, el que quería tener. Estaba cansado de ser chef, y su verdadera pasión era la fotografía. Cuando el restaurante fracasó y yo perdí la mayor parte de mi inversión, le dije que habría sido mejor que me dijese desde el comienzo que lo que quería era ser fotógrafo. Yo habría invertido con gusto en ese sueño, y el resultado probablemente habría sido mejor para ambos.

Igual que muchas personas, él estaba atrapado por la capacitación y la experiencia que había acumulado durante tanto tiempo. El negocio que él creía que debía tener no era el que en realidad quería. A una amiga mía le ocurrió algo similar: pasó siete años estudiando Derecho, y luego, seis años más pensando cómo podía dejar su trabajo de abogada y crear el negocio de sus sueños. Le resultaba difícil porque tenía la mentalidad del «coste hundido», que dice que, habiendo invertido tanto, ya no podía echarse atrás. Pero ella lo hizo, y demostró que tu educación y tu trayectoria laboral no tienen por qué encerrarte, a menos que tú lo permitas.

Cuando pases un tiempo pensando en lo que te gusta y lo que te disgusta, tal vez te sorprenderá lo que descubras. Una vez que me habitué a mi rutina de grabar vídeos sobre los sueños de la gente, me di cuenta de que, en realidad, no estaba haciendo nada nuevo. Durante toda mi carrera, siempre había tenido una u otra empresa que intentaba ayudar a las personas, en especial con sus negocios. Fluid se dedicaba a asistir a las marcas para aumentar su éxito a través del diseño. Nest, mi empresa de inversiones, canalizaba fondos y apoyo a emprendedores incipientes. Ahora, yo estaba haciendo básicamente lo mismo, solo que gratis y con personas que se hallaban en una etapa muy anterior del proceso. Siempre había tenido ese propósito, solo que no lo había expresado en palabras ni lo había asociado a un sueño más grande.

Ese es el poder de empezar con aquello que te gusta. Cuando no sabes bien adónde vas, estas pasiones hacen las veces de brújula y te encaminan en la dirección correcta. Si no dejas de seguirlas, te garantizo que no pasará mucho tiempo hasta que des con tu sueño.

Pregunta n.º 2: ¿Cuál es mi dolor?

Saber que me agradaba hablar con la gente y quería ayudarla me acercó mucho a comprender mi sueño, pero, por sí solo, eso no era suficiente. También necesitaba algo que considero esencial para casi todos los sueños y el propósito que contienen. Necesitaba conectarme con mi dolor.

Ya hemos hablado de que el propósito puede ser el producto del dolor: desde Kellie, que tomó el trauma que había sufrido en su niñez y lo convirtió en un incentivo para cuidar a los animales, hasta Sophie, a quien los padecimientos sufridos tras una intervención quirúrgica llevaron a diseñar ropa para personas que estaban en recuperación de una afección médica.

Es muy probable que tu sueño y tu propósito tengan alguna relación con el sufrimiento. El dolor puede ser tuyo o de otra persona. Tal vez quieres demostrarle a quien dudó de ti que se equivocaba, o buscas impedir que otros atraviesen la misma experiencia dolorosa que te tocó vivir, o esperas reparar una injusticia en el mundo.

El dolor es lo que da al propósito verdadera fuerza de tracción: una de esas energías que convierten un deseo en una necesidad. Si investigas a fondo la historia de las personas más exitosas, en alguna parte encontrarás dolor: una fuente de motivación que surge de un aspecto muy personal de su vida. Quizá no lo reconocen o no lo admiten, pero casi siempre es seguro que está.

No me malinterpretes: he visto gente que alcanza el éxito sin sufrimiento en su vida. Pero no conozco a muchos que hayan disfrutado el proceso sin que este incluyera lo que yo llamo un «ancla de dolor»: algo que les recuerde por qué hacen lo que hacen, aquello de lo que huyen además del destino al que se dirigen.

El dolor también es un aspecto curioso. Muchos pasamos la vida intentando huir de él: negamos que nos hayan pasado cosas malas, o tratamos de olvidar que sucedieron. Es comprensible, pero también contraproducente. Porque, cuando tomamos nuestro dolor, lo entendemos y buscamos usarlo en nuestro provecho, se convierte en una de las fuerzas más poderosas que existen. Y, si lo usas correctamente, hasta puede darte alegría.

Como a tanta gente, el dolor que moldeó mi vida me llegó durante la niñez. Hubo un momento especialmente duro que aún hoy me ayuda. Yo tenía ocho años y había salido de compras con mi madre en Bedford, una ciudad pequeña, cercana a donde vivíamos. Creo que yo había hecho algo que la fastidió, pero no recuerdo qué. Primero me dijo que tendría que volver solo a casa, y un minuto después se había ido. Cuando te dejan solo a esa edad temprana, de pronto todo y todos te parecen muy grandes, incluso en Bedford. Los coches dan la impresión de ser muy veloces. Cuando la mano que habitualmente te guía se retira súbitamente, el mundo se transforma en un lugar aterrador.

Ese día me fue bien. Pude encontrar la parada del autobús, donde alguien se apiadó de mí y me dio el dinero para el billete. Llegué a casa, a nuestra ciudad, que era más pequeña aún: Saint Neots.

Pero algo había cambiado. Esa sensación de abandono nunca me dejó. Aunque me llevó años —y un poco de terapia— entenderla plenamente y articularla, creo que ese día me di cuenta de que en la vida tendría que cuidarme solo. Necesitaba ser independiente. Aunque no puedo imaginarme haciéndole lo mismo a mi hijo de siete años —de hecho, probablemente tiendo al otro extremo y detesto dejarlo solo, incluso por la noche—, estoy agradecido por el dolor que experimenté en aquel momento, porque gracias a él hoy soy más fuerte.

Otro hecho que me hizo daño en la niñez ocurrió en la escuela. No te sorprenderá saber que, dado que no soy buen lector y hablo mucho de por qué el sistema educativo no funciona, no me iba muy bien en el aula. Además de eso, tengo dislexia. Como les sucedió a muchas personas de mi edad o mayores que padecen ese trastorno, durante gran parte de mis años de escuela me dijeron que era tonto. Los maestros me hacían leer en clase a pesar de que sabían que me resultaba difícil, y mis compañeros se burlaban de mí cuando me equivocaba.

Tuve días horribles en los que me preguntaba si aquellos que me decían que era estúpido tendrían razón. Pero ese dolor hizo que me adaptara. Encontré maneras de compensar las cosas que no podía hacer aprovechando las destrezas que sí tenía. Cuando nos dieron a leer *Jane Eyre* y nos mandaron escribir una composición sobre esa novela, supe que jamás podría acabarla. Entonces entrevisté a todos mis compañeros y les pregunté por el libro, y escribí sobre las distintas interpretaciones que ellos tenían de la historia. Ese trabajo me valió la mejor nota, y lo más importante es que aprendí que hay más de una manera de lograr el éxito. Mucho más tarde, esas destrezas me ayudarían con el trabajo que hago hoy y que, en definitiva, consiste en hablar con la gente y que me cuenten su historia. Otro ejemplo de cómo el dolor puede ser una fuerza poderosa en nuestra vida, si sabemos aprovecharlo.

Mi último dolor, y el más importante, fue el que súbitamente puso fin a mi niñez: la muerte de mi padre y que me echaran, a mis quince años, de la casa donde me había criado. Era el período formativo de mi adolescencia, y a menudo lo recuerdo como lo peor y, a la vez, lo mejor que me ocurrió en la vida.

Fue una época horriblemente traumática, pero, aunque parezca curioso, hubo momentos en los que también me sentí liberado por completo. Ya no estaba obligado a ir a la escuela, acatar las reglas de mi madre ni hacer lo que me decían otros. Como no tenía nada, mi mentalidad era que podía conseguirlo todo. Hacía lo que fuera necesario para ganar dinero y tener dónde dormir. Fue difícil, pero, a la vez, maravillosamente simple. No contaba con equipaje, preconceptos ni límites.

También hubo veces en que la realidad se hacía ver; entonces sentía total desesperación. Era muy joven y debía resolverlo todo solo. No tenía reglas, ni red de seguridad, ni un mentor. Todo lo que aprendí fue a través de prueba y error. Esa fue la etapa de mi vida en la que realmente, con desesperación, necesitaba ayuda y no la obtenía. No podía conseguir un empleo porque aún no había cumplido los dieciséis años y tampoco tenía número de la Seguridad Social. No reunía los requisitos para ser aprendiz o aprender un oficio. Además, no había internet, ni YouTube, ni redes sociales, ni ninguna de las cosas que hoy nos resultan tan familiares —aunque en el mundo virtual puede ser difícil separar los buenos consejos de los malos, y se encuentran muchas trampas—.

Yo improvisaba, y se notaba. Mi primer negocio fue de jardinería, algo que nunca había hecho. Acababa de encontrar un edificio usurpado donde vivir, una habitación del tamaño de un armario en una casa semi-derruida, y sabía que tenía que ganar dinero pronto para poder seguir allí, aunque fuese tan precario. No tenía idea de cómo lo conseguiría, hasta que pasé por una casa enorme y hermosa. En cuanto la vi, noté que el jardín de enfrente era un desastre. A menudo recuerdo ese momento como la primera vez que se despertó en mi cerebro el instinto de emprendedor. Tuve varios pensamientos a la vez.

«Ese jardín necesita una limpieza».

«Podría limpiarlo yo».

«Podría cobrar por limpiarlo».

«Es una casa grande, así que sin duda pueden pagarme por limpiarlo».

Antes de que me ganaran los nervios, llamé a la puerta, y un hombre de aspecto desconcertado me dijo que se estaba planteando arreglarlo, así que, sí, me pagaría si me ocupaba yo. Acordamos un sueldo de 235 euros por mes. ¡235! Era una fortuna para mí en aquel momento.

Acababa de concretar una venta y estaba en racha. No disponía de folletos, ni siquiera de hojas con las que hacer publicidad; aún faltaba mucho para que existieran las páginas web y no tenía montada una empresa. Lo único que jugaba a mi favor era una necesidad imperiosa y un poco de valentía. Había un solo problemita: no contaba con herramientas para hacer el trabajo, ni dinero para comprarlas. Me había vendido como jardinero sin tener siquiera una pala.

Por suerte, mi primer cliente no tuvo reparos en prestarme las suyas, tanto para trabajar en su casa como en otras que pude conseguir. Envalentonado, le pedí un adelanto del cincuenta por ciento y él accedió; fue un sentido comercial instintivo comprender que necesitaba un flujo de caja. Así superé el primer obstáculo. Durante varios meses, gané dinero y conté con la ayuda de amigos y otros que vivían en el mismo edificio usurpado. Después del tercer jardín del que me ocupé solo, pronto me di cuenta de que no tenía habilidad para ese trabajo y tampoco lo disfrutaba. Esa fue la primera vez que encontré lo que llegó a ser una filosofía comercial duradera: haz lo que se te da bien y subcontrata lo demás. En mi caso, lo que se me daba bien era vender y convencer a la gente de que viniera a trabajar para mí.

Aparentemente, todo estaba en orden. El negocio parecía prosperar. Por no ser muy conocedor, di por sentado que seguiríamos cada vez mejor. Hasta que ocurrió algo inesperado. Llegó el invierno. No había pensado en que el clima cambiaría, ni en que casi todo deja de crecer cuando hace frío. Si bien hay tareas que se pueden realizar como jardinero durante los meses de invierno, yo no lo sabía. El césped se marchitó, dejó de entrar trabajo y mi negocio se acabó del mismo modo que había nacido: por casualidad.

Eso me demostró lo ingenuo que había sido, como la mayoría de los adolescentes, y cuántas cosas no había tenido en cuenta. Como me faltaba conocimiento y no tenía quién me ayudara, tuve que cometer todos los errores. Fue una buena manera de aprender, pero nunca he olvidado lo duro que fue. Ese dolor me marcó para siempre. Formó la base del trabajo que llevo a cabo y el negocio que tengo hoy. Es la razón por la que escribo este libro. No quiero que nadie más esté tan solo como yo a los quince o dieciséis años, intentando montar un negocio sin tener idea de lo que hacía. Quiero que todos los que necesiten ayuda tengan adónde ir y a quién consultar. Esa es la importancia del dolor en nuestra vida. Nunca apreciaríamos tanto el verano sin haber soportado antes el invierno. Es necesario amar los malos momentos para apreciar de verdad los buenos. Además, necesitamos entender tanto las experiencias positivas como las negativas que nos han moldeado. Las cosas que me ocurrieron hace treinta, hasta cuarenta años atrás, siguen dándome el impulso fundamental para lo que hago hoy. Yo agarré ese dolor y lo convertí en propósito. Lo usé para dar fuerza a mi sueño de un mundo en el que todos nos sintamos libres de dar sin pedir nada a cambio. Donde quienes necesitan ayuda logren conseguirla sin dificultad.

Por eso, te pido que pienses en las cosas que te causaron dolor en el pasado, que te preguntes de dónde provienen y decidas qué quieres hacer al respecto. En la vida, hay pocos motivos más importantes que el deseo de enmendar un mal o aliviar el sufrimiento de alguien. Si encuentras aquello que te causó más dolor en tu experiencia vital, creo que estarás muy cerca de hallar eso que te da propósito y que puede impulsar tu sueño.

Pregunta n.º 3: ¿Cómo puedo ayudar a otros?

Cuando hablamos de sueños y propósitos, tal vez damos la impresión de ser un poco egoístas. Como si solo nos importase lo que nos pasa a nosotros y tengamos que pasarnos la vida mirando hacia adentro. Pero no es así. Puede hacer falta un poco de introspección para descubrir tu propósito y alimentar tu sueño, pero, en esencia, será todo lo contrario al egoísmo.

Fíjate en el caso de Delon, el *streamer* de Twitch al que conocí en McDonald's. Le encantaban los videojuegos, pero su sueño de llegar a ser un *streamer* famoso no tenía que ver con él. Delon quería entretener a los demás, llevar una sonrisa a sus rostros. ¿Te acuerdas de la artista que conocí en Nueva York? Lo que impulsaba su sueño de triunfar como pintora era el propósito de financiar la investigación del cáncer y ayudar a otros que tuviesen el mismo diagnóstico que ella. O piensa en Bradley, cuyo propósito era quitarle el dolor a la gente como masajista terapéutico.

Así somos como seres humanos. Tenemos la tendencia innata de ser tribales, de buscar nuestro sitio en la jerarquía y de cómo aportar al éxito y la felicidad del conjunto. Casi todas las personas a las que conocemos tienen buenas intenciones y desean ayudar. Solo llegan a articular plenamente su propósito cuando pueden aplicar sus conocimientos, su pasión y su experiencia para ser una influencia positiva en la vida de los demás y en el mundo en el que todos vivimos.

Un buen ejemplo de esto son aquellos que quieren crear una marca de ropa. La iniciativa puede partir del talento o las ideas de una persona, pero, en última instancia, se trata de lograr que la gente se sienta bien cuando use sus prendas, o de promover materiales éticos, o de emplear la moda como plataforma para financiar una buena causa. Lo mismo sucede cuando alguien abre un restaurante: tal vez empieza con el amor por la cocina, pero también pronto deseará dar a conocer nuevos platos, brindar experiencias inmejorables a sus clientes y, quizá, con un bien mayor, ofrecer oportunidades laborales a jóvenes discapacitados o alimentar a los necesitados. Lo cierto es que suele haber un vínculo muy estrecho entre las cosas que nos encanta hacer y la mejora que queremos realizar en el mundo.

No me malentiendas: muchas empresas no tienen la misión de ayudar a otros. Pero creo que no gozarán de mucha vida en el mundo tan transparente en el que vivimos hoy, donde todos estamos conectados, la información viaja a toda velocidad y los escándalos surgen de la noche a la mañana. Eso de que la codicia es buena es muy de los años ochenta. Y dime la verdad, ¿quieres quedarte dirigiendo una empresa así?

No creo que a ningún negocio le vaya bien en el futuro si no abandona la mentalidad que valora la rentabilidad antes que la gente. No encontrarán suficientes empleados que quieran trabajar con ellos, ni clientes que les compren. Por eso, si investigas el trasfondo de todas las marcas que te gustan, verás la historia de un fundador que deseaba ayudar a la gente de alguna manera y que convirtió eso en un propósito trascendente. Si quieres hacerte una idea, busca las declaraciones de misión de la firma Patagonia y compáralas con una marca de moda rápida, o las de Apple en contraste con una de las tecnológicas a las que superó en el mercado de los teléfonos inteligentes. Las marcas que no te gustan no suelen tener ese sentido del propósito.

Ayudar a la gente es, para muchos, una motivación muy potente. Si no fuera así, nunca encontraríamos quien hiciera las tareas más importantes en la sociedad: atención de la salud, servicios de emergencia y docencia. A decir verdad, estos trabajos esenciales no se hacen por la riqueza que nos generan, sino porque son un modo de hallar sentido mediante la ayuda a los demás.

Como personas, somos de compartir. Uno de nuestros instintos fundamentales es tratar de conectarnos con otros, de ayudarlos a integrarse con las cosas que nos unen y brindarles apoyo.

Por eso, la última de estas tres preguntas no es sobre ti, sino sobre todo y todos los demás. Las demás personas. Las plantas y los animales. El planeta. Todo este tapiz del que formamos parte como seres humanos. Todos estamos conectados y, aunque parezca una frase hecha, es verdad. Solo que a veces necesitamos que nos lo recuerden.

La pregunta es simple; **¿cómo puedo ayudar?** También puedes encararlo de manera más específica: ¿qué problema estoy resolviendo, qué necesidad estoy satisfaciendo, qué cambio lograré para las personas con quienes me conecto?

Por algo esta es la tercera pregunta. No es una cuestión aislada, sino que deriva directamente de lo que hayas respondido a las dos anteriores. Lo que te gusta hacer te fija el rumbo, y el dolor te da la compulsión. Ya tienes el comienzo. La respuesta que lo completa es tu decisión de lo que harás para colaborar, cómo resultarás útil a los demás y al mundo en general.

Preguntar qué puedes hacer para ayudar es importante no solo por motivos altruistas. También es fundamental para entender cómo tu sueño va a materializarse y a encontrar su lugar en el mundo. No importa lo que quieras hacer, siempre vas a necesitar alguien al otro lado. Personas que usen, promuevan y compren tu ropa, consuman tu comida, participen en tus redes sociales, asistan a tus conciertos o contraten tus servicios de arquitectura, diseño o decoración.

Pensar en cómo puedes ayudar es un atajo para ponerte en el lugar de tu futuro cliente y entender qué es lo que quiere y necesita —y cómo darle razones para participar más allá de eso—.

Además, es una forma de comprobar que tu sueño posee un sentido y decidir si tiene alguna importancia para los demás. Eso empieza por los posibles compradores, pero se extiende además a todas aquellas personas cuya ayuda necesitarás para cumplir tu sueño: socios, empleados, patrocinadores e inversores. Si logras dilucidar cómo quieres ayudar a la gente y cómo puedes conseguirlo por medio de tu sueño, tendrás una historia para contar que atraerá el apoyo que todo proyecto necesita para prosperar.

Esto funciona también a la inversa: sirve para filtrar a quienes no son aptos para ayudarte con tu sueño. Si alguien no cree en lo mismo que tú, resulta fácil tomar la decisión de no aceptar su dinero o sus consejos. Puede ayudarte a decir que no a quienes no deberías tener en tu vida. Los principios éticos en común y el propósito suelen ir de la mano y resultan muy buenos para poner a prueba a quienes te rodean.

La raíz de tu sueño estará en algo que te agrade hacer, pero, para crecer, tendrá que convertirse en algo con lo que otros se identifiquen y que les resulte interesante, útil o importante. Así se dio en mi caso, mientras desarrollaba lo que comenzó como fragmentos sueltos de contenido en las redes sociales y hasta crear HelpBnk. Empecé a preguntar a las personas por sus sueños porque me parecía interesante. Quería saber qué me responderían y ver si podría aportarles algo. Luego, mientras más lo hacía, comencé a detectar algunos temas en común: se topaban con los mismos escollos y se veían limitadas por las mismas formas de autosabotaje. Vi allí una oportunidad de ayudar a la gente. De intervenir en sus historias y alentarlos a hacer algo por cumplir su sueño. De promover esos casos de éxito como ejemplo positivo para los demás. Y, en última instancia, crear una plataforma que permitiera que muchas más personas colaboraran entre sí, para alentar y cumplir más sueños.

Esa no fue mi idea inicial. Surgió naturalmente cuando seguí mis instintos, cuando empecé a probar cosas y a conjugar algunos de mis intereses egoístas con las necesidades que iba descubriendo. Algo que me gustaba y que tenía muchas ganas de hacer me llevó a aquello que podía poner en marcha para ayudar a la mayor cantidad posible de gente. Ahora, decenas de miles de personas reciben algún tipo de apoyo a través de la plataforma que desarrollamos. Muchos de aquellos que obtienen ayuda luego se dedican, a su vez, a ayudar, a seguir la cadena de favores que les brindó apoyo gratis. Por eso te pido que respondas estas tres preguntas, en este orden. Te guían desde adentro hacia afuera, desde aquello que te gusta y que haces bien al cambio que puedes crear en la vida de los demás. Conecta nuestro dolor y nuestro propósito con nuestra capacidad de dejar una marca en el mundo. De estas cosas están hechos los sueños que perduran.

Pregunta extra: ¿Cómo puedo estar seguro?

Una vez respondidas estas preguntas, es posible que ya tengas un sueño claro en mente. O que te haya surgido una idea de lo que quieres hacer, lo cual, a su vez, te llevará a tu sueño. Como sea, es probable que te quede una pregunta más: ¿Cómo estoy seguro de que esto es lo correcto? ¿Cómo sé que esto es de verdad mi sueño?

En la vida no hay nada seguro, pero aun así quieres darte la mejor oportunidad de acertar. ¿Hay alguna manera de garantizar esto? La respuesta es: sí y no. No puedes tener la certeza hasta que hagas el intento, pero estoy convencido de que, si has respondido las tres preguntas a conciencia y has identificado tu sueño o el rumbo que deseas tomar, es improbable que te equivoques mucho.

Por suerte, hay una manera de comprobar que tu instinto está en lo cierto. No es necesario que hagas nada; de hecho, es mejor si no lo intentas.

Solo quédate con la idea durante unos días, o semanas, si lo necesitas. Luego espera a ver qué sucede.

Puede pasar una de dos cosas. O se te irá de la mente y casi no podrás pensar en ello a menos que te esfuerces, o sucederá lo contrario y te costará no pensar en ese sueño. Te despertarás con él en tu mente, pensarás en él durante las largas reuniones de trabajo y mientras corres en la cinta en el gimnasio. Te pondrás a hacer listas, a apuntar ideas en tu aplicación de notas y a mirar vídeos en YouTube hasta altas horas de la noche. La idea estará alojada en tu mente, y la única manera de satisfacer tu anhelo será poner manos a la obra. Tendrás una energía que necesitas liberar en algo tangible. **A esas alturas, el sueño ya no será algo que es más fácil decir que hacer; será más fácil hacerlo que decirlo.**

Esta es la prueba de fuego de un sueño en crecimiento. Si le das la oportunidad, tu subconsciente te dirá si es algo que te interesa seriamente, o si fue una idea que solo parecía buena en el papel. Pero no olvides que, para que esta prueba sea definitoria, no debes estar en modalidad de lucha o huida, ni abrumado por la preocupación de cómo harás para pagar las cuentas. Para ello, te servirá poner tu realidad en suspenso por un momento: en lugar de pensar en tu situación económica actual, imagina que tienes cinco millones en tu cuenta bancaria. Piensa que toda preocupación por tus finanzas desaparece. Sal de la modalidad de supervivencia para pensar con claridad y darle a tu sueño más espacio para respirar.

Cuando de verdad descubrimos nuestro sueño, no hay lugar para la duda. Su lado positivo no nos permite quedarnos sentados pensando, sino que nos empuja a investigar más sobre el negocio que queremos crear o la ocupación a la que queremos dedicarnos. Te costará más disuadirte de hacer eso que realizarlo por fin. Así tendrás la seguridad de haber encontrado tu sueño. Te prometo que, cuando llegues a este punto, lo sabrás. Es una de las mejores sensaciones del mundo: la absoluta certeza de que estás a punto de hacer algo maravilloso que podría cambiarte la vida. Que vas a hacer aquello que naciste para conseguir. En este punto, estás ansioso por empezar, y tu sueño está listo para dejar de ser una idea y convertirse en realidad. Pero primero tienes que crear la libertad que necesitas para lograrlo.

6

Libérate

Cuando conocí a Caitlin, era indudable que tenía un sueño. Era joven, ambiciosa, y sabía con exactitud lo que quería hacer en la vida. Ya tenía el nombre para su negocio de fotografía: Chromatics by Caitlin.

Cuando le pregunté por su sueño, me dijo:

—Probablemente lo que haría es viajar y tomar fotos todo el tiempo. Me gustaría ir a todas partes y vivir de la fotografía.

De inmediato, le pregunté por qué no estaba haciéndolo ya.

—Porque es demasiado difícil llegar al punto en el que tienes suficiente dinero para poder hacer eso. Tendría que conseguir un empleo con un buen sueldo, y tendría que ahorrar…

La respuesta de Caitlin fue reveladora. Era una versión de lo que me dicen tantas personas cuando les pregunto por qué no están dedicándose a su sueño. De hecho, es probable que esta sea la barrera más grande que nos separa de aquello que más queremos en la vida. Nos decimos que no podemos tenerlo. Que tendremos que ir acercándonos poco a poco y hacerlo más adelante, tal vez. Que el sueño debe esperar hasta que, por arte de magia, lleguemos a un «momento indicado» en el futuro.

Dicho de otra manera, Caitlin estaba atrapada: atrapada por todos los mitos de los que hablamos antes, por la idea de que se necesita un empleo para triunfar en la vida, y por su creencia de que aquello que la apasionaba era solo un pasatiempo y no un negocio potencialmente rentable. En lugar de pensar en cómo podía cumplir su sueño y hacerlo rentable, le preocupaba cómo podría permitirse ese gasto. Estaba convencida de que la fotografía era algo que le costaría dinero, en lugar de ver que, en realidad, le haría ganar dinero.

Caitlin no tenía la culpa de pensar así. Nunca le habían enseñado sobre los negocios. Igual que todo el mundo, en la escuela había aprendido los mismos mantras de siempre sobre la seguridad del empleo fijo y el trabajo duro. Eso significaba que no tomaba en cuenta otras maneras obvias de financiar su sueño y empezar de inmediato. La más relevante para ella era el patrocinio. Se trata de una modalidad fundamental de financiación para muchos jóvenes que quieren desarrollar negocios digitales modernos. Podría ser vender fotografías en internet, promover un pódcast o intentar convertirse en *influencer*. Lo que relaciona todos esos emprendimientos es que estás creando algo que es potencialmente valioso: una audiencia y una comunidad que interactúa contigo. Si lo haces bien, las marcas te pagarán por asociarse contigo y aprovechar esa audiencia. Esta es una de las maneras más simples de hacer lo que te gusta y que te paguen por ello. Aunque no tengas seguidores, puedes conseguirlo mediante el propósito. Busca una marca que tenga el mismo propósito que tú y pídeles que te apoyen y respalden ahora, antes de que tu negocio crezca. Te sorprenderá ver cuántas compañías están dispuestas a apoyar a alguien en una etapa temprana si ven que tiene futuro.

El patrocinio era ideal para el sueño de Caitlin, y en nuestra primera conversación le sugerí que intentara hacer un trato con una compañía llamada Lastminute.com, la primera marca de viajes que me vino a la mente. No fue algo planeado ni ensayado: el nombre se me ocurrió mientras conversábamos en vivo. Después de que publicáramos su vídeo y lo vieran más de diez millones de personas en TikTok e Instagram, Lastminute se puso en contacto con ella. ¡Querían apoyarla en su sueño! Y así, simplemente, nació Chromatics by Caitlin. Pronto estaban pagándole para que viajara a Ámsterdam y Malta a hacer fotografías. Estaba viviendo lo que apenas semanas antes no había creído posible.

Podrás pensar: «La única razón por la que consiguió ese patrocinio fue por tus seguidores, Simon. Si no la hubieses promovido, no habría tenido la menor oportunidad». Pues… sí y no. Es probable que haya sido esa la razón, pero no significa que Caitlin no hubiese encontrado esa clase de apoyo por su cuenta. Si ella hubiese creído en su sueño y pedido ayuda a la gente indicada, a la larga alguien habría accedido. Yo no hice más que mostrarle el camino y acelerar el proceso.

Lo que bloqueaba a Caitlin no era su falta de contactos ni de seguidores, sino **su propia convicción de que su sueño no era realista**. Esa es la situación de muchas personas: están cerca de su sueño, pero no se dan cuenta. Se encuentran aprisionadas por las normas de la sociedad y por sus propias dudas. Dan por sentado que lo que desean es difícil hasta el punto de ser imposible, y se dan por vencidas sin siquiera intentarlo.

Por eso, una vez que has logrado definir tu sueño, el siguiente paso consiste en enfocarte en crear el espacio para empezar a conseguirlo. Tienes que liberarte de todo el equipaje que puede interponerse entre tú y él. No basta con superar el escalón en el que te encuentras atrapado: tienes que hacer algunas cosas prácticas que te prepararán para perseguir tu sueño. Como veremos en este capítulo, la libertad que necesitas adopta varias formas: necesitas libertad financiera, liberar tu mente de preconceptos que no te ayudan y pensamientos con los que te saboteas tú mismo y, por último, liberar tu idea para que los demás la conozcan y puedan empezar a ayudarte.

1. Libera tus finanzas

Cuando alguien me dice que su sueño no está a su alcance, el primer motivo que señalan es siempre el dinero. Piensan que no pueden renunciar a su empleo porque representa la seguridad en su vida. Creen que necesitan mucha inversión para emprender un negocio. Y que les llevará mucho tiempo ganar algo de dinero con su sueño.

Todas estas creencias son falsas o, al menos, están muy lejos de ser tan ciertas como afirma mucha gente. Fíjate en tu empleo, por ejemplo. No es algo seguro. Si la economía se va al garete, si tu empleador pierde un par de clientes importantes o necesita recortar costes para satisfacer a sus inversores, tu empleo dejará de existir y la compañía no dudará en prescindir de ti. Las empresas han ido aprendiendo a hacer creer que tratan bien a su personal, pero la ecuación básica no cambia nunca. Para la gran mayoría de los empleadores, solo eres útil mientras los ayudes a generar ganancias. Si pueden tercerizar tu trabajo o reemplazarte por tecnología, lo harán. Si quieres entender el futuro de tu trabajo, fíjate en Amazon, que, en el momento de escribir esto, tenía instalado un total de 750.000 robots en sus plantas para procesar los envíos.[9]

¿Y qué hay de los costes de iniciar tu negocio? Con tantas herramientas *online* y tantas plataformas disponibles que son baratas o, directamente, gratis, están más bajos que nunca. Aunque no tengas conocimientos técnicos, tú mismo puedes crear tu sitio web y tenerlo activo casi sin inversión. Busca en los cibermercados si necesitas alguien que te desarrolle una marca a una tarifa competitiva. Y empieza a generar una audiencia y a promoverte en las redes sociales sin ningún coste.

Más adelante hablaremos con más detalle sobre los aspectos específicos de lanzar tu negocio, pero lo que debes saber ahora es que existe la posibilidad de hacerlo con poco dinero —y, como ya he dicho, incluso puede ser beneficioso si no cuentas con mucho dinero para gastar, o desperdiciar, en esta etapa—.

Tu empleo, entonces, no es tan seguro como crees, y ser tu propio jefe tampoco es tan costoso. Pero muchos insisten en que les resulta imposible abandonar su ocupación actual para volver a empezar. En eso quiero concentrarme aquí, porque es el obstáculo fundamental para tantas personas que tienen un sueño y nunca intentan cumplirlo. Están atrapadas en un empleo al que creen que no pueden darse el lujo de renunciar.

Te diré cómo he visto que se produce eso. Vas a la universidad y consigues el diploma que te dijeron que era esencial para tener un buen futuro laboral. Trabajas a destajo para conseguir el empleo en un sector que paga bien —finanzas, consultoría, derecho, contaduría— y que te mantendrá de por vida. Te va bien en tu puesto, conoces a alguien y formas una hermosa familia, te compras una casa estupenda con una hipoteca enorme y te vas de vacaciones dos veces al año. Por fuera, tu vida parece soñada, y eso es lo que le dirás a la gente que te lo pregunte. Estás cansado, por supuesto, y ocupado: eres un burro de carga para tu empleador y un chófer para tus hijos, pero es la vida que soñaste. Al menos, eso dices. Lo cierto es que, por dentro, estás gritando. Tu trabajo te aburre, y hasta quizá lo detestas. Estás agotado y te falta un propósito. Tienes un sueño, pero empezaste a perder las esperanzas de cumplirlo alguna vez. Renunciarías si pudieras, pero no puedes. ¿Y la hipoteca, las vacaciones, las excursiones escolares? Te lo diré sin vueltas: si sigues así, nunca escaparás.

Tu trabajo se convertirá en una escalera mecánica en la cual tu sueldo deberá subir cada año para cubrir tus gastos, cada vez mayores. Te aterra bajarte, porque ¿quién, en su sano juicio, se lanza desde una escalera mecánica?

Muchas personas eligen quedarse porque creen que es su única opción. No saben que hay una versión de la vida en la que no tienes por qué sentirte cansado todo el tiempo, ni lo increíble que es cuando tu trabajo cuenta con un propósito. Pero yo sé que tienes un sueño, porque aceptaste no leer este libro si estabas cien por cien feliz y conforme con tu vida. Entonces, si tú quieres saltar de la escalera mecánica sin caer al vacío, permíteme mostrarte cómo. Así escaparás de la trampa y liberarás tus finanzas: el primer paso para crear un espacio donde tu sueño florezca.

Empieza por entender una idea básica. **Tienes que dejar de vender tiempo y empezar a comprarlo.** La mayoría de la gente vende tiempo: acepta trabajar más y asumir más responsabilidad por un sueldo mejor, o bien acumula dos o tres empleos para llegar a fin de mes. Dejan que otros decidan cuánto merecen cobrar. Cuando necesitan ganar más dinero, simplemente venden más tiempo: entregan a su empleador cantidades cada vez mayores de su trabajo y su energía.

El problema de vender tiempo es que alcanzas un límite. Das más y más hasta que no te queda nada. Tu empleador absorbe la mayor parte del valor que creas, y casi todo el dinero que te entrega te sirve para pagar la hipoteca y los gastos de tus hijos, o ahorrar para una jubilación cuyos beneficios no verás durante varias décadas. Y al final, como tienes que dar cada vez más para cubrir tus gastos, te decepcionas de tu vida o te agotas por completo.

Por el contrario, la gente que compra tiempo vende el resultado, no las horas. Desarrolla un emprendimiento y un equipo que le rinde un mayor beneficio sin agotarse cada vez más. Las personas a las que contrata, los sistemas en los que invierte y las relaciones que establece le permiten comprarlo. Con el correr del tiempo, se vuelven más libres, mientras que quienes venden tiempo están cada vez más atrapados.

Y luego viene lo interesante: la diferencia más importante entre un empleado y un emprendedor. Cuando trabajas para otro, cuanto más asciendes y más cobras, más se espera de ti. Tienes que seguir justificando el cargo y el sueldo a los que tanto trabajo te costó acceder. Entonces, tu salario pasa a ser un blanco fácil a la hora de hacer recortes presupuestarios. Si eres emprendedor, puede darse todo lo contrario. A menudo, cuanto más crece tu empresa, menos se espera de ti. Has armado un equipo brillante que es capaz de pilotar el barco sin ti, y a menudo lo hace. Aún posees tantas acciones y ganas tanto como antes —de hecho, más aún, porque la empresa sigue creciendo—. Pero tú estás haciendo menos para ganarlo, y vives de todos los riesgos que asumiste cuando emprendiste el negocio.

Eso fue exactamente lo que me pasó en Fluid. Al cabo de más de una década de tener el negocio, me relegué al papel de presidente para que pudiésemos incorporar como CEO a alguien que tuviese experiencia corporativa con el mandato de vender la empresa. En ese período, gané más que nunca en mi vida, haciendo menos trabajo que nunca. Todas las inversiones que había hecho en mi compañía me habían permitido comprar tiempo. Es el equivalente laboral de cómo los multimillonarios compran tiempo alquilando *jets* privados para sus viajes.

Esa es la meta final: comprar tiempo, pero ¿cómo llegas allí? Lo primero es encontrar la manera de ser tu propio jefe. Si aún no estás listo para renunciar a tu empleo mañana, piensa en pedirle a tu compañía una participación. Y, si no te la dan, analiza la posibilidad de buscar un empleo que te permita ser accionista. O inicia un proyecto adicional en el que puedas hacer la prueba de trabajar de forma independiente y ver cómo es comprar tiempo.

Esto es algo que me mete en problemas cuando lo digo: muchas veces he recibido mensajes de odio de empresarios a quienes no les gusta que les diga a sus empleados que renuncien o pidan participación. Pero voy a seguir diciéndolo, porque es una de las verdades más importantes sobre la vida: **deberías ser dueño de una parte del valor que estás creando.** Los empleadores lo saben, y confían en que la mayoría de sus empleados no lo sepan o bien acepten la idea de que no es factible —esto también alimenta la narrativa egoísta de lo difícil que es ser autónomo—. Ser dueño te da libertad, y nunca pediré disculpas por alentar a la gente a ir por eso.

No importa cómo lo hagas: lo importante es que dejes de vender tiempo. Este es un sistema casi diseñado para encerrarte en cierta manera de trabajar que no se acabará hasta que te jubiles. Es un asesino de sueños, a menos que elijas hacer algo para cambiarlo.

Además de aprender a comprar tiempo, la segunda manera de liberar tus finanzas es simple, pero, a la vez, difícil. **Tienes que reducir tus gastos.** Todas esas cosas hermosas que has comprado con tanto trabajo también son trampas, en especial si la casa está hipotecada y has adquirido el coche en cuotas. Haz las cuentas: digamos que tu automóvil te cuesta quinientos euros mensuales. ¿Cuántas horas extra por mes tendrás que trabajar para pagarlo? Analiza tus gastos de esta manera y pronto te darás cuenta de que estás trabajando para el banco, para el fabricante de automóviles y para cualquier otro con quien estés endeudado. Es el mejor incentivo para quitarte de encima la mayor cantidad posible de esos gastos y deudas.

Este es un proceso muy difícil para la mayoría de las personas —incluso para mí en el pasado—, pero no vas a conseguir tu sueño si tienes una enorme cantidad pendiente de obligaciones financieras como una espada de Damocles. Si de verdad te importa ese sueño, tienes que desterrar de tu vida las cosas más costosas y aceptar la realidad de que puedes vivir con menos. Es una buena prueba de fuego de cuánto te importa el sueño. ¿Estás dispuesto a hacer lo necesario para ser económicamente libre y hacer hueco para ello? Cuando el sueño es verdadero y el propósito es lo bastante fuerte, la respuesta a esa pregunta será sí.

2. Libera tu mente

—¿En qué puedo servirle?

El hombre que atendía la barra, apuesto y tatuado, me preguntaba qué quería beber. Normalmente, soy yo quien hace las preguntas, así que no pude contenerme. Le pedí que me contara su sueño. Me respondió sin siquiera parpadear: su sueño era lanzar una línea de ropa. Entonces le pregunté cuánto necesitaba para empezar. Ese día traía efectivo, y la suma que mencionó era la que tenía en el bolsillo. Cuando hicimos un vídeo sobre él y promovimos su sueño, le fue bien. Pensé que una historia que había empezado con tanta suerte tendría, sin duda, un final feliz.

Diez meses más tarde, me contactó. Había gastado todo el dinero y necesitaba más. Me di cuenta de que él había cometido ese error tan común en la gente que inicia su proceso de negocio. Había intentado mostrarse como una gran empresa cuando, en realidad, estaba creando una pequeña.

Cuando me cuentan que su sueño es tener un negocio de ropa y les pregunto cómo piensan hacerlo, a menudo me contestan que necesitan enviar su diseño a China, procesar un pedido grande, pagarle a alguien para que le ponga marca, buscar *influencers* que lo promuevan, empezar a hablar con comerciantes minoristas, y así sucesivamente. A esas alturas, ni siquiera han comenzado: el negocio no pasa de ser una idea.

Lo que casi ninguno dice es: «Tengo una máquina de coser. Voy a hacer algunos diseños, venderlos, hacer algunos más, venderlos, y seguir así».

Uno de esos enfoques parece profesional; el otro, *amateur*, pero en realidad es el segundo el que tiene la receta del éxito. Fíjate en el caso de Gymshark, una de las marcas de moda más exitosas que surgieron en el Reino Unido en los últimos años. Su fundador, Ben Francis, empezó cuando tenía diecinueve años y trabajaba como repartidor a domicilio para Pizza Hut. Compró una máquina de coser y una impresora serigráfica y se puso a fabricar ropa en el garaje de sus padres. Incluso le pidió a su abuela que le enseñara a coser. Ocho años más tarde, cuando vendió una participación en la empresa, Gymshark estaba valuada en bastante más de mil millones de euros.

La moraleja de esta historia es que los negocios son más simples de lo que uno cree. Pero a la gente le encanta complicarlos, sobre todo a los que nunca lo han hecho. Te dicen todo lo que necesitan para lanzar una marca y concretar una venta. Piensan que cuesta más y que será más difícil de lo que en realidad es. Siempre me aseguran que necesitan inversores y cientos de miles de euros para que su negocio despegue. En muchos casos, esa es la razón principal por la que nunca llegan a empezar.

Casi nada de eso es cierto. Y las empresas, en su mayoría, son tan difíciles como quieras hacerlas. Si lo deseas, puedes crear una marca ahora mismo y estar vendiendo en cuestión de días. Mientras tanto, experimenta, aprende y mejora. No estarás confeccionando para siempre la ropa que vendes en la mesa de tu cocina, pero es mucho mejor empezar así que invertir mucho tiempo y dinero actuando como si fueras Nike cuando ni siquiera has vendido una camiseta.

Todo esto revela la importancia fundamental de la mentalidad, que es, como ya he dicho, uno de los rasgos definitorios de la gente de éxito. El trabajo que da lanzar esa marca de ropa desde cero es el mismo para cualquiera, pero dos personas distintas pueden percibirlo de manera muy diferente: una lo ve complicado, y la otra, sencillo; una ve algo que se debe planificar meticulosamente, y la otra, algo que hay que empezar a hacer de inmediato. Por eso la mentalidad es importante y marca la diferencia.

Es algo en lo que tienes que acertar de entrada si esperas encarar tu sueño con seriedad. Sin la mentalidad correcta, cada obstáculo que encuentres te parecerá el doble de lo que es en realidad, y verás cada nueva oportunidad como si estuviese el doble de lejos.

Por suerte, la mentalidad es algo que se aprende. Puedes entrenar tu mente de manera que esté lista para afrontar las dificultades que te esperan. Una vez que liberaste tus finanzas, el siguiente paso esencial consiste en liberarte de la trampa de una mala mentalidad.

Cuando hablo de entrenar tu mente, tal vez pienses que voy a decirte que seas optimista, que tengas grandes ambiciones y seas audaz. Que todo tiene que ver con el riesgo, la energía, y con ir a todo o nada.

Permíteme decepcionarte: es un poco más complicado. Por supuesto que necesitas el sueño y la ambición, la parte inquieta de tu cerebro que te insta a seguir adelante. Y, como te explicaré en los siguientes capítulos, asumir riesgos es una parte importantísima del proceso. Pero además, es necesario equilibrar eso con un instinto más pragmático que te permita sobrevivir hasta el día siguiente y hasta la próxima venta. Tienes que reconocer que está bien avanzar poco a poco, y que un largo camino se puede recorrer en mucho tiempo, paso a paso. Mientras otros hablan de planes de tres, cinco o diez años, tú debes tener toda una serie de acciones de un día, enfocadas en la siguiente medida tangible que puedas tomar. El siguiente paso. ¿Entiendes ahora por qué compré la escalera?

Necesitas que esa estabilidad vaya de la mano de tu ambición, porque un gran sueño no se puede cumplir de una vez. Es como tratar de digerir todo un pastel de cumpleaños en una sentada. Si lo intentas, no lo lograrás, y lo más probable es que nunca más quieras comerte una tarta. Y, si lo piensas demasiado, perderás el impulso de hacer el intento.

La comida es una buena analogía de esto. Si decides que mañana empezarás una dieta, te servirá más tener un objetivo pequeño que uno grande. No digas que dejarás de consumir patatas fritas, chocolate o gaseosas durante un año. Empieza por un día. Y luego otro. Desarrolla el hábito, y en poco tiempo habrás eliminado —en su mayoría— lo peor de tu alimentación. En cambio, si hubieses empezado por negarte alimentos durante todo el año, casi puedo garantizarte que, tarde o temprano, ibas a salirte de la dieta, y entonces solo pensarías en el día en que fallaste, no en todos los demás en los que te fue bien.

Una vez más, todo es cuestión de mentalidad. Tanto si eliges aumentar tu autoestima como menospreciarte o hacerte las cosas más difíciles o asequibles, es tu decisión. En mi caso, yo tengo una personalidad adictiva, entonces trato de aprovechar esa debilidad. No bebo y nunca he consumido drogas, pero sí me permito una sola adicción que es divertida y sana: ser emprendedor. Todos podemos apoyarnos en nuestras debilidades e incluso usarlas en nuestro beneficio. ¿Te lamentas por ser de cierta manera, o acaso te preguntas cómo eso podría beneficiarte?

Además de aceptarte, es necesario que seas sincero y reconozcas cuánto te falta por aprender. Tu sueño puede tener que ver con una actividad que ya sabes realizar muy bien, o con algo que nunca has intentado. Como sea, te garantizo que vas a cometer muchos errores y actuar de manera que más tarde te avergonzará recordar. Y eso está bien, si permites que así sea. Pero muchos no lo hacemos. Una vez más, es cuestión de mentalidad.

Eso es lo curioso de tener una inclinación positiva hacia el fracaso, el crecimiento y el aprendizaje. Lo entendemos porque lo aplicamos en nuestras relaciones con nuestros seres queridos. Si tienes hijos, sabes que no te ríes de tu niño de tres años porque no puede chutar bien la pelota o leer bien una palabra nueva. Lo ayudas, lo alientas y festejas sus logros. O con un amigo de tu edad, tal vez sí te ríes si tropieza, pero luego lo ayudas a levantarse. Como me ocurrió una vez, hace poco, cuando empezaba a aficionarme al ciclismo y salí por primera vez con las zapatillas trabadas en los pedales, como un aspirante a profesional. Estaba con un amigo que tiene mucha más experiencia en ciclismo y, como era de esperar, cuando llegamos a la primera pendiente, me caí de cara al suelo. Cuando mi amigo dejó de reírse —después de un rato—, me dijo lo que necesitaba oír: «La próxima vez, antes de subir una pendiente, baja un cambio». Y esa fue la última vez que me caí de la bicicleta.

Tenemos esa actitud positiva hacia los demás; reconocemos que, para lograr algo, se necesita ayuda y apoyo, pero rara vez adoptamos la misma actitud hacia nosotros mismos. Con nuestros propios fracasos, tendemos a ser duros y críticos en lugar de solidarios y comprensivos. Damos por sentado que nos debe salir bien desde la primera vez y, si no lo logramos, nos lo reprochamos. Si quieres entrenar tu mente para que esté en condiciones de abordar un sueño, es esencial que reviertas esa actitud, que te des permiso para fallar y aprender.

Esto es importante porque tu mentalidad condiciona cómo te enfrentarás a los altibajos inevitables que se te presentarán en el proceso. ¿Vas a culparte y reprocharte ante cada contratiempo? ¿O vas a adoptar una actitud filosófica, aceptar que es difícil, que a veces las cosas salen mal y que tienes mucho que aprender? Te aseguro que, si eliges el primer camino, acabarás por agotarte y darte por vencido mucho antes de acercarte a la línea de meta.

Ser bueno contigo mismo y estar dispuesto a sumar paciencia a tu ambición es una parte de la mentalidad que necesitarás. Otra parte será inclinarte hacia la acción: hacer más que decir. Siempre reconozco cuando alguien toma su sueño muy en serio por las palabras con las que lo describe. No dicen «haré tal cosa» o «quiero hacer tal otra», ni «pienso hacer esto o aquello». Dicen: estoy desarrollando una marca de ropa, estoy abriendo una pastelería, estoy promoviendo mi canal de Twitch, estoy capacitándome para ser piloto, estoy ayudando a resolver la crisis de la vivienda. Traen el futuro al presente y, al hacerlo, superan muchas de las barreras que la gente pone en su camino al sueño. Si tomas tu sueño como algo que está en el futuro, es muy probable que nunca salga de allí. Para evitarlo, deja de pensar «lo haré» y empieza a decir «estoy haciéndolo».

En última instancia, la mentalidad no es ni más ni menos que el modo en que ves el mundo. Estoy convencido de que la que necesitas para cumplir un sueño combina el optimismo con el realismo, la resolución con la aceptación de que a veces vas a equivocarte, y que siempre prioriza la acción, preferiblemente ahora mismo. Si lo haces bien, será increíblemente eficaz y estará por entero a tu disposición. Entrena tu mentalidad y líbrate del equipaje negativo que carga tanta gente. Libera tu mente sin coste alguno, y al hacerlo, darás uno de los pasos más importantes hacia la meta de cumplir tu sueño.

3. Libera tu idea

Cuando salgo con mi micrófono, aliento a la gente —y a veces la convenzo— a dar el último paso necesario para empezar a cumplir un sueño: sacarlo de su mente y llevarlo al mundo. Es asombrosa la cantidad de personas que andan por ahí con una gran idea que mantienen en secreto. Una mañana, en un tren de cercanías, me puse a hablar con un chef que soñaba con tener su propia empresa de *catering*. Pero le daba miedo intentarlo, porque acababa de firmar una gran hipoteca y su jefe le decía que sería muy arriesgado renunciar a su empleo. Al cabo de un rato de conversación, me quedó claro que él tenía todo lo necesario para hacerlo. Conocía el sector al dedillo, desde el coste de los ingredientes hasta los márgenes de rentabilidad. Disponía de todo el conocimiento y la experiencia. Tenía credibilidad y conexiones. Solo le faltaba dar un paso decisivo.

Si ya has liberado tus finanzas y entrenado tu mente para la tarea, casi has llegado. Pero aún te faltará una sola cosa, y es liberar la idea misma: hacer que el sueño deje de ser algo en lo que piensas y convertirlo en algo de lo que hablas y, por último, en un plan en el que puedas hacer algo.

En teoría, este debería ser el paso más sencillo, pero también podría ser el más difícil. Por naturaleza, las personas temen cómo reaccionarán los demás cuando les cuenten su sueño. Les preocupa que se burlen o no los tomen en serio. Piensan que, si exponen su idea embrionaria a la vista y la crítica ajena, podrían destruirla sin más.

Son temores comprensibles, pero, en última instancia, no son racionales. Siempre vas a toparte con críticas, pero no tienen más importancia que la que tú les des. Y esa importancia es mucho menor que lo que los demás harán para ayudarte con tu sueño una vez que lo expongas. **Los beneficios de compartir tu idea y pedir ayuda siempre serán mayores que los costes.**

Por eso paso tanto tiempo recorriendo, alentando a la gente a que dé voz a sus sueños y los promueva ante nuestra comunidad de millones de personas. Una idea no vale nada hasta que empiezas a hablar de ella con otras personas y a recibir ayuda de todos los que desean apoyarte en el proceso.

Fíjate en Caitlin, que, una vez que dijo en voz alta cuál era su sueño, consiguió el patrocinio que necesitaba para viajar por el mundo y dedicarse a la fotografía. O en Sam, en Hong Kong: a los pocos días de contarme su sueño, estaba vendiéndolo a un salón lleno de posibles inversores y clientes. O en la jovencita que me dijo que su sueño era ser corredora de Fórmula 1: cuando publiqué su vídeo, recibió un comentario con el apoyo de su ídolo, Lewis Hamilton. No necesitas una gran plataforma para hacer esto. Empieza por contárselo a tus amigos, a tu familia y a la gente con la que trabajas. Socializa la idea y declara tu intención.

Te aseguro que te sorprenderá la respuesta. Por supuesto que en el mundo hay gente mala y, sobre todo en internet, muchos que no tienen nada mejor que hacer que criticar los sueños ajenos. Pero la inmensa mayoría de las personas es buena y tratará de ayudarte si está en su mano. Nunca subestimes el poder de quienes te rodean para ayudarte a iniciar un proyecto. Si cuentas lo que piensas hacer, pronto verás que la amiga de tu hermana conoce a un diseñador estupendo, tu primo te presenta a alguien que sabe de distribución y el hermano de tu compañero de la escuela es comprador corporativo y busca justamente la clase de productos que tú piensas hacer. Tal vez incluso tu abuela pueda enseñarte a coser.

Así fue en el caso de Ronald, alias Erre Flow. Cuando lo conocí, me habló de su sueño de trabajar como DJ, pero dijo que ni siquiera sabía cuánto cobrar por presentación. Entonces lo invité a mi casa, le conseguí hacer una demostración para Dodge Woodall, fundador del Bournemouth 7s Festival, y una semana más tarde lo habían contratado para trabajar allí. Una conversación le había conseguido una prueba y luego un trabajo en uno de los eventos más importantes del país. Puedes conseguir ese tipo de ayuda, pero solo si sales a buscarla y estás dispuesto a hablar de tu sueño. Al contrario de lo que piensan muchos, **no se trata de a quiénes conoces, sino de a quiénes pides ayuda**.

Puedes conseguir ayuda por todas partes, y puedo afirmarlo por lo que ocurrió cuando fundamos HelpBnk. Yo había supuesto que se sumaría mucha más gente para pedir cosas que para ofrecerlas. Si íbamos a tener problemas, sería que no nos alcanzarían los mentores para cubrir la demanda de toda la gente que necesitaba apoyo. Hasta que abrimos la inscripción y nos inundamos de personas que querían ayudar. Fue todo lo contrario de lo que yo había intuido y planeado. Y fue un hermoso ejemplo de las ganas de colaborar que hay, y de que el deseo de la gente de apoyar a otros es increíblemente intenso si se le da la oportunidad.

La ecuación es simple: si quieres que te ayuden, tienes que darles la ocasión. Debes declarar tu intención, hablar de tu sueño y mencionar las dificultades que prevés. Y estar abierto a los comentarios y a las críticas, para que la gente que tiene la experiencia que necesitas pueda señalarte dónde te equivocas o indicarte algo que no habías tenido en cuenta.

Algunas personas piensan que hay que trabajar en secreto, hacerlo todo solos y sin desvelar el resultado hasta que esté perfecto. Quieren que todo esté pulcro, sin defectos, antes de lanzarlo al mundo. Eso es comprensible si eres escultor o pintor, pero, en la gran mayoría de los emprendimientos, es una idea muy equivocada. El momento en que necesitas ayuda es justamente cuando estás desarrollando la idea y tratando de resolver los problemas. Cuando tu «escultura» aún es solo un bloque sólido al que le diste muy pocos golpes de cincel. Cuando te parece un desastre. Entonces necesitas toda la ayuda posible, los comentarios, los consejos y el apoyo de expertos.

Es difícil pedir ayuda, y te daré un consejo: si quieres que alguien te la proporcione, no le pidas que sea tu mentor. Eso es exigirle que comprometa más tiempo y energía de la que probablemente dispone. En lugar de eso, hazle una pregunta sencilla y mejorarás mucho tus probabilidades de obtener una respuesta positiva. En cualquier interacción de esta clase, apunta a obtener un dato clave que no conocías.

Tienes que ser valiente, exponer tu idea cuando aún la sientes nueva y vulnerable, pedir ayuda y mostrarte como alguien que aún tiene mucho que aprender. Así empiezan todos el camino hacia su sueño. Quienes lo logran no tuvieron pudor para admitir lo que no sabían y solicitar asistencia. Los que se rindieron, en cambio, probablemente intentaron hacer demasiadas cosas solos.

Aun después de más de treinta y cinco años como empresario, hay muchas cosas que no sé hacer. No me molesta admitir que no lo sé todo, porque demuestra que siempre he pedido ayuda y he encontrado gente que me ha apoyado con algún dato o alguna habilidad en particular. No se puede ser experto en todo, y no deberías aspirar a serlo. Es mucho mejor ser el guardián del sueño que es capaz de encontrar soporte y apoyo cuando más lo necesita. Si tienes un sueño pero no lo logras porque nunca has pedido ayuda, lo lamentarás más adelante.

Admitir lo que no sabes y cuándo necesitas refuerzo es solo una parte del hecho de abrirte y comunicar tu sueño al mundo. Si quieres avanzar de verdad con esto, necesitas la clase de libertad que he explicado en este capítulo: libertad en tus finanzas, libertad en tu mentalidad y libertad para compartir tu sueño incluso con personas que quizá te critiquen o estén en desacuerdo contigo.

Sin esas tres, te resultará muy difícil, porque no es fácil hacer realidad un sueño ambicioso. Y la dificultad se duplica si además cargas con el equipaje de muchas obligaciones financieras o una actitud negativa hacia la tarea o hacia tu propia capacidad. Es esencial ir liviano de equipaje. Eso aparta del camino los obstáculos que tú mismo creas. Te prepara para abordar el trabajo en sí de poner tu sueño en marcha. Este es el siguiente paso del que vamos a hablar: cómo pensar en renunciar a tu empleo, crear tu proyecto y hacer que tu sueño deje de ser una idea en tu mente para convertirse en una realidad que te cambiará la vida para siempre.

7

Construye un barco

Hace poco decidí hacer un experimento. Si ofreciera a la gente dos mil euros en el acto para que renunciara a su trabajo y se dedicara a su sueño, ¿cuántos aceptarían? Fui a Carnaby Street en el Soho, donde sabía que habría muchos transeúntes, y esperé para ver cuánto tiempo me llevaría regalar ese dinero. Estuvimos allí todo el día y hablamos a fondo con unas cincuenta personas. Algunos pensaban que era una broma o una estafa. Otros lo tomaban en serio, pero decidían que no era suficiente dinero, o no se sentían seguros para renunciar, o no creían poder triunfar con su sueño. De todas esas personas, solo una decidió aceptar mi oferta.

Siempre recuerdo aquel día, porque puso de manifiesto lo difícil que es para muchas personas dar el paso entre tener un sueño y trabajar para cumplirlo. Justo cuando está a su alcance, lo rehúyen en lugar de correr hacia él. De pronto, se magnifican todos sus peores miedos de cómo será. La posibilidad de fracasar se vuelve demasiado real, y dejan que sus dudas aplasten sus ambiciones. Lo que empieza como una grieta en el camino pronto se convierte en un abismo imposible de cruzar.

Superar este escollo es el último paso que debes dar para empezar a hacer realidad tu sueño. A estas alturas, hemos hablado de la importancia de tener un sueño, de cómo tomar esa idea y ese propósito de tus experiencias vitales, y de cómo crear el espacio necesario en tu día a día, tus finanzas y tu mentalidad para que pueda arraigarse. Ahora es el momento de actuar. De cambiar tu vida y vivir tu sueño. De dar ese paso peligroso, emocionante y necesario que te lleva de pensar en algo a hacerlo. En este punto, puedes toparte con la idea de «quemar los barcos». Al igual que los ejércitos invasores de hace siglos, que en ocasiones incendiaban sus propios buques como símbolo de que no había vuelta atrás, quienes aspiran a ser emprendedores necesitan comprometerse por completo con su nuevo proyecto y no darse ninguna oportunidad de retirada. Estoy de acuerdo con eso en lo fundamental, y más adelante en este capítulo hablaré de la importancia de dedicarse de lleno y cómo lograrlo.

Pero primero quiero presentarte una idea ligeramente distinta: construir un barco en lugar de quemarlo. Prepararte para estar en condiciones de navegar cuando partas hacia tu sueño. Desarrollar las destrezas, el conocimiento, la experiencia y las conexiones que necesitarás para iniciar el viaje: el equipo que te permitirá zarpar sin tener que dar la vuelta. Pero nada más de lo que necesitas. Porque este es un viaje que debes emprender ligero de equipaje para moverte con agilidad. Lo que describo aquí no es el trabajo pausado de años: implica que tienes semanas o meses para hacer las maletas y prepararte. Es algo que ha de ser rápido, si lo vas a hacer.

Primer paso: Prepárate para renunciar

Mucha gente me pregunta si es necesario renunciar a su empleo para perseguir su sueño. La respuesta simple es que sí, pero a menudo es un poco más complicada.

No hay dos personas que se encuentren en las mismas circunstancias, pero sí muchas tendrán bastantes cosas en común. Permíteme exponer algunas de las situaciones típicas y cómo creo que deberías actuar si te encuentras en alguna de ellas.

Algunas personas detestan su trabajo, lo cual facilita la decisión. Si es tu caso, debes renunciar lo antes posible y no mirar atrás. Hazlo aunque no estés aún cien por cien preparado para emprender o dedicarte a tu sueño. Busca otro empleo en el que trabajes para alguien a quien respetes y de quien puedas aprender, y sal del ambiente que está agotándote. Nadie se arrepiente nunca de dejar un mal empleo, y muchos desearían haberlo hecho antes.

¿Y si no odias tu trabajo y te preocupa perder la seguridad que te da? Tal vez tienes un sueño en mente, pero no sabes si estás listo para intentar cumplirlo. Aquí debo serte franco, y tú también debes serlo contigo mismo. **Cuanto más tiempo te quedes en ese trabajo, con esa mentalidad, menos probable es que llegues a cumplirlo.** Estás en una zona de confort, y su fuerza gravitacional se acrecentará cuanto más tiempo te permitas quedarte allí. Si no haces un esfuerzo consciente de escapar de esa trampa, ya puedes renunciar a tu sueño.

Por eso digo que, si no vas a presentar tu dimisión mañana, deberías prepararte proactivamente para hacerlo. Si quieres tiempo, de acuerdo, pero tienes que trazar un plan para aprovecharlo bien. Eso podría significar un esfuerzo intensivo para ahorrar dinero y acumular un fondo que te permita lanzar tu negocio. O dar los primeros pasos hacia tu sueño como ocupación secundaria: haz esas primeras camisetas y véndelas; si quieres abrir una librería, pon un puesto de libros en un mercado al aire libre; empieza a desarrollar presencia en las redes sociales y a buscar clientes o patrocinadores para tu proyecto digital, sea cual sea. Tanto si estás acumulando ahorros, incorporando conocimientos o estableciendo contactos en el sector de tu preferencia, esta es la manera de construir un barco que te conduzca hacia tu sueño.

Como sea, usa ese tiempo para hacer algo que te acerque a tu objetivo. Te garantizo que, si te limitas a decirte que vas a dimitir a final de año o para el verano, seguirás postergando la renuncia indefinidamente. Tienes que ser sincero: o haces planes en serio para cumplir tu sueño o te olvidas de él de una vez.

Hagas lo que hagas, no te des demasiado tiempo para tomar la decisión. Una buena regla empírica es que, una vez que te decides a cumplir tu sueño, tienes que estar trabajando en eso en no más de seis meses. Es un plazo suficiente para hacer los preparativos y estar listo. Si te tomas mucho más tiempo, vas a perder el impulso o va a pasar el momento.

Los meses que transcurren desde que el sueño se afianza dentro de ti son inmensamente valiosos. Estás entusiasmado, lleno de energía y ansioso por empezar. Si no dejas de avanzar hacia él, mantendrás vivos esos sentimientos, como si echaras leña al fuego. Pero si no haces nada, el combustible se agotará y las llamas se apagarán. Si no capitalizas tu propia energía y tu impulso, puede que nunca los recuperes. Es un poco como dice Andy Dufresne en una de mis películas preferidas, *Cadena perpetua (The Shawshank Redemption)*: «Creo que, en realidad, se reduce a una opción muy simple. O te ocupas de vivir o te ocupas de morir».

Entiendo que eso de renunciar a un empleo de tiempo completo será más fácil para algunas personas que para otras. Si tienes veintitantos años y trabajas en el sector minorista o de servicios, hay relativamente poco que perder y todo que ganar. En cambio, si eres mayor y tienes gente que depende de ti, es probable que te asalten las dudas. Pero si has llegado a esta altura del libro, sé que tu sueño es verdadero y que está carcomiéndote. Te prometo que esta sensación de inquietud no va a desaparecer. Por mucha atención que prestes a tus miedos, el sueño no se acallará. Es parte de la naturaleza humana preocuparse por las consecuencias de una decisión que estamos a punto de tomar, pero no debemos olvidar que también existe la posibilidad de arrepentirnos de las decisiones que no tomamos. Podemos equivocarnos no solo por hacer algo, sino también por no hacer nada.

Ahora, cuando probablemente ya sabes con exactitud cuál es tu sueño y lo importante que es para ti, la inacción pasa a ser tu enemiga. El problema no es equivocarte: aprenderás de tus errores, te recuperarás y mejorarás. Pero no hacer nada es como cavar un pozo: cada día es un poco más profundo, y más difícil salir de él, aunque intentes convencerte de que pronto lo conseguirás. En poco tiempo más, la inacción se convierte en hábito. Lo único que sabrás hacer es vacilar y dudar de ti mismo.

Por eso es tan importante que te prepares para dejar tu trabajo, aunque aún no estés del todo listo para ello. Convierte la acción en tu modalidad por defecto y empieza a poner las cosas en marcha. Haz que te resulte más fácil dar el siguiente paso que quedarte quieto.

Te contaré una manera de lograr eso, una idea un poco loca que tal vez necesites leer dos veces.

No le escondas a tu jefe lo que estás haciendo. Cuéntaselo.

Dile que tienes un sueño y que, en algún momento, vas a renunciar a tu empleo para dedicarte a él. Lo peor que puede pasar es que te despidan de un trabajo al que, de todos modos, pensabas renunciar. En mi experiencia, es mucho más probable que tu jefe te aliente y hasta trate de apoyarte. Si vas a lanzar un negocio en un sector similar, tu antiguo empleador puede pasar a ser tu primer cliente. Como sea, si haces esto, habrás dado el paso decisivo que necesitas para empezar a hacer realidad tu sueño.

Si todavía tienes dudas, recuerda esto: conseguiste un empleo y puedes conseguir otro. Si, por algún motivo, el sueño sale mal, o decides que el trabajo independiente no es para ti, siempre podrás volver a insertarte en el mercado laboral. Permíteme repetirlo, para que quede claro: si alguna vez, en el futuro, necesitas un empleo, vas a conseguirlo. No dejes que te asuste tu empleador o un selector de personal con historias de lo difícil que puede ser. No es la primera vez que te ganas la vida con tus habilidades y tu experiencia y, si es necesario, puedes volver a hacerlo. No caigas en la mentalidad de que este empleo es tan importante y especial que tal vez nunca consigas algo mejor y que es un enorme riesgo renunciar a él. Esa es la falacia del coste hundido con la que engañan a tanta gente: dan por sentado que, como han puesto tanto tiempo y esfuerzo para llegar hasta donde están, ahora no sabrán renunciar. A los empleadores les encanta esta idea, porque significa que los buenos empleados permanecen atascados en puestos que ya se les quedan pequeños. Debes descartar esa creencia si quieres darle una oportunidad a tu sueño.

Segundo paso: Consigue tu primer cliente

Aún recuerdo la primera vez que le pregunté a un desconocido cuál era su sueño, no en internet sino en el mundo real. En las primeras etapas de mi experimentación con lo que quería hacer después de vender Fluid, pasaba mucho tiempo en las distintas plataformas de redes sociales. TikTok acababa de presentar una función que permitía que la gente te enviara propinas cuando realizabas un directo, que era lo que yo estaba haciendo para conversar con la gente y darle asesoramiento sobre negocios. Al final de una sesión, sin darme cuenta y sin haberlo deseado, me habían enviado 175 euros.

El dinero gratis debería haberme hecho sentir bien, pero mi primer instinto fue que quería deshacerme de él. Incluso en ese momento —mucho antes de que HelpBnk constituyera una idea y, mucho menos, un negocio— yo sabía que, lo que fuera que hiciese, quería hacerlo sin cobrar. Siempre se trataba de dar sin pedir nada, de ayudar a la gente sin la expectativa de recibir algo a cambio. Aunque yo no había solicitado el dinero, me sentía mal por haberlo «aceptado». Y solo me sentiría mejor cuando supiera que esos euros se dedicaban a una buena causa.

Eso era lo que estaba pensando cuando fui a Tesco a comprar un sándwich para el almuerzo. Mientras recorría los pasillos, en un momento me encontré junto a una empleada del local. No sé qué fue lo que me impulsó en ese momento a acercarme a ella, pero, casi en piloto automático, le hablé. Fue como una combinación de todas esas ideas que flotaban en mi mente acerca de querer ayudar a la gente, de la importancia de los sueños y la necesidad de hacerlo gratis. Camino del supermercado, había retirado el dinero de un cajero automático con la idea de donárselo a alguien. Y entonces le hice la pregunta. *¿Cuál es tu sueño?*

No era la clásica consulta de un cliente y, al principio, se sorprendió un poco. Miró por encima de mi hombro, como si esperase ver a alguien que estaba filmando porque le estaba gastando una broma. Pero no había cámara ni micrófono. Yo no había planeado nada de eso. Simplemente me salió así, sin tener idea de cómo reaccionaría ella ni de si yo volvería a hacerlo con otras personas.

Fue la primera vez que vi el poder de esa pregunta. Porque, una vez que la mujer se convenció de que no había nada raro, solo un sujeto un poquito extraño que le hacía una consulta inesperada, ella cambió. Se enderezó un poco más y me miró a los ojos. Sí, tenía un sueño. Aspiraba a abrir un geriátrico. Sabía con exactitud la clase de cultura que quería allí, dónde quería ubicarlo y cómo se llamaría. Y todo había surgido porque su madre había fallecido sola en su casa; no deseaba que eso le pasara a nadie más.

Me sacudió por completo. Estaba ante una persona con quien fácilmente podría haberme cruzado sin detenerme. A menudo hacemos eso: pasamos junto a la gente sin mirarla dos veces. Alguien que repone productos en los estantes, que limpia la calle, que vacía los contenedores de residuos: personas que damos por sentado, erróneamente, que no tienen ambición o no son interesantes porque están haciendo trabajos tediosos.

Pero aquel día sí me detuve a conversar. Nunca habría imaginado que el simple acto de preguntarle a alguien por su sueño y darle la oportunidad de contarlo podría tener semejante efecto. No sé si aquella mujer cumplió su sueño de abrir el geriátrico. No hay registro de nuestro encuentro, ni tampoco tuve más contacto con ella. Quizá se entere de esto y se comunique conmigo.

Pero lo que sí sé es que aquella breve conversación con ella me cambió la vida y me ayudó a determinar el rumbo de todo lo que he hecho desde entonces. Su respuesta instintivamente abierta a mi pregunta me convenció de que debía seguir planteándola, y de que debía empezar a filmar las conversaciones para compartir el mensaje de que es bueno hablar de nuestros sueños, para aprovechar las redes sociales para hacer el bien.

Ahora bien, estarás preguntándote qué fue de los 175 euros. Cuando ella me explicó su sueño, no me quedaron dudas de lo que debía hacer con ese dinero. Le dije que me parecía fantástico, que si ella abría el geriátrico, yo quería ser su cliente —en el futuro—, y que pretendía que aceptara ese dinero como adelanto.

Las dos palabras con las que me respondió fueron las mismas que me han dado en cientos de conversaciones similares desde entonces, cuando conozco a alguien y le explico que voy a ser su primer cliente: que quiero pagarle para que me fotografíe, me corte el cabello, me pinte el coche o me venda un par de vaqueros de tiro alto. Les doy el dinero allí mismo y les digo que, si no pueden hacer ese trabajo en ese momento, deberíamos coordinarnos para hacerlo más adelante. Casi siempre, me responden con las mismas dos palabras que usó aquella mujer en Tesco.

—¿De verdad?

Les cuesta creer que alguien los tome en serio y que una persona real esté dispuesta a pagarles con dinero de verdad por el servicio que quieren ofrecer. Esta es, tal vez, la experiencia más transformadora para cualquiera que tenga un sueño. En cuanto alguien te compra el servicio y paga por ser tu primer cliente, tu idea se vuelve realidad. Dejas de considerarte alguien que aspira a hacer algo y de pronto eres alguien que lo hace. Has llegado. Y cuando lo haces una vez, adquieres la confianza para hacerlo otra vez, y otra más.

He aprendido que una de las cosas más importantes que puedo hacer para ayudar a la gente es convertirme en su primer cliente. La suma de dinero que cambia de manos suele ser pequeña; es mucho mayor la transferencia de confianza y convicción. Una persona que tiene un sueño tiene una idea. Una persona que tiene un cliente tiene un negocio incipiente que puede hacer realidad ese sueño. Es un solo paso, pero suele ser uno de los más importantes y trascendentes.

Por eso creo que, para construir tu barco, es importante que encuentres ese primer cliente, donde sea que esté y como sea que lo busques. Podría ser un amigo de un amigo, alguien con quien te conectas en las redes sociales, un compañero actual o anterior. Tu cliente puede ser incluso tu madre o tu padre... pero no le hagas un descuento.

Busca ese cliente, súbelo a bordo y te prometo que eso cambiará tu percepción de ti mismo y del negocio que quieres desarrollar. Te dará más confianza, porque no hay nada como hacer algo para darte cuenta de que no es tan difícil o complicado como creías. Aprenderás, porque no hay nada como tener clientes para descubrir lo que la gente quiere en realidad y cómo lo quiere. Y desarrollarás el apetito por hacer más, porque no hay nada como tener un cliente para que quieras dos, y luego cuatro, y así sucesivamente. Una advertencia: si tu sueño está relacionado con la beneficencia, tal vez no requieras un cliente en el sentido convencional de la palabra, sino otro tipo de persona: donantes, fideicomisarios, voluntarios. Sal a buscar uno.

Esto es algo que puedes hacer ya, tanto si piensas renunciar a tu empleo mañana mismo como si has planeado dejarlo dentro de seis meses. Consigue tu primer cliente y haz tu primera venta. Cuando lo logres, de pronto el sueño dejará de ser algo que existía en teoría y pasará a ser algo que sucede en realidad. Estarás cumpliéndolo. Habrás comenzado.

Tercer paso: Dedícate de lleno

En mi vida laboral, creé diecinueve empresas en distintos sectores, en diversas partes del mundo y de varios tamaños. Aún estoy aprendiendo, pero me gusta pensar que sé lo que hago. Te diré una cosa de la que estoy absolutamente seguro. No se puede desarrollar una empresa dedicándole solo una parte de tu tiempo. Si me pidieras que lo hiciera, incluso con toda mi experiencia, mis contactos y recursos, me iría mal.

Quizá puedes empezar en ello como una ocupación secundaria, para adquirir la experiencia y la confianza de la que te he hablado, pero pronto llegarás a un techo. Una vez que se te pase la euforia de tu primer cliente y trates de desarrollar algo en serio, verás que no llegas a manejar las necesidades de tu empresa en las pocas horas que tienes antes y después del trabajo, o en los fines de semana o días libres. Tienes que dedicarte por completo.

Las empresas son un poco como los bebés: necesitan tu atención constante y no hay que dejar de mirarlas por mucho tiempo. Cuando estés dirigiendo tu negocio, aprenderás el verdadero significado de la frase «cosas que pasan». Habrá pedidos que no se concretan, clientes insatisfechos —con razón o sin ella—, crisis con alguno de tus proveedores, alguien que no se presenta donde lo necesitas y pagos que no llegan a tiempo. Casi todas las semanas, tendrás alguna combinación de estas cosas, y tienes que estar listo para ocuparte del problema y resolverlo.

Y estas son cosas que se interponen en la tarea que te propusiste hacer: vender un buen producto o servicio, dar una enorme satisfacción a tus clientes, desarrollar tu marca, ampliar tu red y dar el siguiente paso hacia tu sueño.

Ahora imagínate hacer todo eso a tiempo parcial. Imagina que conservas tu empleo actual y además intentas llevar adelante tu propio negocio. No puedes, si quieres que tu empresa salga adelante y llegue a ser algo serio.

Esa es la razón práctica por la que digo que tienes que dedicarte por completo si quieres que tu proyecto sea un éxito y cumplir tu sueño. Debes estar dispuesto a poner toda tu atención, energía y creatividad en él. Menos del cien por cien de ti no basta.

Es necesario que te dediques de lleno para progresar, y además eso constituye una declaración de intenciones para todos los que quieran trabajar contigo y apoyarte. Cuando estás contratando gente e intentando atraer clientes e inversores, lo primero que ellos van a preguntarse es si hablas en serio. ¿De verdad piensas lo que dices? ¿Están tomando la mejor decisión si eligen trabajar para ti, comprar tus productos o invertir dinero en ti? La manera más fácil de que dejen de creer en ti al instante es decirles que lo estás haciendo a tiempo parcial. Decirles, de hecho, que quieres que asuman un compromiso que tú mismo no estás dispuesto a asumir. Yo, que he invertido en decenas de empresas, puedo asegurarte que uno de los primeros requisitos que busco es el grado de dedicación, confiabilidad y convicción de la persona. Si tengo alguna duda en ese aspecto, huyo.

Cuando te dedicas por completo, también te comprometes contigo mismo. Indicas a los demás que tienes fe en la idea, que crees en tu sueño y que harás todo lo que esté a tu alcance para conseguirlo. Puedes fracasar, o descubrir que el negocio que intentabas construir no era el mejor vehículo para tu sueño. Y no importa, porque vas a aprender y la próxima vez te irá mejor. Lo que no está bien es que no te des la oportunidad de conseguirlo. Cuando tienes una idea que no puedes quitarte de la cabeza, pero eres demasiado tímido para llevarla a la realidad, puedes —y debes— perdonarte por los fracasos, pero nunca por no intentarlo cuando tuviste la oportunidad.

La última razón para dedicarte por completo es la responsabilidad. En algún momento, te verás obligado a averiguar si esa idea es factible y si eres capaz de ganar dinero con ella. Todo lo que pienses, esperes y planifiques no podrá reemplazar el hecho de ponerte a prueba en el mundo real. Tienes que encontrarte en esa posición ligeramente temible en la que, si el negocio no prospera, estás en problemas. Esa clase de tensión, en la que no solo quieres que te vaya bien sino que necesitas que así sea, no se puede simular. Será el momento de quitarle las ruedecitas estabilizadoras a tu bicicleta y aceptar el riesgo de caerte.

Estas son las razones para dedicarte de lleno, pero ¿cómo se consigue?

Lo primero que debes hacer, que parece sencillo pero tiene una importancia increíble, es que se lo expliques a la gente. Cuéntales lo que estás haciendo y lo que esperas conseguir. Hazlo a menudo y en voz alta. Díselo a tus amigos, tu familia y tus compañeros de trabajo. Cuéntaselo al cartero, al camarero de tu cafetería preferida, a la gente a la que saludas en el gimnasio. Cuéntaselo a tu perro.

Tienes que hacerlo porque así se hace realidad. Incluso el simple acto de hablar de tu objetivo sirve para extraerlo de tu cabeza y llevarlo al mundo. Te abre a recibir comentarios, incluso ideas que no se te habían ocurrido, o sugerencias de personas a quienes deberías conocer o competidores a quienes observar. Y te hace responsable. Dentro de algunas semanas o meses, te preguntarán cómo va tu proyecto. Sabrás que te lo van a preguntar y querrás tener una buena respuesta.

Tras las palabras debe seguir la acción. Y aquí me voy a meter en problemas con mucha gente cuando te digo que hay algo que no deberías hacer. No escribas un plan de empresa. No le dediques tiempo. No te convenzas de que es importante o necesario.

Algo que he aprendido sobre los negocios es que a la gente le encantan los planes. Cuanto más largos, más decorados con gráficos complicados, más llenos de números, mejor. Se supone que el plan de empresa es la fuente de todo el conocimiento: una garantía de que has pensado en todo, de que te has preparado para todas las eventualidades y de que has estudiado la mayor probabilidad de éxito.

El problema es que eso es una tontería, como todos los planes de negocios. He leído cientos, y hasta los buenos están llenos de cosas que no necesitas para arrancar, o de proyecciones que casi no tienen posibilidad de cumplirse. Los planes de empresa simulan que puedes saber lo que va a suceder dentro de cinco años, cuando la mayoría de los emprendedores te dirá que es difícil saber a ciencia cierta lo que pasará en las próximas cinco semanas. Peor aún, son una forma de distraerte del trabajo en sí de poner en marcha una compañía. Te da la ilusión de que avanzas cuando, en realidad, no estás haciendo casi nada. Recuerda lo que dije antes: lo que de verdad necesitas es una estrella, una guía, un propósito. Escríbelo en tu pared y llámalo plan de empresa, si lo deseas.

En lugar de escribir uno, debes prepararte para lanzar tu negocio. ¡Haz cosas! Averigua cuánto cuesta todo, cuál podría ser una buena ubicación para tu comercio si la necesitas, y cuáles son las tendencias actuales en ese sector. Lleva a cabo la mejor clase de investigación que hay: sal a la calle, prueba cosas y habla con la gente. Recaba datos y afina tu instinto. Pero no te quedes sentado en tu escritorio escribiendo un plan. Actúa: conoce gente, estudia a la competencia, concéntrate en desarrollar tu producto o poner a prueba tu servicio. Lanza la empresa en tu mente, no en papel. Sal a la calle y averigua cómo funciona el mercado. Aprende observando y haciendo. Si no tienes experiencia en el sector, considera trabajar en él durante un tiempo. Aunque he hablado mucho sobre renunciar a tu empleo cuando llegue el momento, es un plan perfectamente sensato conseguir un puesto de trabajo por un tiempo determinado si te da la experiencia y la confianza que necesitas para dedicarte de lleno a tu sueño.

Pueden ser actos menores, pero cada uno —aunque sea una conversación, una visita a un local o registrar tu cuenta en una red social— te acercará al punto en el que estés listo para empezar. Todo eso te ayuda a desarrollar tu confianza, tu intención y tu comprensión del negocio que vas a crear. A construir el barco que te ayudará a zarpar. Puede parecerte una paradoja, pero dedicarte por completo no es algo que hagas de un día para otro. En la mayoría de los casos, será algo a lo que vayas acercándote gradualmente y con cuidado, tal como te asegurarías de estar bien sujeto a un paracaídas y a otro de reserva antes de saltar de un avión.

Sin embargo, una vez preparado, tienes que estar dispuesto a saltar. Llega un momento que es a todo o nada. Lo haces o no lo haces. Yo sospecho que, cuanto más tiempo te lleve llegar a ese punto, más probable es que des un paso atrás en lugar de adelante. Cuanto más esperes y más días emplees en prepararte, más dudas de ti mismo te planteará tu subconsciente.

Si vacilas y demoras el proceso, también estás permitiendo que la vida te alcance. No creerías cómo empiezan a darse las cosas justo en el momento en el que estás preparándote para lanzar un negocio y cumplir tu sueño. Habrá una enfermedad en la familia, o una fuga en una tubería de tu casa, se te averiará el coche o uno de tus amigos atravesará una crisis y necesitará tu ayuda. Casi puedo garantizarte que va a suceder algo que parezca destinado a impedirte cumplir tu sueño. Si no estás ya cien por cien comprometido con la tarea, vas a vacilar o incluso a darte por vencido.

Por eso digo que debes construir un barco, hacerlo lo más rápido posible y luego empezar. Comprométete hasta que no haya vuelta atrás. Ese es el grado de certeza que has de tener si quieres hacer realidad tu sueño. Ya no puede haber preguntas. Este es tu propósito, tu rumbo. Tiene que salir bien y vas a hacer que así sea.

Cuando notes esa sensación de entusiasmo mezclado con un poco de inquietud, sabrás que has logrado el equilibrio. El nerviosismo te indicará que estás lo suficientemente preparado para sentirte seguro y, a la vez, que el paso que estás dando es lo bastante largo como para asustarte un poco. Si te sientes demasiado inmune, puedes volverte demasiado confiado; si tienes demasiado miedo, no podrás moverte. Debes estar justo en el medio. Y ahora tu barco ya está en condiciones de navegar, tienes fijado el rumbo y estás listo para zarpar. Tu sueño te espera.

ADVERTENCIA N.º 2

Si has leído hasta este punto y todavía no estás seguro de tu sueño o tu propósito, necesitas hacer una pausa aquí. Todo el contenido de la última parte del libro se basa en la premisa de que ya tienes esas cosas resueltas. Si no es así, no te ayudará.

¿Te encuentras en esa situación? No desesperes. Mi consejo es que vayas a trabajar con alguien cuyo propósito admires y respetes. Busca maneras de ayudar a la gente. Desbloquea distintos «músculos» de tu cerebro hasta que estés listo para responder las tres preguntas, declarar tu propósito y definir tu sueño.

Y, si no estás seguro aún, la siguiente lista te ayudará a saber si ya te encuentras listo para avanzar: tómatelo como un paracaídas, por así decirlo. Continúa leyendo si:

1. Tienes claro tu propósito y puedes describir tu sueño.
2. Te respalda una comunidad de amigos, familiares y gente que te apoya.
3. Cuentas con la validación de un cliente o alguien que está dispuesto a respaldarte.
4. Has reducido tus gastos y tienes dinero en el banco para mantenerte varios meses.
5. Crees en ti mismo.

Si cumples con estos criterios, felicítate y pasa a la siguiente página. Y prepárate: ahora viene lo mejor.

PARTE III

Persigue esa meta

Cómo crear un negocio que cumpla tu sueño

8

Empieza pobre

Ahora que nos acercamos a la sección final del libro, recapitulemos.

Tienes tu idea.

Sabes cuál es tu sueño y el propósito que le dará impulso. Has empezado y estás listo para comprometerte por completo.

Es probable que ahora te queden algunas preguntas importantes. ¿De verdad soy capaz de realizar esto? ¿Cómo lo hago realidad? ¿Cómo puedo pagarlo?

Sea cual sea tu sueño, te prometo que ganarás dinero con él, o bien encontrarás el modo de financiarlo. No importa lo que la gente trate de decirte: tu pasión será un negocio serio y tu sueño puede llegar a ser un trabajo hecho y derecho. Siempre habrá un modelo de negocio que sea compatible con tu proyecto y lo haga posible. La sección final de este libro está dedicada a ayudarte a encontrar ese modelo, escalarlo y crear un vehículo comercial que te lleve hacia el sueño.

Para algunas personas, «negocio» es una mala palabra, pero, tal como está configurada la sociedad moderna, es también el mejor mecanismo que tenemos para ayudar a la gente y hacer el bien. Todo lo que hago ahora gira en torno a intentar ayudar a personas sin cobrarles: cualquiera puede buscar asesoramiento en HelpBnk, consultarme en las redes sociales y tocar el timbre para anunciar su sueño. Nunca les cobraré por la ayuda, el asesoramiento o la promoción que reciben. Si bien tenemos un nivel de suscripción para aquellos que quieren apoyarnos, todo el conocimiento que ofrezco siempre es gratis.

Pero, todo eso, desarrollar y mantener la plataforma, producir el contenido y conectar a las personas con quienes están dispuestos a ayudarlas está muy lejos de ser gratis. De hecho, es bastante caro. Tengo que pagar a gente estupenda para mantener un equipo que convierta todas mis malas ideas en buenas. Tengo que pagar los costes del alojamiento web, que aumentan a medida que crece nuestra comunidad. Tengo que comprar dispositivos, pagar los gastos de la oficina, dar de comer y beber a la gente, y así sucesivamente. Entonces, aunque lo que hago se parezca un poco a la beneficencia, desde el comienzo gestioné HelpBnk y el trabajo que hacemos como una empresa. Mi modelo primario de negocio es el patrocinio: marcas que creen en nuestra idea, que quieren tener visibilidad dentro de mi comunidad y me pagan por promoverlas. Y eso me permite ofrecer todo lo que hago a la comunidad sin cargo. En lugar de menoscabar el propósito, como seguramente piensa mucha gente de los modelos con ánimo de lucro, estoy convencido de que el hecho de ganar dinero me ayuda a cumplir con mi propósito y seguir haciéndolo de mayores y mejores maneras. Cuanta más rentabilidad tengo, más capital puedo invertir —e invierto— en ayudar a la gente con sus sueños.

No te cuento esto para vanagloriarme, sino para explicar por qué dedicaré el resto de este libro a mostrarte cómo crear un modelo de negocio que pueda apoyar y hacer posible tu sueño. Porque, sea cual sea tu visión, aunque tenga que ver con hacer algo gratis, vas a necesitar una base comercial. El hecho de tener un sueño no significa que, por arte de magia, dejas de pagar las facturas.

La realidad es que solo puedes cumplir plenamente tu sueño si lo conviertes en la mayor prioridad de tu vida. Necesitas libertad para hacer lo que amas sin preocuparte por las consecuencias. Consigues esa libertad ganando dinero en el proceso y asegurándote de que tu negocio sea sostenible. Por eso, es casi seguro que tendrás que fundar una empresa para que te ayude a cumplir tu sueño, o desarrollar un modelo de negocio —como hacen las organizaciones benéficas o sin ánimo de lucro—. Aunque no veas tu sueño como una idea de negocio ni a ti como empresario, en algún nivel vas a necesitar un enfoque empresarial. Necesitas gente que pague tu trabajo, ya sean clientes, suscriptores o patrocinadores. Necesitas crear una marca personal. Y necesitas una comunidad, ya sea de simpatizantes o de clientes. Nunca supe de un sueño que no requiriera de algún tipo de negocio para sostenerse. La buena noticia es que esto es más fácil y más factible de lo que tal vez crees. Porque los peores conceptos que has oído acerca del proceso de fundar y dirigir una empresa son erróneos. No es cierto que cueste mucho dinero emprender un negocio. No es cierto que casi todos fracasen dentro del primer año. Y no es cierto que debas contar con una especie de gen empresarial para poder hacerlo.

De hecho, como voy a explicarte, es menos costoso y más realista de lo que casi todos te han dicho. Eso no significa que vayas a tomar atajos ni a construir sin una base sólida. Lo cierto es que un comienzo modesto te ayudará a construir los cimientos para tener éxito a largo plazo. Si empiezas pobre, te estarás dando la mejor oportunidad de conseguir riqueza en el futuro. Este capítulo te explica cómo comenzar y por qué es fundamental que lo hagas sin gastar más de lo que tienes.

Por qué es necesario empezar pobre

Antes de abordar el cómo, hablemos un poco del porqué. ¿Por qué te digo que inicies este negocio con mentalidad de pobre y busques lo barato? Te contaré una historia que puede ayudarme a explicarlo. De todas las empresas que he tenido, hubo una sola que encaré con mentalidad de rico y la dirigí como si el dinero no fuese un problema. No pasó mucho tiempo hasta que me arrepentí.

¿Te acuerdas de *DevaShard*, el libro de cómics que fue mi fracaso más costoso? En un principio, no era mi idea. Era parte de un emprendimiento conjunto al que nos habíamos sumado cuando estábamos en Fluid, con un empresario muy exitoso de Hong Kong. Lo conocimos como cliente de nuestra agencia, y pronto empezó a hablar de hacer todo su trabajo de *marketing* con nosotros. Era un hombre muy próspero, dueño de una firma de capital inversión cuyos negocios le habían hecho ganar no solo millones sino cientos de millones. Tenía grandes ideas que abarcaban desde el deporte y el entretenimiento hasta la hostelería y otros sectores. Y quería trabajar con nosotros en todos. No se contentaba con ser un cliente tradicional, sino un socio.

Cuando nos propuso crear una empresa conjunta como vehículo para asociarnos en esos proyectos, no dudamos en aceptar lo que nos parecía una gran oportunidad que podría elevar nuestro negocio al siguiente nivel. Ya trabajábamos con importantes marcas globales como Estée Lauder, pero sabíamos que nunca seríamos más que un proveedor para ellas. Este hombre nos ofrecía una participación de capital en unas ideas ambiciosas de negocios que podían superar mucho lo que habíamos creado hasta entonces. Estaba el negocio de cómics, que él había soñado y estaba ansioso por hacer realidad. Una posible cadena de restaurantes. Una agencia de intermediación deportiva y derechos de televisión para un nuevo torneo de críquet. Encararíamos todos esos emprendimientos bajo la forma de empresas conjuntas, a través de una compañía hermana de Fluid. Nunca olvidaré lo que me dijo el día que firmamos los papeles para fundar la nueva empresa:

—Guardemos esto y no lo miremos nunca más.

Lo mejor de todo —o, al menos, eso nos parecía— era que no tendríamos que limitar los gastos. Respaldados por la capacidad financiera de nuestro nuevo socio, ya no habríamos de tomar el camino barato para llegar al éxito, gastando solo lo que habíamos ganado y haciendo que el negocio se pagara solo. Esta vez podríamos invertir, gastar a cuenta de los ingresos que llegarían y no limitarnos a dar un paso cada vez.

Pronto empezamos a usar esa chequera: alquilamos una elegante oficina con gimnasio y sala de cine, con capacidad para veinticinco personas, aunque por entonces teníamos apenas tres en el equipo. Como se acostumbra en Hong Kong, contratamos a un experto en *feng shui* para que viniera a asesorarnos sobre el diseño y la distribución de la oficina, y sobre cómo hacer un espacio lo más creativo y armonioso posible. Sinceramente, creía que era el negocio que había esperado toda mi vida. Yo era ambicioso, teníamos dinero para gastar y no había límites. Así se trabajaba en Silicon Valley, ¿no?

El primer proyecto que iniciamos con aquella ostentosa empresa conjunta fue *DevaShard*. Como ya sabes, no tuvo éxito. Y a medida que se alejaba la perspectiva de que nuestro libro de cómics se convirtiera en una película taquillera, empecé a tener cada vez menos contacto con nuestro socio. No mucho después, lamentablemente, estábamos trabados en una disputa judicial. *DevaShard* resultó ser el primero y último proyecto de nuestra otrora ambiciosa empresa conjunta. Cerramos la nueva compañía y tuvimos la suerte de que el propietario nos permitió rescindir el contrato de nuestra costosa oficina, que nunca había estado cerca siquiera de operar a toda su capacidad.

Esa experiencia no solo me enseñó que hay que elegir a los socios con cuidado. Fue también una advertencia de que, en los negocios, no hay que correr antes de caminar ni gastar dinero que no se tiene. Me había seducido no solo un socio rico que tenía grandes ideas, sino también la creencia de que ya no tendría que preocuparme por justificar cada gasto. Perdí la disciplina y dejé de hacerle caso al instinto empresarial que había desarrollado durante más de veinte años. Me volví autocomplaciente, porque sentía que gastar dinero no estaba costándome nada —aunque el final sí que me costó, y acabamos con una pérdida de siete cifras—. Ese fracaso me enseñó muchas cosas, y una de las más importantes fue que nunca más debía caer en esa mentalidad de rico al iniciar un negocio, esa que te dice que el dinero no es problema porque vas a recuperarlo más tarde.

Antes de aquella empresa conjunta, en todos mis proyectos, me había manejado dentro de mis límites —sin aceptar inversiones ajenas, basándome solo en mis ahorros y en las ganancias que generábamos—, y desde entonces he vuelto a ese modelo. Es la mejor manera de asegurarse de estar creando una empresa sostenible que se paga sola y que, con el tiempo, puedes escalar sobre cimientos sólidos, en lugar de cubrir tus errores con dinero ajeno. Parece contrario a toda lógica, pero en las primeras etapas de un emprendimiento, **no tener dinero puede ser una ventaja**. Quiere decir que justificas cada céntimo que gastas y que no harás nada que no mejore los resultados. Mientras que la abundancia te lleva a confiarte demasiado, la falta de capital agudiza tu mente y garantiza tu disciplina. Como mencioné antes, basta fijarse en las implosiones de *start-ups* como WeWork y Juul para ver que el hecho de tener mucho dinero no es garantía de éxito.

Si bien hay ciertas compañías que sí exigen gastos importantes en el comienzo —para la adquisición de *hardware* complejo, o para hacer investigación y desarrollo—, eso no será relevante para el 99,9 por ciento de las personas que están leyendo este libro. En casi todos los casos, el sueño que quieren cumplir y el negocio que van a lanzar puede y debe ser con limitación de costes. Tienes que empezar pobre, no desperdiciar nada y ganarlo todo. En este capítulo, te explicaré cómo.

Cómo definir tu modelo de negocio

Para dar comienzo a tu proyecto con costes limitados, necesitas saber qué tipo de negocio quieres tener: definir tu modelo. O, dicho de manera más sencilla: ¿cómo piensas ganar dinero mientras intentas cumplir tu sueño? Vas a tener que vender algo, así que debes definir qué vas a vender, quiénes serán tus clientes, dónde vas a llevar a cabo esas ventas y cómo volverá a ti el dinero. Examinemos cada uno de esos aspectos.

La pregunta de qué vas a vender es simple, pero suele tener matices. Tal vez pienses que simplemente serán un par de zapatos, una joya o una serie de recetas, pero un producto rara vez es solo un producto. La gente quiere saber quién lo hizo y en qué se inspiraron. Quiere conocer tu historia, es decir, que no solo estarás vendiendo tu creación, sino también a ti mismo. Esto también es cierto si vas a prestar un servicio, ya sea remodelar cuartos de baño o diseñar campañas de *marketing*. Los clientes quieren comprarle a alguien en quien confíen; nunca se trata solo del trabajo, sino también de quién está detrás. Tienes que alimentar tu marca personal y acostumbrarte a venderte tanto como venderás tu producto o servicio. ¿Por qué deben confiar en ti? ¿Qué te diferencia de los demás? ¿Cuál es tu motivación?

Esto es así incluso más si quieres ser creador de contenido o algún tipo de *influencer*, porque entonces tu negocio, en efecto, eres tú: tu personalidad, tu estilo y tu capacidad de interesar y entretener a la gente. Toda empresa manejada por su fundador implica, en algún nivel, vender a la persona además del producto o servicio. Esto significa que necesitas pensar en tu marca personal y en cómo lograr que tus ideas, tu historia y tu sueño sean visibles para tus clientes. Recuerda que la gente le compra a la gente.

¿Quién es tu cliente y dónde van a concretarse las ventas? Estas son, quizá, las preguntas más importantes para cualquier empresa incipiente.

Se barajan todo tipo de opciones que definirán rápidamente la clase de compañía que se tendrá, basándose en el modelo de ingresos.

Te sorprendería la cantidad de empresas que no piensan lo suficiente en quiénes son sus clientes. Adivinan, o suponen, o dan por sentado que a la gente le interesará su producto o servicio. Es una omisión increíble, porque no puedes vender algo si no entiendes a quién se lo estás vendiendo. Es difícil colocar un artículo cuando intentas convencer a un público indefinido, pero es fácil cuando estás hablándole a un cliente al que has elegido específicamente y a quien te has tomado el tiempo de entender, cuando puedes resolver su problema, satisfacer su necesidad o darle algo que lo conforme. En ese punto, ni siquiera necesitas vender, en realidad.

Conocer al cliente es la piedra angular de todo negocio, así que ¿por dónde empiezas? Es tentador decir que tu cliente debería ser todo el mundo, porque ¿quién no quiere tener el mercado más grande posible? Pero rara vez es tan sencillo. Existe una buena razón por la cual muchas empresas no desean que cualquiera compre su producto. Por ejemplo, Ferrari no quiere vender deportivos a los padres que llevan a sus hijos a la escuela. Eso es porque su marca se relaciona con el lujo y la exclusividad. Por la misma razón, nunca verás a Volvo patrocinando una escudería de Fórmula 1: sus automóviles se vinculan con proporcionar seguridad a tu familia, no con la rapidez con que pueden acelerar de cero a cien.

Aquí la lección es que tu marca y tu empresa tienen que reflejar a sus clientes para que les resulten atractivas. Los adolescentes no van a comprar camisetas de la misma marca que compran sus abuelos. No se reúnen en las mismas cafeterías que los padres que van con sus bebés. Es inútil pensar que puedes tenerlo todo y atraer a todos. Es mucho mejor comenzar en un solo nicho y desarrollar una marca que apunte a un público definido con necesidades e intereses específicos. Entonces sabrás diseñar tus productos y elegir tu esquema de *marketing* en torno a ese público. Como comentaremos más adelante, puedes desarrollar una comunidad de compradores que comparten intereses y experiencias. Cuando pienses en tu cliente, sé lo más específico que puedas. Imagina a las personas que quieres que entren a tu cafetería o visiten tu tienda digital. ¿Dónde compran su almuerzo? ¿Qué otras marcas les gustan? ¿Qué hacen los fines de semana?

No temas quedarte en ese nicho para siempre: si te va bien, después podrás expandirte y diversificar. Gymshark empezó vendiendo ropa para hombres que levantaban pesas. Con el tiempo, empezó a abrirse a los gimnastas en general y, desde entonces, ha desarrollado una línea para mujeres muy exitosa. Lululemon hizo lo contrario: había desarrollado su marca en torno a los pantalones de yoga para mujeres, y ahora vende toda una gama de indumentaria masculina deportiva y formal.

Todo esto supone que quieres vender a clientes individuales. Probablemente así empezará tu empresa, ya sea montando un puesto en un mercado o dirigiendo a la gente a una tienda *online*. Pero tal vez no es ese el modelo de negocio al que apuntas, lo que nos lleva a la siguiente pregunta: ¿Dónde quieres que se realicen tus ventas? Vender a clientes individuales es difícil y, con el tiempo, puedes pasar a enfoques más eficientes que te permitan llegar a más compradores de una sola vez: no a través de la venta directa al consumidor, sino mediante una empresa que ya esté atendiendo a grandes cantidades de la gente indicada: restaurantes, cafés, supermercados, comercios mayoristas. Aún necesitas saber quién es el consumidor y cómo atraerlo con tu producto, pero en esta etapa, tu cliente es aquel del que eres proveedor: un comprador corporativo o un pequeño empresario, no un consumidor individual. Eso significa que ahora tienes que entender cuáles son las necesidades y prioridades de ellos, y cómo puedes hacer que tu camiseta / crema hidratante / salsa para pastas / juguete para niños les resulte atractivo.

Por eso digo que tienes que entender tu modelo de negocio. Mientras no sepas con exactitud qué es lo que vendes, a qué cliente y por medio de qué canal, no vas a estar listo. Y cuando digo que debes conocerlo con exactitud, me refiero a que de ese modo no solo podrás promocionar el producto a tu cliente original, sino además saber por anticipado qué te va a preguntar, tener preparadas las respuestas y comprender cómo vas a convencerlo y tranquilizarlo.

Todo eso cubre un solo tipo de modelo de negocio: aquel en el que vendes un producto o servicio a un cliente, ya sea directamente o a través de un intermediario. Así piensa la mayoría de la gente en los negocios, pero está muy lejos de ser el único modelo. Hay muchos otros enfoques que pueden ser más adecuados para que crees tu empresa y financies tu sueño.

Uno que ya hemos mencionado es el patrocinio. Si estás generando una audiencia y una comunidad con muchos intereses compartidos, es muy probable que las marcas paguen por asociarse contigo y para que las promuevas ante tu comunidad. Te pagarán para que las menciones en tus vídeos o coloques su logo en tu sitio web y en tus eventos. Quieren acceder a exactamente la clase de gente que tú estás congregando —ya sean aficionados al fútbol, amantes de la música, gente que adora a los perros o seguidores de la moda— y están dispuestas a pagar por ese privilegio.

Esto guarda una relación estrecha con el modelo de publicidad, sobre el cual se ha construido toda la economía de internet. La razón por la cual Google puede ofrecer la mayoría de sus servicios sin cargo es que gana más de 200.000 millones de dólares por año con la publicidad. Garantiza una audiencia, y los anunciantes pagan por acceder a ella. Esto permite a la compañía dejar que los consumidores utilicen servicios como su buscador, Maps, Gmail y YouTube sin cobrarles. Los anunciantes les están pagando por esos servicios —y, si eres consumidor, tienes que pagar extra para usar el producto sin publicidad—. Lo que es bueno para los gigantes tecnológicos también puede serlo para ti. Si estás atrayendo gente a tu plataforma, tienes la oportunidad de ganar dinero vendiendo publicidad. Es uno de los modelos de negocio más antiguos que hay.

Además, quienes son creativos pueden considerar un modelo de licencia, en el cual las compañías les paguen por usar sus diseños, imágenes o palabras para sus propios fines. Si has creado algo fantástico y la gente quiere usarlo, cobra por eso. Las licencias son una de las grandes maneras en las que se puede ganar dinero en todo tipo de medio, desde la fotografía hasta la música, la literatura y el cine.

Otro modelo de negocio es el de suscripción. Todos sabemos cómo funciona porque usamos servicios como Netflix: pagas una cuota periódica a cambio de acceder a algo que quieres. Si vas a crear contenido exclusivo —ya sea un boletín, un pódcast, una película, música o artes visuales—, puedes desarrollar una comunidad, en la cual algunos miembros paguen por tener acceso periódico o privilegiado a tus obras. Las plataformas como Patreon, Substack y Twitch están hechas para admitir precisamente este modelo de negocio —aunque, claro está, su propio modelo incluye que se lleven una parte de tus ingresos—.

Esta no es una lista exhaustiva, pero basta para darte una visión amplia. Existen muchas maneras de monetizar tu idea y empezar a cobrar por hacer lo que más te gusta. Y, por supuesto, no estás obligado a elegir una sola. Un músico o fotógrafo talentoso podría optar por pasar una parte de su tiempo desarrollando una comunidad *online* con vistas a obtener suscriptores de pago y, a la vez, aceptar encargos pagados de empresas que quieren que cree para ellas determinadas imágenes o piezas musicales, trabajando con su propio contenido, que permiten licenciar. Un negocio de comidas puede empezar a vender sus productos desde una cocina móvil y, con el tiempo, crecer mediante la distribución a minoristas y abrir uno o varios restaurantes. No es necesario que tu negocio sea una sola cosa, y, en un mundo ideal, desarrollarás múltiples flujos de ingresos para dar mayor resiliencia a tu sueño.

Lo importante es que empieces con una idea clara de qué modelo o modelos de negocio quieres tener, quiénes son sus posibles clientes de pago y dónde puedes encontrarlos. No hay garantías, y tendrás que ir resolviendo muchas cosas mediante prueba y error. Pero si das bien estos pasos básicos en el comienzo, al menos tendrás una brújula que te guíe. Y entonces puedes empezar a hacer cosas, preferiblemente con el menor coste posible.

Cómo empezar (casi) gratis

Hace algunas décadas, para iniciar tu empresa, tenías que alquilar una oficina, instalar líneas telefónicas y hasta contratar una secretaria. Hoy puedes configurar ese negocio desde tu ordenador móvil, usar la conexión a internet que ya estás pagando y aprovechar los servicios *online* que te conectan a todo el mundo tan solo con pulsar algunas teclas. A eso me refiero cuando hablo de empezar pobre. La mayoría de las cosas que necesitas al comienzo son gratis o bastante baratas.

Empezar sin gastar mucho y comportarse como pobre consiste en hacer gratis todo lo que puedas. En nuestro mundo digital, eso incluye más cosas que nunca. Registrar tu nombre de usuario en las redes sociales y empezar a crear y promover contenido sin gastar un céntimo. Aprovechar las pruebas gratis de los programas para diseñar y lanzar un sitio web. Contactar a tus posibles clientes y socios por correo electrónico. Dicho de otra manera, puedes tener lo que es esencialmente un negocio en funcionamiento sin gastar nada, salvo las doce libras (catorce euros) que cuesta en el Reino Unido inscribirte como sociedad de responsabilidad limitada —y, si vas a empezar sin personal, puedes registrarte como empresario individual, y también puedes hacer eso sin gastar nada—.

Obviamente, no todo es cien por cien gratis. Puede ser conveniente pagarle a un contable para tener tus finanzas en orden —yo lo he hecho con casi todas mis empresas y nunca me he arrepentido—. Podrías gastar un poco en un diseñador que te cree un logo y mejore tu sitio web. También probar a dedicar una parte de tu presupuesto a contratar publicidad *online* para promover tu contenido. Además, puede que tengas que comprar algún equipo que sea necesario para tu trabajo. Pero a lo que voy es a que existe la posibilidad de hacer casi todo lo que necesitas gratis o por muy poco dinero. Recuerda que debes pensar si son asuntos imprescindibles o que simplemente quieres. ¿Necesito esto para que mi empresa prospere, o solo lo quiero porque me hará ver o sentir bien? Si no es indispensable, no gastes en eso. Más tarde te lo agradecerás —y también lo hará tu contable, cuando lo tengas—.

Esta mentalidad de manejarte con lo mínimo no consiste solo en mantener los costes bajos en las primeras etapas. También tiene que ver con un abordaje pragmático y eficiente de cómo buscas compradores, cierras un trato y haces tu trabajo.

Con uno de nuestros primeros clientes en Fluid, acepté trabajar gratis. Mucha gente dice que no hay que hacer eso, que, si no cobras por un servicio, la gente no lo valora. Yo no estoy de acuerdo. A veces, hacer algo por nada es un gesto que genera confianza y más tarde nos retorna con creces. En el caso de aquel cliente, siguió con nosotros durante dieciséis años, nos dio una cantidad enorme de trabajo muy lucrativo y llegó a ser una de nuestras mejores referencias. Nos benefició en el largo plazo porque habíamos practicado la gratificación demorada: al empezar pobres, contribuimos a asegurar las recompensas que llegarían más adelante.

La misma filosofía debería aplicarse en todos los aspectos del comienzo de tu proyecto. Actúa con sensatez, sienta bases sólidas y no busques tendencias ni atajos. Eso puede ser más difícil de lo que parece, porque nuestra naturaleza humana hace que nos atraiga fácilmente lo que es llamativo e interesante. Buscamos novedades y modas, y damos por sentado que solo tendremos éxito si emulamos el último formato de vídeo y conseguimos que millones de ojos se enfoquen en nuestro negocio desde el principio.

El problema con esas tentaciones es que suelen distraernos de lo importante. No hace mucho, se me acercó alguien que estaba creando una empresa dedicada a un producto de nicho: una planta de musgo, para aromatizar los baños sin sustancias químicas. Quería que lo aconsejara sobre cómo viralizar su producto en las redes sociales. Le dije que, para esa clase de negocio, yo no empezaría por TikTok. Necesitaba conseguir compradores, entonces le convenía ir adonde sabía que estarían. Yo, en su lugar, contactaría con mi vivero local, que llevaba abierto quince años y seguramente tenía miles de clientes en su lista de correo. Esa era la clase de gente que necesitaba su negocio. ¿Por qué no asociarse con un vivero o, mejor aún, con una decena, y darles una parte de las ganancias a cambio de comercializar y distribuir el producto? ¿Para qué pasar meses o años publicando en las redes sociales en busca de compradores cuando había alguien que ya tenía la base de datos de clientes que él necesitaba? Es fundamental no perder el foco en las primeras etapas de un negocio, así que no corras antes de poder caminar ni compliques demasiado las cosas.

Tienes que ser ágil, decisivo, y estar dispuesto a adaptarte constantemente. No intentes seguir un plan exhaustivo ni comportarte como si fueses una marca importante y establecida. Limítate a empezar y probar cosas.

Las acciones que deberías hacer dependen de la clase de negocio que tengas. Puede que los clientes que buscas estén en las comunidades *online* o caminando por la calle. Tal vez te convendría pagar anuncios publicitarios en las redes sociales o distribuir publicidad en una estación de ferrocarril. Si no estás seguro, prueba distintos enfoques, recaba datos e insiste con lo que da resultado.

No olvides que no eres la primera persona en el mundo que ha limpiado una ventana, abierto una cafetería o vendido una camiseta. Y tampoco eres el único de tu área que intenta hacerlo ahora mismo. Tienes que entender el mercado al que te diriges, las compañías que ya hay en él y los clientes a los que atienden. ¿Esas empresas son tu competencia o estarían dispuestas a asociarse contigo? ¿Podrías ayudarlas con clientes a los que ellos no tienen la capacidad de atender? Tal vez ellas querrían almacenar tus productos, o firmar contigo algún acuerdo de reparto de ingresos por lo que hagáis en conjunto. Normalmente, las pequeñas empresas suelen ser más flexibles de lo que quizá crees. Si puedes hacerles una oferta que les brinde valor y ventajas sin exigirles demasiado, van a tomarte en serio. Las buenas alianzas valen su peso en oro: en los negocios, muchas veces 1 + 1 = 11. Trata de encontrar esos multiplicadores de fuerza en lugar de hacerlo todo solo.

Por esa necesidad de ser ágil y flexible, más que escribir un plan de negocio fijo cuando estoy empezando con una nueva empresa, prefiero trazar un mapa mental. No es nada complicado: solo una serie de círculos interconectados que comienzan con lo que me gusta hacer (el «pasatiempo»), se expande hacia lo que puedo hacer para ganar dinero (el modelo de negocio) y luego vuelve a enlazarse con las personas, los socios, los clientes y otros que pueden ayudarme a hacerlo realidad. Se hace rápido y, si se te da bien el aprendizaje visual, te ayuda a comprender las conexiones que sostienen cualquier emprendimiento exitoso. ¿Cómo conviertes tu pasatiempo en una empresa que genere ganancias? ¿De qué modo y dónde encuentras clientes? ¿Con qué compañías que ya existen en tu área y tu sector podrías asociarte? ¿Quiénes podrían ser tus patrocinadores o publicistas? ¿Qué clase de destrezas necesitas para complementar las tuyas y, por tanto, qué personal necesitas contratar? Muchas de esas cuestiones están entrelazadas, y un mapa mental te ayudará a decidir lo que necesitas y cuál debe ser tu próximo paso.

Junto a ese esquema, anota todas las preguntas que te surjan sobre el negocio que quieres desarrollar. ¿Cómo vas a hacer tus productos? ¿Qué normativa deberás cumplir? ¿Cuál debe ser tu estructura de precios? ¿Dónde y cómo vas a vender? ¿Cuánto efectivo necesitas generar para que sea sostenible? Apunta todas esas cuestiones y busca a alguien capaz de responderlas. Investiga, pide ayuda y no temas admitir lo que no sabes. Acalla tu ego y admite qué cosas ignoras.

Por último, toma nota de algunas ideas poco convencionales, aleatorias y algo alocadas. Sé que, cuando estás empezando con un negocio, a veces sientes que tienes que comportarte de cierta manera y que todo debe ser muy adulto y profesional. El problema es que es fácil olvidarte del humor, la personalidad y la importancia de captar la atención de la gente en un mundo ocupado. Toda empresa debería tener una idea que sea un poco extravagante para promoverse de manera diferente. Monta una protesta por algún problema que esté afectando a tus clientes. Intenta batir un récord mundial en tu sector. Busca una oportunidad de tomar una foto que sea irresistible para las redes sociales. Ni siquiera es necesario que tenga relación directa con lo que haces: es famoso el caso de Airbnb, que consiguió fondos vendiendo cajas de cereales donde se veía a Barack Obama y John McCain, los candidatos en las elecciones presidenciales estadounidenses de 2008.

Lo más importante, al margen de lo que estés tratando de hacer y de cómo quieras hacerlo, es empezar. Hablo con mucha gente que está pensando en montar un negocio, pero no lo hace. Me cuentan todo lo que necesitan para arrancar, en lugar de concentrarse en lo que pueden hacer ahora. Si vas a sacar en limpio una sola idea de este capítulo, es que debes empezar lo antes posible y hacer todo lo que esté en tu mano para tomar impulso. No es necesario que sea la empresa perfecta desde el primer día, e incluso cabe la posibilidad de que no sea la que acabarás por dirigir a la larga. Es probable que no tengas todo resuelto y seguramente vas a equivocarte. Pero sí vas a aprender mucho de la experiencia de iniciar una empresa: concretar ventas, tratar con los clientes y hacer frente a los imprevistos. **Un día haciendo cosas equivale a un mes de planificación.** Y la mejor manera de llegar a ser emprendedor es empezar a serlo.

Por qué tres es el número mágico

Supongamos que ya has hecho todo lo que te sugerí en este capítulo. Has confeccionado tu mapa mental, estudiado tu mercado, contactado con posibles socios y dado tus primeros pasos en *marketing*. Con suerte, también habrás cerrado un par de ventas. Ahora estarás preguntándote: ¿En qué momento esto se hace realidad? ¿Cuándo puedo decir que ya no es un pasatiempo o un experimento, sino un negocio de verdad?

Puedo responder esa pregunta con otra: ¿Cuántos clientes has conseguido?

El primero, como sugerí antes, te demuestra que el negocio puede ser algo más que una idea en tu cabeza. El segundo, que no fue casualidad. Pero creo que el tercer cliente es el que en verdad hace realidad tu negocio y coloca tu sueño en tierra firme.

Bien dicen que tres son multitud, y son varios los motivos por los que necesitas tener esa cantidad de clientes que validen tu negocio y conviertan tu idea en algo con lo que la gente quiera involucrarse.

Primero y principal, esa pequeña multitud te dará la información más importante que necesitas para que tu negocio despegue de verdad: ¿Qué quieren tus clientes?

Como emprendedor, quizá piensas que ya lo sabes. Al fin y al cabo, llevas meses, si no años, dándole vueltas a esta idea en tu mente. Crees que puedes aportar al mercado algo que le falta: un *software* que resuelva un problema molesto, un nuevo concepto en comida al que la gente no podrá resistirse, una marca de moda que llegará a viralizarse. Se lo has contado a tus amigos y tu familia y te han dicho que les parece una idea genial. Que ellos lo comprarían. Te sientes seguro: viste una oportunidad y vas a aprovecharla.

Lo que no has conseguido aún es vender ese producto, concepto o experiencia a un cliente de verdad que no te deba lealtad alguna. No has averiguado si volvería a comprarlo o se lo recomendaría a un amigo. No lo has visto con los ojos del cliente, la persona —u organización— que decidirá el destino de tu empresa. Tienes tu sueño, pero aún no has convencido a nadie para adoptarlo.

Esa es la prueba a la que todo nuevo negocio debe someterse. Llega un momento en el que tienes que ver si al mundo le gusta tu idea. ¿La gente coincide contigo en que el problema que identificaste es, en verdad, un problema, o que la solución que ofreces será eficaz? ¿Le entusiasman las cosas que a ti te parecen nuevas e interesantes? ¿Comparte tu visión de que existe una manera más sencilla de pagar las cuentas, reservar sus vacaciones o reparar el coche? ¿Tu sueño los convence tanto como para estar dispuestos a pagarlo?

Si no se lo preguntas —en este caso, empezando a vender a clientes de verdad—, nunca lo sabrás. Y, una vez que empieces, quizá te sorprendan sus respuestas. Eso es lo más curioso de los compradores. No siempre se comportan como tú esperas o deseas. No piden necesariamente lo que tú suponías.

Todo esto significa que puede haber diferencia entre la idea con la que empiezas y el producto o servicio que acabas por proveer. En última instancia, es el cliente quien va a guiarte hacia donde quieres llegar, a mostrarte en qué medida sus necesidades y preferencias coinciden con aquello que planeabas desarrollar. **Tienes que saber quién es tu cliente en realidad, y no quién suponías que sería.**

¿Cómo puedes estar seguro de que lo que quiere un consumidor coincidirá con lo que necesite el siguiente? Bueno, pues... no puedes, y algo que aprendes cuando desarrollas un negocio es que es imposible complacer a todos, y que el cliente no siempre tiene la razón. Si sigues haciendo pequeños cambios aquí y otro allá, pronto acabarás con el coche que diseñó Homer Simpson.

El desafío para todo emprendedor es saber responder a los comentarios de los clientes sin caer en el error de intentar —en vano— serlo todo para todos. Y por eso pienso que necesitas tres clientes. Uno podría ser una anomalía, y puede que el segundo no te aporte nada interesante. Pero una vez que tengas tres, tendrás una idea razonable de tu mercado, sus necesidades y preferencias. Tendrás el mínimo de retroalimentación que necesitas para entender si tu idea irá bien, qué necesitas modificar y cómo tu empresa puede prosperar. Si eres capaz de satisfacer a esos clientes, es muy probable que pronto sumes otros tres, y otros más. Entonces tu negocio habrá despegado de verdad. Y la siguiente pregunta que tienes en mente es: ¿Cómo lo hago para crecer?

9

Hazte rico

Aún recuerdo el primer vídeo que publiqué en YouTube, cuando estaba empezando con la creación de contenido y todo el trabajo que acabaría por ser HelpBnk. Pasé días enteros ocupado en él, tratando de que la edición saliera perfecta, modificando detalles como el título y la imagen en miniatura que, según los expertos, son la clave del éxito. Creía que tanto esfuerzo tendría su recompensa.

¿Quieres saber cuántas vistas conseguí con tanto trabajo? No fueron millones; de hecho, ni siquiera fueron miles. Yo tenía la esperanza de llegar a un público muy grande, y quizá pensaba que así sería. Pero, al cabo de una semana, mi vídeo había sido visto por un total de ciento cincuenta personas. El trabajo del que tanto me enorgullecía era apenas una brizna más de paja que flotaba en la tierra baldía de las redes sociales. Había sido una absoluta pérdida de tiempo.

¿O no? Justo cuando estaba lamentándome por mi incapacidad de conseguir que la gente viese mi vídeo, me llegó un mensaje directo de un desconocido. Lo había visto. Y se había sentido inspirado por él. Ahora iba a hacer en serio el intento de realizar la idea de negocio que tenía en mente. Una persona. No parecía mucho. Pero, en aquel momento, era todo. Yo no cabía en mí de felicidad. Tal vez, al final, tanto esfuerzo no había sido en vano.

Te cuento esto porque la gente suele tener una idea errónea de lo que se necesita para crecer como empresa. Miden el éxito con parámetros más grandes y complicados de lo que es necesario. Se intimidan a sí mismos imponiéndose metas poco realizables, como llegar a un volumen de ventas de un millón de euros en el lapso de doce meses, conseguir miles de suscriptores o aumentar sus ingresos en varios tantos por ciento de un año a otro. En los negocios, hay un elemento machista que hace creer a la gente que, si no alcanza cierta meta inmensamente ambiciosa, está fracasando. Hay demasiadas personas vendiendo la idea de que el éxito es algo difícil y que el único crecimiento que tiene importancia es el que llega rápidamente.

Para darte un poco de tranquilidad, te cuento cuál es mi meta para cada empresa que tengo. La que, cuando la alcanzamos, celebro con una fiesta, porque me parece muy importante. **Esa meta es cero.** Se consigue cuando un negocio alcanza su punto de equilibrio: cada mes ingresa la misma cantidad de dinero que cuesta mantenerlo. Ya no pierde dinero. Cuando tu empresa llega a cero, entonces es real. Se paga sola y, si continúas en el mismo rumbo, pronto empezarás a ganar dinero. Cero equivale a los cimientos de la casa que intentas construir. Te dice que esos cimientos son sólidos. Estás muy lejos de terminar, pero puedes confiar en eso que estás creando.

Cero no es solo una meta importante para todo nuevo emprendimiento. Es, además, un símbolo de la importancia de los pequeños triunfos y de cómo se van sumando con el tiempo. Si bien yo soy el último que debería decirle a la gente que no sueñe en grande, también soy un defensor acérrimo de pensar en pequeño a la hora de llevar los planes a la práctica. Tienes el sueño en el horizonte; te mantiene ambicioso y te recuerda el plan que quieres para tu vida. Pero no significa que, para llegar allí, debas tratar de batir el récord olímpico todos los días. Yo no puedo ayudar a diez millones de personas a cumplir sus sueños en una semana, un año o incluso, tal vez, una década. Pero todos los días soy capaz de echarle una mano a algunas; y ellas, a su vez, ayudarán a otras y, con el tiempo, ese trabajo se irá amplificando. A la larga, alcanzaré la cifra con la que sueño: no obsesionándome con ella cada día, sino manteniéndola en el fondo de mi mente y concentrándome más en lo que puedo hacer ahora para acercarme a ella.

Puedes, y debes, ir paso a paso. Un pequeño triunfo cada vez. **En mi experiencia, así se dan realmente el éxito y el crecimiento en los negocios. Así se cumplen los sueños. No mediante atajos ni trucos astutos,**

sino acumulando triunfos día tras día, semana tras semana, año tras año. Como dice el proverbio: el hombre que quiere mover una montaña empieza apartando una piedra pequeña.

Y, si adoptas este enfoque de fijarte una meta y apreciar todos esos pequeños triunfos, casi puedo garantizarte que en poco tiempo estarás cruzando hitos que alguna vez quizá te intimidaron, o que podrían haberte hecho tropezar si hubieses intentado alcanzarlos de una vez. ¿Te acuerdas de mi vídeo con ciento cincuenta reproducciones? Cuatro años más tarde, publiqué otro. No era nada complicado: aparecía yo, sentado a una mesa, hablando durante más de dos horas sobre cómo desarrollar un negocio. Sin artilugios ni promociones gratis. No compré un supermercado ni hice volar una fábrica abandonada. Simplemente estaba sentado y exponía consejos como en este libro. Al cabo de diez días, habían visto el vídeo un millón y medio de personas. (Para aquellos a quienes les gustan los números grandes, es un crecimiento del 999.900 por ciento).

Ese paso de 150 a 1.500.000 simbolizó mucho, pero, más que nada, la verdad de que lo que empieza pequeño puede crecer. Algo que al principio nos parece poca cosa se va ampliando con el tiempo hasta acumularse frente a ti en un montón más alto de lo que habrías podido imaginar. Si le das la nutrición apropiada, la bellota se convierte en roble. Por eso te digo que no dejes que otros definan tu éxito, especialmente en la primera etapa de tu negocio. Ve anotando tus triunfos, celébralos, llega a cero y sigue adelante.

Crece con el cliente que ya tienes

Uno de los triunfos más tangibles para cualquier empresa es concretar una venta y conseguir un cliente. A todo emprendedor lo motiva —y con razón— la campanilla de la caja registradora, tanto si dispone de un comercio como si no. Pero aquí también hay un peligro, porque la búsqueda de esos triunfos puede consumirnos tanto como para llegar a ser un obstáculo en el crecimiento de tu negocio.

Veo esto con frecuencia cuando asesoro sobre cómo hacer crecer una empresa que ha alcanzado cierto nivel. Cuando alguien me pide ayuda, lo primero que le pregunto es qué cree que necesita. Y casi siempre me responden: más clientes. Es un instinto natural, pero puede estar equivocado. Observa el énfasis en más clientes. Clientes nuevos.

Pero ¿y los que ya tienes? En la búsqueda constante de nuevos consumidores, es fácil olvidarte de aquellos que ya están en tus libros. Es una combinación de la naturaleza humana con el modo en que se comportan casi todas las empresas: recompensan más a la gente que trae nuevos clientes que a quienes mantienen satisfechos a los actuales. Nuestro instinto de cazadores-recolectores nos lleva a celebrar a quienes se aventuran hacia nuevos horizontes y regresan con algo.

Pero, aunque lo nuevo ejerce una intensa atracción, no siempre es lo mejor. Eso es algo que aprendí en los primeros tiempos de Fluid. Esa empresa se inició con la base de clientes que Helen había acumulado en su actividad como diseñadora gráfica. Estaban encantados con su trabajo, pero ella les cobraba poco. Cuando acordamos abrir una empresa juntos, quizá esos clientes me parecían algo negativo. No querían pagar lo que valía el trabajo. Eso los convertía en un problema, ¿verdad?

Sin embargo, yo ya sabía lo suficiente sobre negocios para reconocer que aquellos clientes que pagaban poco aún podían ser algo positivo. Entonces seguimos con ellos. Y además, llegué a conocerlos. Pronto, el valor que nos aportaban superó con creces los ingresos que obteníamos con sus cuentas. Aquellos tres clientes pasaron a ser los cimientos de nuestra empresa: fueron nuestros defensores, nos conectaron con otros y nos dieron referencias positivas —una lección fundamental para cualquier negocio en sus primeras etapas: nunca hay que subestimar el poder de una buena referencia de un comprador o usuario—.

Uno de los primeros clientes que ellos nos ayudaron a ganar fue *Fortune*. Era la época en que las revistas aún eran importantes y tenían ingresos altísimos por publicidad. Trabajamos con *Fortune* en su contenido, inclusive publirreportajes para marcas como Aston Martin. Pronto esto nos aportó más trabajo, tanto de algunas de esas firmas como de la sociedad que controlaba esta publicación, la CNN. Mejor aún: *Fortune* pasó a ser nuestra referencia más importante. Cuando llamaba a la gente, ya no me presentaba como Simon Squibb, que trabajaba en Fluid. Era Simon Squibb, que trabajaba para clientes como la revista *Fortune*. Mi referencia pasó de ser un nombre desconocido para la gente a ser uno que impresionaba a todos. Esta es una técnica de venta que se conoce como vender el crepitar de la cocción y no la carne. No empieces dando a tus posibles clientes los datos crudos: diseñamos sitios web y desarrollamos campañas de *marketing*. Cuéntales lo bueno; en este caso, si nuestro trabajo es suficientemente bueno para *Fortune*, también lo es para tu empresa.

Este es un ejemplo de cómo un solo cliente influyente puede transformar un negocio. Gracias a nuestro trabajo para *Fortune*, dejamos de ser una empresa desconocida y nos convertimos en una agencia respetada que pronto alcanzó la posibilidad de ganar contratos de alto perfil y atraer personal talentoso. Aquí la lección es que tus primeros clientes van a aportar muchísimo a tu empresa, si los tratas bien. Alguien que empieza como cliente puede pasar rápidamente a ser tu mayor defensor. Eso no sucede por casualidad. Si le das a quien te contrata los resultados que esperaba —una solución brillante para su problema de *marketing*, una camiseta que le ajuste bien, un servicio de paseo de perros o cuidado de niños en el que pueda confiar— no se lo guardará para sí. Se lo explicarán a sus amigos, compañeros de trabajo y a otros padres en la escuela de sus hijos.

Piensa en lo que haces cuando descubres algo nuevo, interesante o útil: se lo cuentas a otros. Quieres que sepan que fuiste el primero en descubrir aquello tan genial o tan útil, y compartir el secreto con otros. Es la clase de *marketing* que no se compra con dinero, y la única manera de conseguirlo es brindar a tus clientes un servicio de tan buen nivel que no puedan sino recomendarte.

Por eso, por la importancia del cliente y de sus referencias, digo que puede ser peligroso buscar nuevos clientes. No porque sea malo conseguir más, sino porque corres el riesgo de caer en la trampa de creer que los únicos buenos son los nuevos. De que, en tu búsqueda del próximo cliente, dejes de prestar atención a tus clientes más leales. Ese es un grave error, por varias razones. Una es que cualquier consumidor se da cuenta cuando ya no lo cuidas como si fuese la persona más importante del mundo. Especialmente en una empresa de servicios, como lo era Fluid, los clientes se desaniman rápidamente si ven que tu atención está enfocada en otra parte y que sus necesidades ya no son una prioridad para ti.

La segunda razón es que cuidar a tus mejores clientes —que suelen ser los de más larga data— es una de las mejores maneras de hacer crecer tu negocio. La gente se olvida de esto porque equipara el crecimiento de su empresa con la expansión de su base de clientes. Piensa que solo puede crecer si incorpora más todos los meses. Cree que un nuevo cliente vale más que uno ya existente. Eso tal vez resulta así en ciertos tipos de empresas, pero en muchos casos es simplificar en exceso. Se pierde de vista la cuestión fundamental de que, por lo general, se crece a través de los clientes más grandes e importantes, no a expensas de ellos.

En economía, existe una idea famosa que se conoce como principio de Pareto. En lo que respecta a los negocios, el principio de Pareto postula que el ochenta por ciento de los resultados suele provenir del veinte por ciento del sistema. Es decir, el veinte por ciento de tus vendedores suelen generar el ochenta por ciento de tus ventas; el veinte por ciento más alto de tus clientes será responsable del ochenta por ciento de tus ganancias, y así sucesivamente.

Puede que las cifras no sean exactas, pero el principio resulta útil a la hora de pensar en los clientes y en cómo hacer crecer tu negocio. Si la mayor parte de tu éxito va a provenir de apenas la quinta parte de tu base de clientes, te conviene adoptar un enfoque que vaya a lo profundo más que a lo ancho: que apunte a convertir a cada cliente en uno del veinte por ciento que va a gastar más y más contigo, va a recomendarte a otros nuevos clientes y a ser tu mejor publicista.

Dicho de otra manera, el valor de tus relaciones con tus clientes es más importante que el volumen. Supongamos que tienes una empresa de limpieza de ventanas. Si a tu primer cliente le haces un trabajo excelente, le dedicas todo el tiempo que necesita y hasta vas un paso más allá de lo acordado o de lo que espera, no pasará mucho tiempo hasta que todas las casas de la manzana sean tus clientes. Mientras que si te vas a toda prisa a cumplir con tu siguiente encargo al otro lado de la ciudad, y quizá dejas algunas imperfecciones, no vas a causar la buena impresión que hará que ese consumidor vuelva a llamarte, te recomiende, y todas las cosas que te ayudan a crecer. En ese contexto, es posible que la búsqueda del siguiente cliente te haya costado perder el anterior. Por eso, tu mayor prioridad debe ser cuidar a la clientela que ya tienes, recompensar su lealtad y reforzarla. Esos clientes no solo te van a ayudar a pagar tus cuentas: van a señalarte hacia dónde deberías expandir tu negocio al decirte con qué problemas necesitan ayuda, van a recomendarte a sus amigos y a hablar bien de ti cuando no estés. Si los cuidas bien, harán casi tanto como tú para que tu negocio crezca.

Tus clientes iniciales a menudo son la clave de tu crecimiento. Pero no tienen todas las respuestas. Tu negocio no debe olvidar sus raíces, pero tampoco puede quedarse quieto. Crecer también significa evolucionar, buscar nuevas maneras de servir a tus compradores, desarrollar tu marca y sumar flujos de ingresos. Pronto estarás en posición de acelerar el crecimiento, pero primero debes estar seguro de que tienes los cimientos indicados.

Prepárate para crecer

Antes mencioné que podía ser una buena idea hacer un trabajo gratis, si crees que el cliente merecerá la pena más a largo plazo que ahora. Es un enfoque válido que puede darte beneficios con creces, pero, por supuesto, no debes hacerlo con todos tus compradores. Al fin y al cabo, iniciaste un negocio para ganar dinero.

Cuando se trata de clientes que pagan —que deberían ser la mayoría—, la gente piensa que la clave está en cuánto les cobras. Eso es importante, y es necesario que calcules tus precios combinando las tarifas que predominan en tu sector con la cantidad de dinero que necesitas para que el trabajo sea rentable. Pero, a la hora de recibir dinero, la cuestión de cuándo es tan importante como cuánto.

Esto nos lleva a una de mis reglas absolutas en los negocios: **pide adelantos**. Por favor, no dejes de hacer esto. Si tu trabajo implica que el cliente no paga el total en el momento de la compra, siempre debes solicitar un anticipo del cincuenta por ciento antes de empezar. Esto se hace, en parte, para mantener tu flujo de caja y la seguridad de tu negocio. Pero también es una cuestión de flexibilidad. Si tus precios son correctos, ese cincuenta por ciento inicial cubrirá el coste total de hacer el trabajo. El resto será todo ganancia: combustible para el crecimiento de tu empresa, si lo usas bien.

Fue así exactamente como escalamos Fluid. Los anticipos que cobrábamos cubrían nuestros costes, e invertíamos el resto en expandirnos. Uno de nuestros primeros trabajos cuando estábamos empezando fue un proyecto de desarrollo de marca. El segundo pago de ese trabajo, la parte de ganancia, la usamos como capital semilla para crear un servicio de *marketing* por correo electrónico: un *software* cuyo desarrollo exigía inversión y que no habríamos podido hacer al comienzo. Así montas un negocio con los costes mínimos: empiezas por lo que puedes hacer cobrando poco o nada, te aseguras de que te paguen un anticipo e inviertes el resto en crecer.

Aquí también encontramos un buen principio: cuando desarrollas un negocio con poco gasto, **te ganas el derecho de crecer**, generando el efectivo que luego invertirás en sistemas, personas y nuevas ideas. Puedes ganar ese derecho de diversas maneras, pero lo importante es que construyas sobre cimientos sólidos. En algunos casos, significa que empiezas haciendo tareas que te resultan aburridas, pero que te darán una excelente base para crecer y diversificarte hacia lo que realmente quieres hacer. A menudo, el camino hacia tu sueño te lleva por una versión poco atractiva de lo mismo. Por ejemplo, trabajar como músico comercial para pagar la música propia que quieres hacer, vender automóviles para llegar a diseñarlos algún día, o trabajar en publicidad mientras escribes una novela.

Así fue la historia de James y John, unos gemelos de Portsmouth que un día me enviaron un mensaje directo en el que se ofrecían a limpiar la escalera de HelpBnk para promover el servicio de limpieza que querían crear. Cuando hablamos, me di cuenta de que tenían un sueño de verdad, de raíces profundas. Los hermanos, ahora veinteañeros, habían tenido una vida difícil. En su adolescencia, habían vivido en la calle, y hacía diecisiete años —casi toda su vida— que no se encontraban con su padre. Él vivía en otro país y, si bien hablaban con frecuencia, no lo veían más que en una pantalla desde su llegada al Reino Unido; la familia nunca había podido traerlo. Aquellos hermanos tenían dolor y propósito. Me contaron:

—La única forma que vemos de reunir a nuestra familia es que a este negocio le vaya bien.

Tenían su sueño, pero aún necesitaban encontrar un modo de lograr que su negocio despegara. Se dieron cuenta de que, si te limitas a recorrer casas y oficinas para ofrecer tus servicios, pronto pasas a ser una empresa más como tantas de la zona. No hay ninguna razón para que te encuentren o te contraten a ti y no a tus competidores. Cuando hablamos de este problema mientras se preparaban para lanzar su empresa, les sugerí que trataran de desarrollar un formato de vídeo que fuese atractivo para promover su marca en las redes sociales. Se fueron, y regresaron con la idea de limpiar los sitios más sucios y deteriorados que encontraran: pasajes llenos de basura, baños públicos que olían fatal, jardines delanteros de casas desocupadas donde la gente arrojaba sus residuos. James y John se filmaron limpiando esos lugares, publicaron los vídeos en las redes sociales y empezaron a usar ese contenido para promover su nuevo emprendimiento comercial de limpieza. Presentan los vídeos con un eslogan que, te prometo, una vez que lo oyes no te lo puedes quitar de la cabeza: «Yo soy James, y yo soy John, y limpiamos lugares que nadie nos pidió que limpiáramos».

Este enfoque es tan bueno por varias razones: 1) no les cuesta nada más que su tiempo; 2) incrementa su perfil y los ayuda a atraer clientes de pago; y 3) si les sigue dando resultado, puede servir para desarrollar una marca que les permita hacer todo tipo de cosas para generar ingresos adicionales, como vender productos de limpieza a un público mucho más amplio. Esto, sin mencionar que, si su audiencia se multiplica lo suficiente, el contenido mismo empezará a generar dinero. Es un ejemplo excelente de cómo puedes usar una parte de tu actividad para impulsar otra y convertir un negocio poco atrayente en uno con más aspiraciones. Yo creo que el futuro de los gemelos es ser creadores de contenido e *influencers* en el sector de la limpieza, pero solo porque estuvieron dispuestos a empezar por la parte más sucia, difícil y menos atractiva: el trabajo de limpieza en sí.

A diferencia de ellos, a veces me entero de personas que piensan que las redes sociales son la vía más rápida para su negocio, que los ayudará a encontrar los clientes que tanto les cuesta atraer. Algo importante que debes recordar es que las redes sociales son una herramienta excelente, pero también una distracción. Si las usas con inteligencia y te ayudan a crecer o diversificar tu negocio, como en el caso de James y John, pues adelante. Pero si les vas a dedicar tiempo a costa de tu negocio en sí, es mejor que te lo pienses.

Algo importante que se aprende en las primeras etapas de tu proyecto es a aprovechar tus fortalezas y **hacer bien las cosas básicas** antes de empezar a jugar con otras que son atractivas pero secundarias. Volvamos al ejemplo de la limpieza de ventanas: si vas a dedicarte a ello, no pierdas el tiempo sentado frente al ordenador editando contenido. Sal a la calle y busca casas elegantes que tengan los cristales sucios. Llama a las puertas, limpia algunas ventanas y pídeles a tus clientes conformes que te recomienden a sus vecinos y amigos.

Ofrécete a limpiar sus canaletas y hacer otras tareas relacionadas que te aporten un segundo ingreso. Entonces, una vez que tengas ese motor en marcha, escalado con varias personas que trabajen para ti, tal vez puedas pensar en desarrollar una marca *online* que te permita diversificarte y aumentar tu negocio.

Hacer bien lo básico y generar efectivo pidiendo anticipos son la base de todo nuevo emprendimiento. Si cumples con eso, pronto realizarás actividades más interesantes, intentarás expandirte en áreas nuevas e imprevistas y abrirás nuevos caminos para tu negocio. Ahora estás listo para acelerar la marcha y empezar la búsqueda del crecimiento.

En busca del crecimiento

Aún recuerdo la conversación y dónde tuvo lugar. Hacía más o menos un año que habíamos fundado Fluid y nos estaba yendo bastante bien. Habíamos conseguido la cuenta de *Fortune* y todo empezaba a marchar sobre ruedas. Veíamos que la empresa crecería si manteníamos el nivel y nuestros compradores seguían contentos. Pero aún teníamos cierta insatisfacción. Como sucede en cualquier agencia, nuestra vida dependía de nuestros clientes. En cualquier momento, podían dejarnos, cancelar trabajos o exigir cambios sustanciales. Dependíamos en gran medida de su buena voluntad.

Una noche, Helen y yo estábamos en un bar, hablando de esto. Sobre la mesa, delante de mí, había una pequeña pila de posavasos. Hacía más o menos media hora que yo empujaba uno de un lado al otro mientras comentábamos el trabajo y debatíamos qué podíamos hacer de otra manera. Entonces se me ocurrió la idea, como si una moneda hubiese caído con estrépito en el fondo de mi vaso. Yo no solo había estado jugando con el posavasos: había estado mirándolo, leyéndolo. Aquellos discos de cartón no eran solo algo que servía para apoyar la bebida. Eran un medio de publicidad.

Y mucho mejor que los carteles que te encuentras mientras caminas por la calle o los anuncios publicitarios que ves pasar en los laterales de los autobuses. Porque, cuando la gente se sienta a la mesa de un bar, quizá se queda una hora o incluso varias. Es la definición misma de un público cautivo.

Levanté el posavasos.

—¿Y si producimos esto?

Era una idea simple, pero, en aquel entonces, nadie lo hacía. Podíamos fabricar posavasos, venderlos a las marcas como espacio publicitario (como minicarteles) y luego trabajar para colocarlos en los bares y restaurantes de Hong Kong. El concepto era atractivo por varias razones: como empresa de diseño, nos ocuparíamos del trabajo creativo en nuestra oficina, y ya teníamos bastante experiencia en ayudar a las marcas a contar una historia a través de la publicidad. Más que eso, sería un tipo diferente de negocio, en el cual venderíamos un producto en lugar de que nos contrataran como proveedores de servicios. Como extensión de nuestro negocio, partía de lo que ya hacíamos bien, pero al mismo tiempo nos llevaba a adentrarnos en un territorio nuevo que queríamos ocupar: ser dueños de nuestro producto y de las ganancias que generara.

Tal como te he aconsejado a ti, iniciamos ese negocio sin cobrar. Como yo nunca había vendido espacios publicitarios, llamé a varias empresas de cartelería para que me explicaran sus tarifas: cómo justificaban cobrar cierta cantidad por exhibir un anuncio publicitario durante determinado tiempo en una ubicación definida. Cuando nos enteramos de que los costes se basan en ojos —o, en términos técnicos, en OTS, sigla inglesa que significa «oportunidad para ver»—, literalmente esperamos frente a bares y restaurantes, contando a la gente que entraba y salía, para presentar a nuestros clientes potenciales una proyección realista de la cantidad de personas que podían sentarse frente a ese posavasos en una noche determinada. Luego abordamos a los dueños de bares y restaurantes y les ofrecimos una parte de las ganancias si aceptaban usar nuestros posavasos en lugar de los que les daban las empresas de bebidas. Por último, presenté la idea de lo que llamamos CoasterAds a veinte marcas importantes, y al primer cliente le prometimos la exclusividad durante seis meses.

Ese anunciante fue United Airlines. Ellos fueron el cliente fundador de CoasterAds, y pronto diseñamos una campaña en la cual ellos colocaban en los periódicos anuncios que instaban a la gente a concurrir a alguno de los bares que participaban, llevarse un posavasos y participar en un sorteo de unas vacaciones gratis. Lo que había empezado como una ocurrencia en un bar pronto se había convertido en un negocio que beneficiaba a todas las partes involucradas: al cliente le daba la exposición que buscaba, ya que aprovechaba la base de consumidores de los locales de categoría con los que habíamos negociado el uso de los posavasos; estos no solo ganaban dinero por nada mediante su participación en las ganancias, sino que además se beneficiaban con la publicidad gratis que les daba la campaña de United. Todos ganábamos. Y Helen y yo no habíamos invertido nada más que nuestro tiempo.

El contrato con United especificaba que ellos pagarían el cincuenta por ciento por adelantado; eso cubría todos nuestros costes de creatividad, impresión y distribución. Una vez entregada la campaña, el resto fue para ganancia que nos permitió invertir en el crecimiento de la empresa. Hasta incluimos los nombres de CoasterAds y Fluid en el diseño de los posavasos, lo cual nos generó consultas sobre nuestros servicios principales.

En el transcurso de un año, CoasterAds estaba generando tantos ingresos como Fluid y, cuando la vendimos, habíamos ganado millones. Era un negocio montado sin gastos, que multiplicó su valor hasta alcanzar una cifra multimillonaria y que usamos como plataforma para promover el trabajo de la compañía que ya teníamos. Demostró que el crecimiento de una empresa no siempre se da en línea recta. El éxito no tiene necesariamente que ver con hacer más de lo que ya estás haciendo. Para crecer, a veces es necesario diversificar tu negocio o formar una alianza interesante. Hazte estas preguntas: ¿Hay algo que muchos de tus clientes necesiten y que tú puedas proveerles? ¿Hay alguna manera de obtener más de tu red y tu marca? ¿Hay canales que no hayas tenido en cuenta para tu distribución?

Casi todas las empresas poseen algún potencial que no han aprovechado. En ocasiones es algo obvio, como una marca de ropa que decide hacer sudaderas además de camisetas, o una heladería que empieza a proveer sus productos para eventos corporativos. O quizá necesites un poco de pensamiento lateral, como en el caso de Fluid, ya que nos creíamos una agencia puramente creativa y luego nos dimos cuenta de que además teníamos la capacidad para operar como empresa de medios y ocupar un nicho innovador.

Por supuesto, hay que lograr un equilibrio: no toda idea te reportará un millón de euros. Algunos intentos de diversificación serán callejones sin salida. Otros quizá te lleven a alguna parte, pero terminarán siendo más una distracción que una adición de valor. Esto lo descubrimos a nuestro pesar más tarde, cuando otro intento de diversificarnos salió mal. En 2007, cuando la empresa gozaba de buena salud, abrimos nuestra propia cafetería en el mismo edificio donde teníamos la oficina. La llamamos Graze y la imaginamos como un lugar donde nuestro equipo pasara el rato —a precios con descuento— y, a la vez, como un negocio rentable que atrajera al público en general. Con el tiempo, pensamos que era un modelo que tal vez podríamos expandir: una cafetería que combinaba el lugar de trabajo con el mundo exterior.

Pero, a diferencia de CoasterAds, que, efectivamente, encajaba a la perfección con la actividad que ya desarrollábamos, un café no se podía crear de la nada y casi sin costes. Tuvimos que invertir en la preparación del local y contratar gente que conociera el sector de alimentos y bebidas. Nos enfrentábamos a los gastos y altibajos inherentes al sector de la hostelería: pagos con tarjetas de crédito que tardaban noventa días en acreditarse, vasos que se rompían, comida que se desperdiciaba. Aunque el café era bastante concurrido, era difícil obtener ganancias. Nos hallábamos fuera de nuestra zona de confort y, a la larga, nos dimos cuenta de que no estábamos ampliando nuestro negocio existente, sino que habíamos iniciado otro completamente distinto. Graze había llegado a ser una distracción y no podíamos contar con que fuera rentable, entonces lo cerramos. Pero tardamos cinco años en darnos cuenta de eso, y me encantaría que este libro te ahorrara a ti ese dolor y te hiciera comprender que tienes que diversificarte con inteligencia, hacia algo que aproveche tus fortalezas y te permita la ventaja de jugar en casa.

No soy en absoluto el único empresario que ha aprendido esta difícil lección. Una vez entrevisté a Pip Murray, fundadora de Pip & Nut, una gama inmensamente exitosa de mantequillas naturales de cacahuete y almendra. Era la clásica historia de éxito empresarial: desde la mesa de la cocina a las ventas multimillonarias en un puñado de años. Entonces Pip decidió diversificarse y producir *mylk*, un sustituto de la leche, en un intento de capitalizar la tendencia hacia un estilo de vida sano y vegano. En apariencia, era un movimiento lógico: si la marca había tenido un éxito enorme con una gama de productos basados en frutos secos, ¿por qué no iba a funcionar con otra? Pero, como me relató Pip, fue un desastre: el proceso de manufactura resultaba muy diferente del producto básico, la ubicación en los comercios parecía menos favorable y el panorama competitivo era brutal. No funcionó, y Pip pronto lo cerró. Lo que le había parecido un pequeño paso hacia un lado resultó ser, en realidad, un salto muy difícil.

Estos son ejemplos de cómo la búsqueda del crecimiento a veces te lleva por un camino equivocado: cuando lo que parece una extensión viable de tu marca pasa a ser un pozo en el que pierdes tiempo y dinero a cambio de pocas ganancias. Nuestra experiencia con Graze fue un recordatorio de que no hay que apartarse demasiado de lo que nos ha hecho triunfar. Sin embargo, ese fracaso no nos amilanó, y tú tampoco debes dejar de proponerte nuevos desafíos en busca del crecimiento.

Llegará un momento en el que quieras —y probablemente necesites— expandir tu enfoque y hacer que tu empresa tome nuevos rumbos. Mientras tengas una organización sólida y no te distraigas de lo más importante, esos experimentos tienen un coste limitado y pueden llegar a aportarte grandes beneficios. Un negocio no puede crecer sin que asumas algunos riesgos y te atrevas a ser creativo. Sigue buscando nuevas ideas, añade burbujas a tu mapa mental y, cuando tu instinto te indique que tienes que probar una de ellas, hazlo. Aunque fracases, aprenderás algo y quedarás en mejor posición para que la próxima extensión o expansión de tu marca sea exitosa.

Invierte en el éxito

«El crecimiento nunca se da por mera casualidad; es el resultado de fuerzas que operan juntas». Esta es una cita que me encanta de un empresario brillante, James Cash Penney, creador de la cadena de grandes almacenes estadounidense JCPenney.

¿Cuáles son esas fuerzas y cómo puedes aprovecharlas a tu favor?

Como ya hemos señalado, quizá la primera y la más importante es el cliente. Si sigues a tus compradores, les brindas lo que necesitan —e incluso más— y fomentas una relación de lealtad que se prolongue en el tiempo, te lo pagarán con creces una y otra vez. No olvides el principio de Pareto: el mejor veinte por ciento de tus clientes te dará más trabajo en el futuro, te conectará con otros consumidores y te ayudará a desarrollar tu marca hablando bien de ti. Toda buena empresa genera clientes satisfechos, que le aportan gran parte de su *marketing* más importante.

La siguiente fuerza es tu propia gente. En el próximo capítulo hablaremos más sobre cómo encontrar y conservar a personas brillantes, que son quienes llevan adelante toda empresa. Pero ya te avanzo, sin temor a equivocarme, que tu empresa no va a crecer a menos que cuides mucho a tus empleados y hagas que se entusiasmen por el éxito de la compañía —y por el sueño que ellos te están ayudando a cumplir— tanto como tú.

Por eso digo que **tienes que invertir en el éxito en la etapa de crecimiento**. A estas alturas, ya has decidido cuál será tu modelo de negocio. Sabes que no sigues invirtiendo en algo que salió mal. Puedes permitirte el coste de tener un estudio para tu pódcast, no solo el micrófono barato de Amazon. Y esa inversión te repercutirá en beneficios y te ayudará a elaborar un producto de mayor calidad. En este punto, tienes que darte permiso para reinvertir en el negocio. Pagar bien a tus buenos empleados y darles una participación en la empresa. Elige un hermoso local donde la gente quiera ir a trabajar y equípalo con todo lo necesario —o haz que la oficina hogareña de ellos tenga todo lo que necesiten—. Invierte en los equipos y sistemas que precisas para pasar al siguiente nivel. Más que nada, no dejes de dar a tu gente libertad y flexibilidad en cuanto a cómo y dónde trabajan.

Como ya hemos dicho, tienes que actuar como pobre en el comienzo de tu proyecto, aun cuando tengas dinero para gastar. Conserva cada céntimo y gasta solo lo imprescindible. Pero esa ecuación cambia por completo una vez que te has establecido e intentas crecer. En esta etapa, si tratas de pagar menos a tus empleados, ofrecerles menos incentivos u obligarlos a trabajar en condiciones inferiores, harás que se vayan. Además, alejarás a tus posibles clientes e inversores a menos que inviertas mucho en tu presencia digital y en todos los sitios donde la gente pueda encontrar tu marca.

No hace mucho, una compañía intentó convencerme de invertir en ella. Cuando visité su sitio web y sus canales en las redes sociales, encontré varios enlaces desactualizados y una sección de noticias donde la última publicación databa de seis meses atrás. Era un ejemplo clásico de que las cosas deben hacerse bien o no hacerse. Es mejor no tener un sitio web que tener uno mal mantenido. En este nivel de madurez como empresa, cualquier cosa que tenga tu marca se tomará como representativa de ella. Si alguna parte visible de tu negocio se ve en malas condiciones, la gente dará por sentado que todo está así y seguirá de largo. Por eso, si no inviertes en la infraestructura adecuada a medida que creces y contratas a la gente indicada para mantenerla, estarás paralizando tu empresa. Así como tienes que empezar pobre en los negocios, debes aspirar a la riqueza.

¿Cómo lo haces? Tienes que seguir uno de los principios más importantes que aprendí en el sector empresarial: **cuando tu compañía te hace ganar dinero, no lo retires**. No lo uses para comprarte una casa o tomarte unas merecidas vacaciones. Reinviértelo en la empresa. Auméntales el sueldo a tus empleados, mejora tus oficinas, desarrolla tu marca y comercialízala. Puedo garantizarte que, a largo plazo, verás el retorno de esa inversión, cuando sea hora de retirar dinero de la empresa vendiendo una participación en ella, o bien toda la compañía. En cambio, si vas retirando poco a poco las ganancias mientras diriges la empresa, para pagar una casa nueva o tus próximas vacaciones, vas a perjudicar tu crecimiento y el valor de tu retorno eventual. Aquellos que demoren la gratificación tendrán más éxito a la larga.

Además de reinvertir en crecimiento el dinero que genera la empresa, en esta etapa puedes evaluar la posibilidad de aceptar inversores externos. Esta es, quizá, la pregunta que me hacen con más frecuencia:

—Simon, ¿cómo consigo un inversor?

A lo cual siempre respondo:

—¿Estás seguro de que necesitas uno?

Mucha gente da por sentado que la inversión externa es, por definición, algo bueno, que indica que «has triunfado» como empresa. Pero te prometo que, si tienes un inversor que no te conviene o aceptas inversiones por motivos erróneos, te arruinará la vida. Pronto se te pasará el entusiasmo de recibir el dinero, y te encontrarás trabajando para alguien a quien desearías no haber conocido nunca. Si no tienes cuidado, tu flamante inversor puede convertirse rápidamente en el jefe de pesadilla del que creías haber escapado cuando renunciaste a tu último empleo.

Si estás seguro de que sí quieres un inversor, piensa muy bien dónde buscarlo. En una primera etapa, cuando las sumas son relativamente bajas, puedes conseguir dinero de tu familia y tus amigos, si te parece apropiado. Son personas que ya te conocen y quieren verte triunfar. Lo único que tienes que recordar es que no debes exagerar tu promoción. No arriesgues tus relaciones personales más cercanas por tu negocio.

Si no cuentas con familiares o amigos, lo que necesitas en esa primera etapa es un ángel inversor. Son personas que tienen riqueza personal e invierten en negocios; a menudo son empresarios que han vendido sus compañías —así invierto yo—. No solo pueden extenderte un cheque, sino que además tienen conocimiento y experiencia para apoyarte directamente en el desarrollo de tu empresa. Puedes encontrar ángeles si participas en las redes empresariales, publicitas tu negocio en eventos o, simplemente, conoces a otros fundadores y les pides que te presenten a sus inversores.

Pero recuerda: no estás buscando un ángel inversor cualquiera, sino al inversor indicado para tu negocio. Alguien que crea en tu propósito, tenga experiencia pertinente y con quien intuyas que vas a trabajar con comodidad. La gente piensa que son los inversores quienes pueden ser exigentes, pero los fundadores deben mostrarse tan cuidadosos como ellos en su búsqueda de financiación. Busca los mejores inversores para tu negocio: no les digas que tu intención es recaudar fondos, sino recaudarlos con las personas adecuadas. Explícales cómo crees que ellos —ellos en particular— van a ayudarte a crecer y desarrollar tu empresa. Recuerda que estás haciéndolo para cumplir tu sueño, no para acabar trabajando para otro jefe que resulta que se considera inversor. Sé selectivo. Y no olvides mi regla número uno de la inversión: **si pides dinero, te darán consejos, y si pides consejos, (probablemente) te darán dinero.**

En etapas posteriores, pueden convenirte otros inversores, como los capitales de riesgo. Pero ten presente que ahí intervienen compañías de inversión que buscan empresas con capacidad de crecer mucho y muy rápidamente. Pretenden encontrar la próxima Airbnb, Lululemon o Five Guys. Si tu ambición está a su altura y puedes demostrarles que tu empresa posee una enorme capacidad de tracción y que va a crecer a pasos agigantados, quizás atraigas el interés de un capital de riesgo. En ese caso, igualmente debes hacer los deberes: busca una firma que tenga que ver con el sector en el que estás, fíjate en qué otras empresas ha invertido e, idealmente, consigue que alguien te los presente.

Una última manera de conseguir inversiones, de la cual casi no se habla, es con las personas a las que contratas. A veces llegas a un punto en el que sabes que necesitas emplear a alguien de cierta calidad o nivel de experiencia, pero te preocupa no poder atraer a esa persona a tu empresa, porque ya está trabajando para un competidor más grande que tú, casi seguramente por un sueldo más alto que el que puedes pagarle. Esa persona suele ser la «número dos», quien efectivamente dirige la compañía en representación de un CEO o fundador. Puede parecerte inalcanzable; entonces, ¿cómo haces para contratarla? Es muy simple: ofrécele algo que su actual empleador nunca le ofrecerá: una participación importante en tu empresa. Literalmente, invítalo a comprar una parte de tu compañía. De esa manera, te asegurarás, potencialmente, de matar dos pájaros de un tiro: contratar a quien en verdad querías y conseguir los fondos que necesitabas.

Como sea y cuando sea que busques inversión externa, las reglas son básicamente las mismas. Encuentra a la persona indicada, cuéntale por qué acertaría si invirtiera en tu empresa y solicítale ayuda antes de pedirle dinero. Busca a alguien que sume valor a tu negocio y que acepte de buen grado la oportunidad de invertir en él. Te prometo que nadie te va a reprender desde un cómodo sillón: eso solo pasa en esos programas de televisión donde los emprendedores buscan inversores. Pero si encuentras los inversores indicados, que estén alineados con tu propósito, provocarás un gran cambio y te moverás con más rapidez y con pasos más ambiciosos.

Después de los clientes, el personal y los inversores, la última fuerza que genera crecimiento eres tú. Fuiste tú, el fundador de la empresa, quien ayudó a darle vida. Y son tus acciones las que determinan el grado de éxito que alcanzará con el tiempo. En parte, es por lo que haces. Tú sigues siendo quien está en mejor posición para decidir el rumbo de la empresa, ya sea hallando nuevas oportunidades de expansión, gestionando las relaciones con los clientes o buscando otros nuevos. Y, por ser el fundador, tienes la mayor posibilidad de ser creativo y hacer algo inesperado o aprovechar oportunidades. La búsqueda de oportunidades y la decisión de invertir tiempo —y a veces dinero— en ellas es parte del trabajo del fundador.

Al mismo tiempo, también tienes que saber qué no hacer. Esta es la parte difícil para la mayoría de los emprendedores. Estás acostumbrado a desempeñar algunas tareas y tomar decisiones. Te ha ido bien apelando a la acción. Pero, más allá de cierto punto, no puedes hacerlo todo solo. Y si lo intentas, vas a obstaculizar las acciones de las personas que contrataste justamente para ayudarte a que la empresa creciera.

Esto es algo que veo mucho entre los empresarios. Dicen que les resulta difícil escalar su negocio. Están atascados y les cuesta progresar. Si este es tu problema, tengo noticias para ti. Necesitas mirarte al espejo. Te guste o no, es casi seguro que eres tú quien obstruye el desarrollo de tu propia empresa.

Permíteme explicarte cómo funciona esto. Construiste tu negocio desde cero y fuiste el primer impulsor de su éxito. Aún eres quien consigue más trabajos. Probablemente aún eres quien genera más proyectos en tu equipo. Sin ti, no podría suceder. El problema es que todos lo saben y lo demuestran con su comportamiento. No se sienten habilitados para tomar decisiones sin consultarte primero. Subconscientemente, saben que no se espera de ellos que decidan y asuman más responsabilidades. Si hay algún problema o corres el riesgo de no alcanzar la meta de ese mes, van a esperar que tú corrijas esa falta.

Sin embargo, ese engaño no es de ellos, sino tuyo. La sombra que proyectas en la empresa es demasiado grande y, al igual que las plantas que permanecen a oscuras, tu gente no tiene la posibilidad de crecer. Esto se conoce comúnmente como «síndrome del fundador»: la persona que creó la empresa retiene un rol demasiado importante en un momento en el que el éxito debería ser responsabilidad de más personas.

Es un problema que solo el fundador puede resolver, y se hace por medio de tres cosas: **capacitar a la gente, confiar en ella y dar un paso atrás**. Eso lo aprendí en Fluid, cuando, tras varios años de dirigir la empresa, se me ocurrió que solo yo era capaz de realizar las tareas importantes. Creía que tenía que ser el líder en todo, manejar a todos los clientes más valiosos y representar a la empresa en todos los eventos del sector. Tardé un tiempo en comprender que mi actitud no solo me perjudicaba a mí mismo, sino que además era un obstáculo para mi excelente equipo.

En ese momento, me senté a escribir una lista de todas las tareas que estaba haciendo. Literalmente, desglosé mi trabajo y empecé a delegar algunos aspectos. Habilité a los empleados que sabía que eran capaces de asumir funciones con las que antes no se sentían cómodos. Confié en la gente que ya merecía tener más responsabilidad. Y di un paso atrás en la empresa. Seguí siendo el CEO y dedicándome bastante a la promoción, a la gestión de los clientes y a establecer contactos. Pero ya no sentía que el negocio podía fracasar si yo no estaba a cargo. Di un paso atrás para que otros pudiesen dar uno adelante y la compañía pudiese avanzar, que fue exactamente lo que sucedió.

Todo esto resume por qué el crecimiento es complicado para toda empresa: es una combinación de lo que debes hacer y lo que no, además de los imprevistos de siempre que tienen que ver con la suerte y el sentido de la oportunidad. Hay en esto muchos aspectos importantes. Por eso, en los capítulos siguientes analizaremos cada uno de ellos con detalle, desde el equipo que requieres organizar a tu alrededor hasta la necesidad de afinar tu capacidad para asumir riesgos, la perseverancia que has de demostrar y la conciencia de ti mismo que debes tener para gestionar y evolucionar en tu propio rol.

Empezaremos con el que es, quizá, el aspecto más importante para crecer: la gente y las alianzas que pueden contribuir a que tu empresa avance al siguiente nivel.

10

Rodéate de gente brillante

En el transcurso de mi vida laboral, he contratado a cientos de personas y cerrado negocios con decenas más. He tenido empleados brillantes, aunque con otros desde el primer día me quedó claro que había sido un error contratarlos. Tuve socios que permanecieron conmigo varias décadas, y otros que me estafaron descaradamente. He cerrado tratos que me proporcionaron más dinero del que necesitaré jamás, y otros en los que he visto esfumarse grandes inversiones.

Todas esas experiencias buenas y malas me han convencido, sobre todo, de algo: **la gente con la que trabajas es más importante que cualquier otra cosa.** El éxito o el fracaso de tu empresa va a depender, en gran medida, de que sepas contratar —y despedir— bien, de asociarte con las personas indicadas y de encontrar los mejores inversores y asesores. Estará condicionado a lo bien que sepas dejar entrar a la gente indicada y mantener fuera a la que no te conviene.

Esto último puede parecerte duro, pero es ineludible el hecho de que las personas que no encajan destruirán tu negocio, así como las buenas te ayudarán a prosperar. La gente que no está en sintonía con tu sueño, que no comparte tu propósito o tu código moral y que no tiene una fuerte motivación para buscar el éxito siempre constituirá un grave problema para tu proyecto.

Del mismo modo, quienes son brillantes te sorprenderán por lo mucho que van a hacer y lo importantes que llegarán a ser. Te salvarán de cometer errores, verán oportunidades que pasaste por alto y te ayudarán a impulsar el negocio. En poco tiempo, estarán dirigiendo la empresa tan bien como tú, si no mejor, siempre y cuando los recompenses y los cuides como corresponde.

La importancia de la gente con la que trabajas se acrecienta a medida que tu compañía prospera. No solo te hará falta más personal conforme crezcas, sino que además vas a necesitar distintas destrezas y, posiblemente, cambiar tu modo de contratar. Puede que optes por incorporar inversores externos o asociarte con alguien para fomentar tu crecimiento; aquí se abre toda una nueva categoría de personas que debes elegir con cuidado. Quizá desees nutrir no solo tu base de clientes, sino también una comunidad que comparta el propósito de tu negocio, apoye el sueño que intentas cumplir y ayude a potenciar ambas cosas.

Pregúntale a cualquier empresario por su mayor dificultad: la mayoría te responderá que es la gente. Es la tarea más difícil y la que implica más tiempo, y por más sistemas o equipos sofisticados que tengas, no te salvarás de tener que decidir individualmente con quiénes quieres trabajar. Es imposible acertar en cada una de esas decisiones, pero sí puedes mejorar tus probabilidades si sigues un proceso y sabes qué riesgos debes evitar. Por eso dedico este capítulo a compartir lo que sé acerca de cómo elegir a socios, cómo contratar y despedir a empleados y cómo desarrollar comunidades. Porque, aunque tu sueño sea personal, solo podrás cumplirlo si consigues suficientes personas adecuadas que lo compartan y te acompañen en el viaje. En efecto, el trabajo en equipo hace realidad el sueño.

Cómo elegir a tus socios

Probablemente la primera persona que tendrás que buscar —y, sin duda, la más importante— es un socio.

Cuando aciertas, trabajar en sociedad con alguien resulta increíble. En mi caso, mi socia más importante ha sido, desde luego, Helen. Cuando nos conocimos, ella trabajaba como diseñadora gráfica y ganaba poco. Yo aún dormía en el sofá de mi amigo e intentaba justificar mi mudanza a Hong Kong, y a ella le interesaba más otro de mis amigos que yo. Nos reímos mucho debatiendo nombres para la idea de negocio que teníamos en mente; incluso se nos ocurrió Pink Tank, pensando que, sin duda, si la gente veía un logo con esa imagen de un tanque rosa, lo miraría dos veces. Pero creo que ninguno de los dos habría imaginado, en aquel entonces, que tendríamos juntos una empresa exitosa durante los siguientes quince años, nos casaríamos y seríamos padres.

Lamentablemente, no todas las alianzas comerciales tienen un destino tan fructífero. En mi experiencia, he aprendido cómo es trabajar con cofundadores que no eran quienes decían ser, que con el tiempo perdían el interés en el negocio o que tenían una idea fundamentalmente distinta de la mía en cuanto al rumbo que debíamos tomar. He aprendido de esos contratiempos y, en retrospectiva, veo que habría podido evitar muchas de esas situaciones. Ahora, cuando decido asociarme con alguien, soy mucho más riguroso para evaluar si la relación tiene probabilidades de resultar bien y por qué. Tengo un proceso, que voy a compartir contigo aquí.

Pero primero estarás preguntándote: ¿De verdad necesito un socio? ¿Acaso no es mi sueño y debería ser yo quien sea responsable por él? ¿No puedo fundar y dirigir este negocio yo solo? La respuesta fácil es: sí, claro que puedes. Algunas personas prefieren trabajar solas, y eso está bien. Jeff Bezos no tuvo cofundador en Amazon, y tampoco lo tuvo Nick Jenkins, fundador de la tienda de tarjetas de felicitación *online* Moonpig, que me dijo que, para él, lo peor del mundo sería tener un cofundador, porque le encantaba la autonomía de tomar él todas las decisiones.

Quizá la respuesta más veraz sea que sí, eres capaz de hacerlo solo, pero tal vez no sea lo más conveniente para ti. El hecho de tener a una persona —o quizá varias— dirigiendo la empresa contigo puede beneficiarte. Es un poco como ir al gimnasio: por supuesto que hay gente que se monta su rutina y progresa sola, pero a la mayoría le resulta más fácil si tiene una o más personas que la acompañen. Te alientan a ir cuando no tienes ganas, te hacen responsable por tus metas y, lo más importante, consiguen que te lo pases mejor.

Un socio puede ofrecerte esas ventajas y más. También te aporta la experiencia o las destrezas que a ti te faltan. Si no tienes habilidades técnicas, o no sabes de números, o no eres bueno para las relaciones interpersonales, alguien que se desempeña bien en esas áreas podría ser el cofundador que necesitas. Así, cada uno se concentrará en distintos aspectos del negocio y contribuirá de formas que el otro no puede.

Además, tener un socio te brinda la clase de contrapeso que nadie sabría aportar solo. Por mucho que creamos conocer bastante de un tema, la nuestra es solo una opinión, un conjunto de experiencias e inclinaciones. Por lo general, no sabemos qué es lo que no sabemos; tener un socio es una de las mejores maneras de ampliar la mente y desafiar aquello que damos por sentado. Con frecuencia, te ayudará a tomar decisiones mejores y más cabales.

Suponiendo que quieres un socio, ¿cómo lo encuentras? Del mismo modo que identificaste a tu cliente ideal, lo primero es saber con exactitud qué y a quién buscas. Esto te parecerá obvio o hasta poco serio, pero te prometo que es importante y redundará en tu beneficio. Escribe una descripción de la persona con la que te gustaría asociarte. Sé lo más detallado que puedas. ¿De dónde proviene? ¿Qué ha estado haciendo en los últimos dos años? ¿Qué edad tiene? Hazte esta pregunta: si hubiese una sola persona en el mundo con quien pudieras dirigir esta empresa y compartir tu sueño, ¿quién sería? Tratar de imaginar que ese socio con quien vas a trabajar no es un ejercicio pseudocientífico de manifestación. Es simplemente una técnica de psicología en la que, por lo general, vemos lo que ya estamos buscando. Si paso cinco minutos hablándote de coches rojos, te aseguro que vas a estar el resto del día viendo coches rojos.

Una vez que hayas definido tus parámetros, busca a esa persona. Hay muchas maneras, pero la más eficiente consiste, simplemente, en explicarle a la gente que estás iniciando un negocio y buscas un cofundador. Publícalo en tus redes. Cuéntaselo a tus amigos y tus compañeros de trabajo. Si no dejas bien claro que estás buscando a alguien, no vas a encontrar al copiloto que necesitas para tu proyecto.

Supongamos que la búsqueda te da resultado y encuentras a un posible socio. Tal vez, en una conversación, surge el tema de que un amigo tuyo también está pensando en dejar su empleo e iniciar un negocio propio. O quizá alguien tiene un amigo, una cuñada o un excompañero de trabajo que es el socio perfecto para ti. ¿Cómo sabes si es la persona adecuada? ¿Cómo decides si confiar o no tu sueño a alguien?

Mi prueba, en esos casos, consta de dos aspectos: que nos parezcamos en las cosas indicadas y además que nos diferencien las cosas indicadas. **Instintivamente, buscamos las similitudes, pero en una sociedad, las diferencias importan tanto como ellas.** La combinación de dos personas idénticas no es la receta ideal para un negocio; es como tener dos manos izquierdas, o que dos deportistas quieran jugar en la misma posición en su equipo. Lo que harán será estorbarse mutuamente en lugar de cubrir cada uno los puntos débiles del otro. Idealmente, conviene que tengan cierta diferencia en los factores «duros»: habilidades, experiencia, conocimiento. Tú deberías destacarte en un área del negocio mientras tu socio se ocupa de otra. Así se da en muchas *start-ups* tecnológicas, que suelen contar con un cofundador «técnico» y otro más enfocado a la contratación, el *marketing* y todo lo que no tenga que ver con la programación.

Pero, a pesar de todas esas diferencias, es necesario que tengan en común por lo menos una cosa. Esto es importante, y nunca deberías asociarte con alguien que no cumpla con este requisito. **Tenéis que compartir el mismo código moral.** Debéis creer en los mismos principios fundamentales respecto a cómo tratar a la gente y comportarse en los negocios. Por excepcionales que sean dos fundadores, si tienen ideas diferentes sobre cómo remunerar a su personal, cómo tratar a sus clientes o cumplir con los contratos, esas diferencias resultarán irreconciliables a largo plazo. La naturaleza de una sociedad comercial es que, aunque se ocupen a diario de diferentes áreas, tomen juntos las decisiones más importantes y difíciles. Esas decisiones son lo que revela si tienen el mismo código moral: un sentido básico de cómo está bien o mal hacer las cosas.

Tuve un buen ejemplo de esto durante la crisis financiera de 2008. Por ser un centro bancario importante, Hong Kong resultó muy afectado y el mundo de los negocios empeoró rápidamente. Helen y yo veíamos que nuestros clientes empezaban a cerrar y nuestros competidores estaban despidiendo a gente. Parecía que no teníamos otra opción que hacer lo mismo. Para que Fluid sobreviviera, habría que echar a muchos de nuestros empleados y tratar de capear el temporal. Un día se lo dije a Helen: o empezamos a despedir gente o la empresa desaparece.

Pero algo hizo que no lo hiciéramos. No nos resignábamos a dejar a su suerte a tantas personas que nos habían ayudado a desarrollar la empresa, en un momento en el que sabíamos que no conseguirían otro empleo. Ambos opinábamos que los despidos eran lo indicado desde el punto de vista de la lógica, pero moralmente eran lo peor. Helen lo resumió cuando me dijo:

—Si la empresa desaparece, siempre podemos dedicarnos a otra cosa.

Así que tomamos una decisión: lucharíamos por salvar tanto a la compañía como a su personal. En lugar de anunciar despidos, hicimos algo contrario a la lógica. Empezamos a contratar a más gente, pues sabíamos que nuestros competidores habían dejado ir a muchas personas talentosas. Decidimos hacer el intento de crecer para salir del problema.

Era un gran riesgo y podría habernos ido mal. Por momentos, parecía que íbamos a quedarnos sin dinero. Pero resultó que la crisis financiera no afectó a nuestro mercado local durante tanto tiempo como se había previsto. El negocio comenzó a recuperarse y estábamos listos para aprovecharlo, equipados con más empleados excelentes —y, en muchos casos, sus clientes— que antes.

La jugada nos salió bien, aunque podría haber ocurrido lo contrario si la crisis se hubiese prolongado siquiera unos meses más. Pero lo importante fue que Helen y yo estuvimos unidos en ese enfoque, a pesar de mi vacilación inicial. Fue el resultado de un código moral compartido sobre cómo tratar a la gente. Ambos sabíamos que no viviríamos tranquilos con la solución de salvarnos a expensas de nuestro personal. A eso me refiero cuando digo que habrá alguna decisión importante que revelará si tú y tu socio compartís los mismos valores y la misma moral. Eso es lo que debéis tener en común para que la sociedad resista en tiempos difíciles.

Si encuentras a alguien con quien compartas tanto un sueño como un código moral, te prometo que será una de las relaciones más importantes y trascendentes de tu vida. No es fácil trabajar en sociedad, pero casi siempre vale la pena el esfuerzo. Si lo haces bien, desarrollar tu empresa será la mitad de difícil y el doble de divertido.

Cómo contratar personal

En la mayoría de los casos, una empresa se puede iniciar sin empleados, pero muy pronto llegarás al límite de lo que el equipo fundador es capaz de llevar a cabo sin ayuda. Es imposible dirigir un negocio con la mano izquierda y hacerlo crecer con la derecha. Necesitas gente. Mi principio básico para escalar cualquier compañía es que cada vez que contratas a una persona válida, la vida se te hace un poquito más fácil.

Contratar y manejar al personal quizá es la mejor parte de tener una empresa y, a la vez, la peor. Cuando sale bien, tu compañía se beneficia y tú tienes la satisfacción de ayudar a alguien a avanzar en su vida laboral. Algunas de las mejores relaciones que tendrás serán con personas que empezaron trabajando contigo y que luego hicieron grandes cosas: tal vez, más tarde, pasarás a ser su cliente o invertir en su negocio. En cambio, si sale mal, te parecerá que pierdes días enteros tratando de resolver los problemas de ese empleado. En algunos casos, es como si ni tú ni él supierais hacer nada bien. Si percibes que ha sido un error contratarlo, la única pregunta será cómo ambos podéis libraros de ese inconveniente.

Entonces, ¿cómo haces para contratar personal de manera que maximices tu probabilidad de que encaje en el primero de los grupos? Empieza por algo de lo que ya hemos hablado y que sé que ahora tienes. Empieza por el propósito. Mi experiencia empresarial es que es difícil contratar bien si no tienes otro fin que ganar dinero. En cambio, se facilita bastante cuando encuentras una meta y organizas tu negocio en torno a ella.

Ese propósito constituye una prueba de fuego para discernir si a la gente en verdad le interesa ser parte de tu empresa, por lo que es una fuerza motivadora para el equipo que estás formando. Si lo tienes, pasarás mucho más tiempo administrando esa meta que al personal, concentrándote en la ética colectiva de tu organización. **Si te falta propósito, vas a tener un grupo de individuos, no un equipo hecho y derecho.** Sus integrantes van a enfocarse en sí mismos, porque no les habrás dado nada que los una. El resultado es que pasarás casi todos los días resolviendo algún problema o reclamación del personal.

Una cosa es tener un propósito, pero ¿cómo lo usas para contratar a las personas indicadas? Que estén en sintonía con tu objetivo es uno de mis criterios de contratación, pero, desde luego, cualquiera puede asentir y parecer convincente durante una entrevista. Para saber si tus candidatos de verdad piensan lo que dicen, tienes que profundizar un poco. En parte, eso es simplemente lo que se debe hacer: comprobar que la persona que está muy comprometida con el medio ambiente no esté publicando en sus redes sociales artículos sobre vehículos que consumen mucha gasolina.

Por otro lado, es una prueba de compromiso. Supongamos que necesito contratar a un editor de vídeo. Voy a publicar un anuncio en las redes sociales y entrevistar a los candidatos más prometedores. Luego, a los mejores les preguntaré si están dispuestos a editar mi próximo vídeo como parte del proceso de la entrevista —es decir, sin cobrar—. Algunos no quieren hacer eso, y lo entiendo, pero he visto que aquellos que creen en nuestro propósito no ponen ningún reparo en demostrar lo que son capaces de hacer. Les interesa mucho el trabajo e invierten con gusto en el proceso de selección. Para mí, esa es una pequeña prueba de compromiso y sintonía. ¿Cuánto interés tienes? ¿De verdad es este el trabajo que quieres, o es uno más de unos cuantos a los que te postulaste? ¿Por qué querrías contratar a alguien que te ve como algo intercambiable? Yo no trato así a las personas a las que contrato: cada una trabaja en la empresa porque comparte su propósito, porque va a ayudarla a progresar laboralmente —y a acercarla a sus propias aspiraciones de tener un día su propio negocio—, y confío en ellas lo suficiente como para darles una participación en la compañía. Es un reflejo de mi convicción de que contratar bien requiere que tanto los empleados como el empleador decidan de manera positiva elegirse y comprometerse mutuamente.

Si encuentras a alguien que te parezca que tiene ese grado de compromiso y que concuerde con tu propósito, queda una última prueba. Una de las preguntas más importantes que planteo en cualquier entrevista.

Permíteme probarla contigo.

Te haré una propuesta hipotética. Te daré todo lo que siempre quisiste. Riqueza y reputación, posesiones y propósito, fama y familia. La clásica imagen de la vida perfecta. Puedes vivir en el paraíso desde la edad que tengas ahora hasta que cumplas setenta años. En ese momento, se revelará que fuiste un fraude. Que engañaste a la gente y le arruinaste la vida. Que eres el nuevo Bernie Madoff. Nadie lo sabrá hasta que tengas setenta años. Pero apenas los cumplas, todo el mundo se enterará.

La pregunta es simple: ¿Aceptas la oferta?

Las respuestas suelen dividirse en proporción casi perfecta. La mitad responde que sí y la otra mitad que no. No creo que aquellos que quieren aceptar el trato sean malas personas, pero sí que se equivocan en su concepto del éxito y de cómo se alcanza. Pienso que nunca les inculcaron bien la importancia de la ética y de tener un código moral. Y no considero que sean las personas indicadas para trabajar en mis empresas.

En el mundo empresarial, una buena regla empírica es que, cuanto más rápido subes, más rápido caes. ¿Te acuerdas de Sam Bankman-Fried, el prodigio de las criptomonedas? Casi de un día para otro, su fortuna documentada llegó a superar los 25.000 millones de dólares. Luego, en un abrir y cerrar de ojos, lo llevaron a juicio, lo declararon culpable y lo condenaron a veinticinco años de cárcel. En el 99,9 por ciento de los casos, la idea de hacerse rico rápida y fácilmente es un fraude o un espejismo.

Por eso planteo esta pregunta —aunque, ahora que la he revelado en este libro, voy a tener que buscar otra— que pone a prueba en qué medida la gente es realista en su visión de cómo se alcanza el éxito y lo que viene después. Además, sirve para verificar el código moral del candidato. ¿Esta persona quiere hacer las cosas bien o está dispuesta a tomar atajos? Al final, lo único que tienes es tu marca personal, por lo que debes valorar tu reputación por encima de todo lo demás.

Quizá te resulte atractiva la opción de tomar atajos, pero también implica meterte en problemas. En la etapa inicial de Fluid, yo estaba buscando a alguien que cumpliera una función de *marketing*, y entrevisté a una persona que trabajaba para uno de nuestros principales competidores. No intentó convencerme hablando de su capacidad o su experiencia, sino que apeló más directamente a mi egoísmo. Esa persona manejaba la base de datos de clientes de mi competidor. Me ofreció, de hecho, traerla consigo y entregarnos una enorme cantidad de información comercialmente sensible. Si la aprovecháramos, transformaríamos nuestra empresa. Podríamos superar a nuestro competidor en un año o dos, en lugar de la década o más que nos llevaría de otro modo.

La decisión fue fácil. Rechacé la oferta, no solo porque iba en contra de mi código moral y porque sabía que, de aceptarla, incurriríamos en un área legalmente dudosa. Pero también porque no quería construir mi empresa por medio de atajos. Cuando finalmente salimos de Fluid, me alegré de haber pasado quince años desarrollando esa compañía. Fue un logro para estar orgulloso, y nunca tuve que cuestionarme si habíamos hecho bien las cosas. Tampoco quería traer a la empresa a alguien que pudiera socavar esa intención sin que yo lo supiera. Supongamos que hubiese contratado a aquella persona que quería estafar a su empleador anterior: aun cuando yo me hubiese sentido cómodo con el trato que me ofrecía, ¿cómo iba a estar seguro de que no acabaría haciéndome lo mismo cuando quisiera irse?

Todo se reduce a saber qué clase de personas quieres incorporar a tu empresa. En muchos sentidos, te conviene formar un equipo diverso, con empleados de distintos orígenes, edades y experiencias de vida, diferentes habilidades e intereses. Pero en algunas áreas clave —propósito, misión y código moral— vas a arrepentirte de la falta de sintonía.

Por eso es tan importante elegir a tu personal con cuidado y ficharlo por los motivos correctos, no simplemente porque alguien viene bien recomendado, tiene experiencia pertinente o está disponible. En HelpBnk, contrato exclusivamente a personas que ya han tenido su propia empresa o que sé que es probable que la tengan algún día. Esa es mi prueba para contar con un equipo de personas motivadas, que posean libertad de pensamiento y compartan el propósito de ayudar a la gente a cumplir sus sueños y desarrollar su negocio. Sé que la mayoría de esos empleados se irán a la larga, probablemente a montar sus propias compañías. Se irán con mi bendición, y es muy probable que yo invierta en ellas. Pero, por ahora, son exactamente las personas que necesito para abocarme a este sueño, y mientras trabajan aquí, pueden ir ganando la experiencia que los ayudará a acercarse al suyo.

Aprender a contratar bien para tu empresa lleva tiempo. Es inevitable equivocarse y tendrás que aprender y evolucionar. En los comienzos de Fluid, yo creía que el enfoque correcto era fichar a jóvenes recién licenciados que no estuviesen contaminados por la experiencia de trabajar para mis competidores. Quería empleados a los que pudiésemos moldear a nuestro estilo de manejar los negocios. Así encontramos a algunos excelentes, pero siempre nos topábamos con el mismo problema. Al cabo de unos años, esas personas optaban por marcharse a nuestra competencia. Querían saber cómo sería trabajar para una firma más grande y consolidada. La razón por la cual yo los había contratado —su falta de experiencia corporativa— era la misma que llevaba a muchos a irse. Entonces nos adaptamos y empezamos a contratar a más gente que había trabajado un par de años en las empresas más grandes y estaban desencantados de la experiencia. Ese enfoque resultó ser más sostenible a largo plazo.

Conforme tu empresa crece, es posible que también necesites cambiar la clase de empleados que contratas. En una compañía que apenas está empezando y cuenta con un equipo muy pequeño, resulta útil disponer de personas que sepan hacer un poco de todo. Un empleado versátil podrá intervenir donde no tienes quién se ocupe y compensar tu falta de profundidad. En cambio, cuando creces, a menudo necesitas cambiar a los generalistas por especialistas. Cuando tienes una organización más madura, requieres personas que sean excelentes en lo que hacen, más que aquellas que prueban suerte en casi cualquier cosa. La manera de escalar una empresa es hacer que funcione con más eficiencia. Eso, en general, significa tener más disciplinas diferentes a cargo de gente que sepa hacer su trabajo con la mayor rapidez y capacidad posibles. No querrás que la misma persona que limpia las ventanas tenga a su cargo la flota de vehículos, haga las cuentas y dirija el equipo de ventas. Son trabajos especializados que exigen una preparación determinada.

Lo hagas como lo hagas, contratar a la mejor gente es apenas el comienzo. Tan importante como eso es conservar a esas personas. Te dirán que es complicado y difícil, pero en mi experiencia, no lo es. Solo tiene que ver con hacer algo que muchos emprendedores no quieren hacer: dividir su participación en la compañía y darles una parte a sus trabajadores. **Te lo diré de nuevo. Si quieres que los buenos empleados se queden en tu compañía, tienes que darles una participación en tu empresa.** Este es un punto increíblemente simple que muchos intentan evitar porque no les gusta la respuesta. Dicen que pagan correctamente, dan bonificaciones, ofrecen muy buenos incentivos y tienen una cultura sólida.

Todo eso está muy bien y deberías hacerlo, pero nada de eso se acerca siquiera a darle a la gente la posibilidad de ser dueña de una parte del valor que crea. Recuerda que esas personas están concretando ventas en tu nombre, cerrando tratos y administrando tus finanzas. Saben cómo le va a la empresa y cuál fue su participación en ese éxito. Cualquier cosa que sea menos que darles un porcentaje de ese éxito les hará sentir que reciben menos de lo que merecen. En cambio, saber que los gratificarás con una participación en la compañía misma, no solo con su sueldo y sus beneficios, los recompensa por lo que han hecho y, a la vez, los incentiva a seguir ayudándote a hacerla crecer. Recuerda: la propiedad transmite libertad. La querías para ti mismo, y no eres un buen jefe si intentas negársela a quienes contrataste para hacer crecer tu empresa.

Eso no significa que a todos tengas que darles una participación del cinco por ciento de la compañía apenas ingresan en ella. La manera en que implementes esto dependerá de tus circunstancias. Existen diversos métodos, desde la participación accionaria directa al otorgamiento de opciones que les dan derecho a adquirir acciones a cierto precio, al cabo de cierto tiempo. Algunas compañías pueden preferir un acuerdo de participación en las ganancias más que en el capital accionario. Además, podrías optar por darles esa participación solo a aquellos que llevan cierto tiempo en tu empresa. Pero, como sea que lo manejes, tienes que hallar una manera de compartir los beneficios y el valor de tu negocio con la gente que lo crea. Debes hablar de ello abiertamente e indicarle a los empleados lo que deben hacer para acceder a esa participación, si no la tienen ya. Y te conviene olvidarte de la idea de que compartir la propiedad equivale a renunciar al control y la titularidad de tu empresa.

Muchas veces oigo decir que es sumamente arriesgado hacer esto. ¿Y si un empleado se va con una tajada de tu negocio? A lo cual respondo inmediatamente que, por supuesto, algunos se marcharán, pero en mi experiencia, si has sido cuidadoso en la contratación, siempre puedes llegar a un acuerdo razonable con ellos para recomprarles su parte, si esa es la mejor solución.

Desde una óptica más general, tienes que preguntarte: ¿Cuál es el riesgo mayor? ¿Perder una parte de la titularidad sobre la compañía, o que tu mejor activo —tu gente— se vaya porque no se siente valorado? ¿Quieres ser dueño del cien por cien de una empresa que está en dificultades por la elevada rotación de empleados, o del 51 por ciento de una que prospera porque sus mejores empleados están plenamente comprometidos con el trabajo y se empeñan todos los días en hacerla crecer? La respuesta debería ser obvia, pues en los negocios, pocas cosas importan más que encontrar a la gente adecuada y hacer lo necesario para que no deje de trabajar contigo.

Cómo despedir a la gente
(o por qué 7 + 8 = problemas)

«Si contratas bien, nunca tendrás que despedir a nadie».

Ojalá esa afirmación fuese cierta, pero no lo es. Por más experiencia que tengas en buscar personal, y por riguroso que sea tu proceso de selección, el hecho es que, si contratas a suficientes empleados, algunos no te darán el resultado que esperabas. Y tal vez la culpa no sea de ellos, ni tuya. Quizá no es el trabajo que ellos necesitan, o no es el mejor momento o lugar. Lo cierto es que, cuando se produce una contratación errónea, tienes que hacer algo al respecto. Como empresario, despedir a gente es una habilidad necesaria, así que tienes que aprender a hacerlo. Cualquiera que te diga lo contrario es un ingenuo sin remedio.

No se trata solo de tu beneficio ni del de la empresa. Mis años de experiencia me han enseñado que mucha gente que no está cumpliendo bien con su trabajo está buscando, sin decirlo, una manera de dejarlo. No pueden o no quieren hacer lo que conlleva su puesto. No te rías si te digo que a esa gente le haces un favor al despedirla. Muchos me han dado las gracias más tarde por haberlos echado, porque era el empujón que necesitaban para buscar el éxito y desarrollarse en otra parte. En algunos casos, pude ayudarlos a encontrar otro rol que les sentara mejor. Así, una situación potencialmente negativa se transforma en otra donde ambos ganamos.

Eso es algo que deberías hacer si tienes una perspectiva lúcida de tu personal. Hay que saber con exactitud cuál es su situación y ser sincero con ellos y contigo mismo. Muchos empresarios no lo hacen. Esperan que el problema del bajo rendimiento de esa persona desaparezca sin necesidad de intervenir ni de forzar conversaciones incómodas. Intentan justificar la situación y actúan como si el desempeño de ese empleado no fuese tan malo. Rezan por un milagro. Y siempre se decepcionan, porque acaban por intervenir mucho más tarde, cuando el problema está mucho más arraigado.

Esto se debe a lo que yo llamo la regla del siete y del ocho. En tu empresa, no debería ser difícil calificar a la mayoría de tus empleados en una escala del uno al diez. Cualquiera que esté en un seis o menos obviamente tiene problemas. No es difícil tomar la decisión de despedirlos, siempre que hayas adoptado todas las precauciones legales que sean necesarias. Ellos saben tan bien como tú que no están desempeñándose bien.

Luego tienes a quienes están en un nueve o un diez, tus mejores empleados que hacen de la empresa lo que es y se destacan en casi cualquier desafío que les presentes. Con esas personas, tu mayor temor es que decidan renunciar. De allí la necesidad de darles una participación en la empresa, cuidarlos y recompensar su aporte.

Donde se complica es con la gente que está en un siete o un ocho sobre diez. Los que están justo entre los mejores y los peores. Pueden subir a un nueve en un buen día, o bajar a cuatro si tienen uno malo. Son personas con capacidad para cumplir con su tarea, pero en los que no necesariamente confías demasiado. Que siguen instrucciones pero no tienen voluntad para tomar la iniciativa. Que suelen ser estables, pero no dan señales de querer o intentar mejorar.

Y aquí se equivocan la mayoría de empresarios: en el manejo de los sietes y ochos. A veces creen que pueden ayudarlos a mantenerse en el nueve. O razonan que es demasiado arriesgado despedir a alguien que no es terrible en su trabajo, porque ¿y si no puedes conseguir quien lo reemplace? El resultado es negativo para muchas buenas empresas que se resisten a despedir a empleados que no tienen el rendimiento que ellas necesitan.

Por eso es necesario que conozcas la regla del siete y del ocho. Es la siguiente: **Si no despides a esa gente, los nueves y los dieces se irán.** Cuando aceptas y apoyas a la gente que no está rindiendo al máximo, los mejores empleados de tu equipo pensarán que no valoras del todo su aporte. Verán que otros que no son tan buenos como ellos se llevan las mismas recompensas. Y decidirán marcharse a otra empresa que los tome más en serio. Por evitar lo que te parecía una decisión difícil —despedir a una persona que está en un siete sobre diez—, has creado una situación mucho peor, en la cual has perdido a un par de personas nueve sobre diez y diez sobre diez.

Es un riesgo que no puedes permitirte; por eso, tienes que tomar el camino difícil y despedir a ese trabajador sobre el que estás indeciso. Si aún no te sientes seguro, pregúntate con qué frecuencia se menciona a esa persona en conversaciones en la empresa, con otros empleados y con clientes. Si oyes su nombre más de unas pocas veces por semana, y no en términos elogiosos de su trabajo, es señal de que tienes un problema. En las reuniones de recursos humanos y de dirección, se suele hablar mucho de esas personas. En esos casos, tienes que hacer una evaluación sincera y, a menudo, comunicar malas noticias.

Cabe señalar que, de vez en cuando, el problema no es la persona, sino la función que desempeña. A veces me ha pasado que trasladé a alguien que era un siete u ocho a otro departamento o puesto y lo vi transformarse en un nueve o diez. Pero, por regla general, alguien que empieza siendo un siete en tu empresa se queda en ese puesto. Cuanto más postergues la decisión de despedirlo, más difícil será para todos.

A nadie le gusta que lo despidan ni tener que echar a alguien, pero a veces no se puede evitar. Por difícil que sea para la persona a quien se finiquita, es lo correcto para la empresa. Y muchas veces también es lo correcto para quien se va, aunque esté decepcionado y molesto. Sea cual sea la combinación de razones, no le iba bien en ese rol: le resultaba difícil vender, desarrollar las relaciones con los clientes o desempeñarse con el nivel esperado. No es el mejor entorno para que pueda prosperar. Se trata de una situación estresante para cualquiera, y debes tener empatía hacia lo que siente y hacia los motivos de su bajo desempeño. Pero, a menos que haya un camino muy claro para corregir esos problemas, debes tomar medidas.

A la hora de afrontar esa conversación tan temida, hay que ser lo más claro y compasivo posible. Tal vez la noticia no sea una sorpresa para él o ella, ya que es muy probable que tuviese una advertencia previa sobre su desempeño y que se le hubiese impuesto un plan para mejorar.

Pero aun así será un golpe. Deja bien claro que la decisión está tomada y no se puede revertir, pero también pregúntale cómo puedes ayudarle. Ofrécete a seguir en contacto, a conectarlo con otros posibles empleadores y a echarle una mano en su búsqueda de trabajo. Una vez terminada la conversación, toma medidas para que se vaya lo más rápidamente posible. Informa al resto del equipo sobre lo ocurrido y permíteles hacer preguntas.

Nada de esto es agradable para nadie. En última instancia, en la mayoría de los casos, los despidos se deben a que fue un error contratar a esa persona. En retrospectiva, resulta fácil ver que contrataste a alguien que no te convenía, que esa persona aceptó un empleo que no era lo mejor para ella y que el desenlace tenía que ser ese y no otro. Aun así, es difícil remediar esos errores. Pero no puedes evitarlo. Y resulta mucho menos doloroso si actúas con rapidez y decisión, apenas tengas la información necesaria y hayas tomado las medidas necesarias.

No se suele hablar mucho sobre los despidos, porque tendemos a evitar los temas difíciles. Es mucho más aceptable comentar tu método para contratar a gente y hacer realidad sus sueños que explicar cómo te desprendes de aquellos que son un impedimento para tu empresa. Pero son dos caras de la misma moneda. Si contratas a suficientes personas, acabarás por despedir a algunas. Si aceptas eso y aprendes a hacerlo bien, te ahorrarás mucha angustia para ti mismo, para tu empresa y hasta para aquellos a quienes despidas.

Cómo desarrollar una comunidad

Cuando empecé a subir contenido a las redes sociales acerca de cómo iniciar un negocio, nunca se me ocurrió desarrollar una comunidad. Y no tenía idea de que algunos años más tarde estaría interactuando con más de cinco millones de personas en distintos canales y dirigiendo una empresa que existe para que una inmensa cantidad de personas se ayuden entre sí a cumplir sus sueños.

Lo que aprendí en ese lapso de tiempo es que una comunidad es un superpoder para una empresa: un activo increíble, si sabes alimentarla y aprovecharla. Cuando digo «comunidad», me refiero a algo que va más allá de una base de clientes. Una comunidad es algo más dinámico, participativo y apasionado. Tiene que ver con la gente que no quiere tan solo comprarte un par de zapatos, sino que estará atenta a cada línea que produzcas; que no solo jugará con tu videojuego, sino que además creará contenido relacionado con él; que no solo va a comprar tus libros de cocina, sino que también publicará sobre cada receta que haya aprendido en ellos.

Son fans, y con una cantidad de seguidores que conversan entre sí, que comparten su pasión por lo que haces y lo integran en sus vidas, construyes una comunidad de personas que comparten el interés por tu marca, su propósito y el sueño que la impulsa. Podría tratarse de una comunidad literal, como aquellos que se conectan por internet para jugar al FIFA o que asisten juntos a clases de *spinning*. O podrían ser personas que se identifican con tu marca como parte de su estilo de vida: un restaurante informal como Nando's y lo último de Adidas. En cualquier caso, es en este punto, en el que se cruzan las pasiones, los fans y el consumo, donde creas una comunidad.

Esto siempre existió, pero en un mundo conectado digitalmente, es una fuerza más poderosa que nunca. Cuando tienes una comunidad, ya no estás solamente vendiendo un producto, sino que ayudas a proporcionar una experiencia vital a personas que comparten consejos, comparan logros, publican fotos y se apoyan entre sí. Tu marca pasa a ser una plataforma para que aquellos que tienen los mismos intereses se encuentren y compartan su *hobby*, una experiencia o un estilo de vida en particular.

La importancia de la comunidad es algo que da ventaja a las pequeñas empresas respecto de las de mayor tamaño. Las grandes compañías que operan en sectores fuertemente regulados, como las finanzas, suelen tener inmensas bases de clientes, pero a la vez les aterra lo que sucede cuando estos se comunican con ellas. ¿Y si la gente empieza a pedirles cosas que no pueden hacer? En muchos casos, la reacción corporativa es tratar de minimizar la comunidad en lugar de aprovecharla. Piensan que el riesgo supera la recompensa. Esta es una enorme oportunidad para las marcas más pequeñas y ágiles, lideradas por emprendedores que entienden cómo convertir a sus clientes en una comunidad. Es la razón por la cual, siempre hablando de finanzas, las grandes empresas tradicionales nunca logran replicar la lealtad y el compromiso que han logrado los bancos pequeños y más nuevos.

Con HelpBnk, la comunidad es, de lejos, lo más importante que tenemos. La única manera de que yo pueda ayudar a diez millones de personas a cumplir sus sueños es si otros hacen la mayor parte del trabajo: aquellos que dan su tiempo para responder las preguntas de la gente, brindar consejos y establecer contactos en nuestra plataforma. Esas personas lo hacen porque creen en nuestro propósito y en el sueño de un mundo basado en el principio de *#GiveWithoutTake*. Aportan a la comunidad porque lo disfrutan y, con el tiempo, eso la ayuda a crecer y fortalecerse. Están allí, a veces de manera virtual y a veces en persona, para apoyar a la gente que pidió ayuda para cumplir su sueño.

¿Puedes desarrollar una comunidad así intencionadamente? La respuesta es sí y no. No podemos forzar algo que no quiere existir, pero sí cultivar sus primeros indicios. En el caso de HelpBnk, desarrollamos una plataforma para que la gente tuviese un lugar adonde acudir en busca de ayuda: la base de nuestra comunidad. En paralelo, también dediqué muchísimo tiempo a elogiar a las personas que brindan ayuda y a las que están cumpliendo sus sueños: a mostrar los frutos de nuestro trabajo y avivar un sentido de logro colectivo. Intento participar lo máximo posible en las redes sociales con la comunidad. Organizo concursos y entrego cosas gratis. Hago todo esto sin cobrar; o si alguna rara vez pido dinero —como el precio de este libro—, uso todas las ganancias para ayudar a financiar los sueños de más personas.

Dicho de otra manera, invierto en la comunidad. Es un poco como la jardinería: no sabes a ciencia cierta qué va a crecer y si lo hará bien o no, pero debes hacer las cosas bien para darle la oportunidad. Eso implica pensar en lo que puedes hacer por tus clientes más leales para convertirlos en fans acérrimos; por ejemplo, un regalo, una alianza con la marca o el acceso anticipado a algo nuevo que estés probando. Incluiría eventos que congreguen a tus clientes y socios. O bien que trabajes más en tu presencia y tu contenido en las redes sociales para que a la gente le resulte más fácil interactuar contigo y con los otros miembros. Hay algo que debes tener presente mientras desarrollas tu comunidad. Todas esas personas podrán tener mucho en común, pero eso no significa que hayan de estar de acuerdo en todo. Y, desde luego, no tienen por qué estar de acuerdo contigo. Creo que casi todos los que son parte de la comunidad de HelpBnk creen en ayudar a la gente a cumplir sus sueños. Es probable que muchos concuerden conmigo en que nuestro sistema educativo está roto y obstaculiza el desarrollo de la gente. Pero me consta que muchos disienten de mi visión cínica del hecho de ser propietarios: muchas de las personas que participan activamente en HelpBnk intentan desarrollar una firma de bienes raíces, o ya la tienen. Eso es bueno: una iglesia que es amplia es más fuerte, y si quieres que todos estén de acuerdo en todo, ya no es una comunidad sino una secta.

Además, debes ser precavido con lo que va contra sus miembros: actos que aniquilan la confianza, la lealtad y el compromiso. Es bastante evidente que, si le mientes a tu comunidad o intentas explotarla —por ejemplo, con aumentos de precio inesperados o reducciones en los servicios—, la gente se volverá en tu contra. Casi tan malo como eso es no valorar la comunidad o subestimar su importancia. En casos extremos, esto podría ocasionar una guerra entre el fundador y su comunidad por la titularidad de la marca. Eso fue lo que ocurrió con los Beanie Babies, los peluches que causaron furor mundial en la época del cambio de milenio. Era una empresa que se basaba por completo en la participación de sus fans y su comunidad: intercambiaban juguetes, organizaban convenciones y buscaban ejemplares difíciles de conseguir.

Una de sus mayores fans, Mary Beth Sobolewski, empezó a editar una revista acerca de los Beanie Babies, que, en su momento de mayor auge, superaba el millón de lectores. Llegó a tener un perfil tan alto en la comunidad que el dueño de la empresa que producía los juguetes acabó por demandarlos a ella y a la editorial por violación de los derechos de autor. Fue un ejemplo de lo que sucede cuando una marca intenta ejercer demasiado control sobre la comunidad que la hizo fuerte, sin comprender que cada una depende de la otra. La comunidad comenzó a fragmentarse, se fue perdiendo el interés y, en poco tiempo más, los Beanie Babies eran solo un juguete más.

La comunidad llega a ser algo poderoso y volátil, pero no es creación exclusivamente de una empresa ni esta la puede controlar por completo.

Tienes que respetar a sus miembros, apoyarlos y, en última instancia, reconocer que su grupo es en cierta medida independiente y debe seguir siéndolo. Si quieres valerte del poder de una comunidad para que te ayude a impulsar tu marca y respalde tu sueño, has de aceptar todo lo que viene con ella. Esa es la realidad de dejar entrar a tu negocio a quien sea, en la calidad que sea. Cuando concibes una idea de negocio por primera vez, existe solo en tu mente. Todo es exactamente como lo imaginaste y nadie más puede modificarlo. Pero pronto tendrás un cofundador, empleados, clientes, tal vez inversores y socios. Habrá mucha más gente que será parte de tu negocio y te ayudará a dar forma a su destino. Deberás compartir tu sueño e invitar a otros a que te ayuden a definirlo. Si aceptas eso y quieres involucrar a las personas que necesitas para hacer crecer tu empresa y trabajar por tu sueño, también has de aceptar que más gente significa menos control personal. Tienes que entregar parte de la empresa, delegar decisiones y, con el tiempo, dejar que muchos más timoneen el barco en tu nombre.

Quizá te parezca que eso debilita tu posición, pero lo cierto es que estás fortaleciendo tu empresa. Estás construyendo un vehículo más grande, mejor y más duradero. Y una vez que lo hayas hecho y estés cada vez más cerca de cumplir tu sueño, te garantizo que no te importará quién esté fijando el rumbo.

Este ha sido el capítulo más largo del libro, y es apropiado que así sea porque, en el mundo empresarial, no hay tema más importante que la gente. Incluso en un mundo en el que la IA ocupa un papel cada vez más preponderante y muchos trabajos dejarán de existir, siempre será cierto que no puedes construir una empresa brillante o cumplir un sueño ambicioso si no estás rodeado de las mejores personas. Pero estas también necesitan que les marquen el rumbo y que las lideren. Tu empresa no va a crecer y no vas a seguir acercándote a tu sueño si te limitas a formar un equipo y continúas haciendo las cosas como siempre. Para crecer de verdad, en cada etapa de tu emprendimiento, tienes que asumir desafíos. El riesgo es lo que produce los verdaderos beneficios, te permite reinventar tu empresa constantemente y avanzar hacia tu sueño. Es el riesgo, más que ninguna otra cosa, lo que te hace tener suerte.

11

Hazte fuerte ante los riesgos

Tengo que confesarte algo. Todo lo que has leído hasta ahora, todos los consejos, las experiencias, las anécdotas, todo proviene de un delincuente reconocido. De un malhechor confeso. De un delito que cometí y luego publiqué en las redes sociales. Permíteme explicártelo, antes de que vengan a esposarme.

En mi defensa, diré que violé la ley por un buen motivo: tratar de ayudar a la gente. Fue poco después de que lanzáramos HelpBnk y, como la mayoría de las *start-ups*, queríamos que la gente supiera que existíamos. Necesitábamos atención, hacer publicidad.

El problema de la publicidad es que todo el mundo está intentando lograr su hueco. Tu anuncio aparece en una revista, en el lateral de un autobús, en los resultados de la búsqueda en Google, o se cuela en tu *feed* de LinkedIn junto con otros innumerables reclamos. La gente aprende a no mirar esas cosas. Nuestros ojos pasan de largo ante tantos carteles y publicaciones promocionadas.

Por eso casi nunca es suficiente colocar un anuncio publicitario y ya. Tienes que hacer también algo que refuerce el mensaje: algo inusual, memorable o diferente. Para nosotros, el mensaje era que queríamos ayudar a la gente sin cobrarle. Y ese algo, ese ardid, era que también obtendríamos nuestro espacio publicitario gratis. Una cosa gratis para publicitar otra.

Entonces imprimimos montones de esos cartelitos que se ven en los vagones del metro con nuestro logo y estas palabras: «Nosotros no pagamos este anuncio, y tú no tienes que pagar para que te ayudemos». En lugar de llamar a una compañía de medios para colocarlos, simplemente pasamos una hora en el metro de Londres, pegándolos en los vagones, donde encontrábamos algún espacio publicitario vacío. Pusimos en sobres una parte del dinero que nos habría costado comprar ese espacio y los repartimos a la gente que viajaba en esos mismos vagones.

Ahora bien, tú dirás: qué descarado. Si le va tan bien, ¿por qué no paga los anuncios y ya? ¿Por qué arriesgarse a que lo descubran violando la ley solo para ahorrarse un poco de dinero? Y, en primer lugar, ¿por qué se siente con derecho a hacer eso?

Todas esas cuestiones pasaron también por mi mente. Me pregunté si era ético, pero mientras recorría los vagones del metro, no dejaba de ver todos aquellos espacios publicitarios vacíos. No le estaríamos quitando su lugar a nadie que lo hubiese alquilado.

En cuanto a que podíamos haberlo pagado, si lo hubiésemos hecho así, habríamos echado por tierra la finalidad misma de la campaña. Si yo hubiese comprado los anuncios y los hubiese hecho colocar por medio de los canales oficiales, nadie habría reparado en ellos. Pero al ocupar esos espacios, violar la ley y crear contenido en torno a ello, logramos atraer la atención *online*. Irónicamente, los anuncios fueron más valiosos para nosotros precisamente porque no los pagamos. El relato de cómo colocamos nuestros carteles pasó a ser más importante que lo que estos decían. No se trató de ahorrarnos un poco de dinero, sino de incrementar drásticamente la probabilidad de que nos viesen.

Dicho todo esto, admito que fue un riesgo. Lo que yo hice es ilegal, un delito penal. Y al filmarlo, lo empeoré más aún, porque eso no se permite en el metro de Londres a menos que se cuente con el permiso de las autoridades. Mientras mi equipo y yo bajábamos con nuestras cosas a la estación London Bridge para empezar, se oyó un mensaje por el altavoz que anunciaba justamente eso.

Cuando le pregunté a un empleado de la estación qué pasaría si yo filmaba de todos modos, me dijo que llamarían a la Policía Británica de Transporte. Yo seguí adelante porque a veces **para tener éxito hay que quebrantar las reglas**. En determinadas circunstancias, no queda otra que arriesgarse para lograr un objetivo. Yo sabía que la única manera de que nuestra campaña publicitaria surtiera efecto consistía en hacer algo que reforzara el mensaje de que nuestra ayuda era gratis. Eso significaba ocupar el espacio sin pagar para lograr ayudar a mucha gente a cambio de nada. A mi modo de ver, fue un riesgo que redundó en nuestro beneficio. Nadie vino a detenerme —todavía— por ello. Tal vez estoy arriesgándome otra vez al relatarlo aquí.

No te lo cuento porque quiera que todo el mundo salga a colocar anuncios ilegales por todo el país: hagas lo que hagas, no violes la ley. Te lo explico porque necesito que entiendas la importancia del riesgo. Mientras desarrolles tu empresa y avances hacia tu sueño, vas a enfrentarte a muchas decisiones y encrucijadas. ¿Aceptas a un cliente que es demasiado grande para la dimensión actual de tu empresa —y vas viendo cómo escalar sobre la marcha—? ¿Aceptas una oferta de expandir tu negocio a una nueva localidad? ¿Diversificas la gama de productos o servicios que vendes? ¿Contratas a personas muy capaces cuando las encuentras, o esperas que lleguen los clientes para aumentar tu personal? ¿Haces algo que te daría publicidad, pero, a la vez, podría meterte en problemas?

Dirigir cualquier empresa es un ejercicio constante de comprender y evaluar el riesgo. Hay unos que te conviene asumir y otros que sería mejor evitar. Pero puedo asegurarte que **a menos que aprendas a aceptar los riesgos positivos, tu empresa no va a prosperar y tu sueño se va a esfumar.** No hay éxito posible sin la capacidad constante de aceptar los riesgos convenientes en el momento indicado; eso te asegura que muchos de ellos te beneficien.

Aquí volvemos a la idea que desmitifiqué en el comienzo del libro: «Cuanto más trabajo, más suerte tengo». La mayoría de los emprendedores te dirá que la verdadera versión de esa afirmación es así: «Cuantos más riesgos acepto, más suerte tengo». Los desafíos son algo necesario en cada etapa del viaje hacia tu sueño. Con algunos te irá bien; con otros, no, pero tienes que seguir asumiendo riesgos y mejorando tu criterio en relación con dónde y cómo asumirlos.

Esa es la clave: no correr riesgos de forma indiscriminada, sino hacerlo bien. Arriesgar es un tema poco comprendido, sobre el cual mucha gente tiene ideas erróneas. Piensan que, si les hablas de ello, te refieres a saltar al vacío y esperar lo mejor. Es todo lo contrario. Ser una persona que asume riesgos no significa vendarse los ojos y caminar a tientas. No significa cruzar los dedos y esperar que todo te salga bien. En realidad, tiene que ver con actuar con inteligencia, de manera calculada y precisa. Y sabiendo cuándo intentar algo y cómo mejorar tus probabilidades. Tú puedes aprender a asumir bien el riesgo, y, cuanto más lo hagas, mejor serás. En este capítulo, te explicaré cómo funciona esto: por qué el riesgo es como un músculo, cómo puedes fortalecerlo y la importancia de ejercitarlo con regularidad.

Imagina las mejores situaciones y también las peores

Mi tesis básica sobre arriesgar es muy simple: acepta que cabe la posibilidad de perderlo todo, pero mitiga la probabilidad de que eso suceda.

Así se empieza a ser alguien que sabe asumir riesgos. Antes de pensar en lo que puedes ganar, tienes que entender lo que puedes perder. Imagina por un momento lo peor que podría ocurrir. Colócate en esa situación y pregúntate hasta qué punto sería realmente malo que todo saliera mal. ¿Qué perderías y cómo reaccionarías?

Este es el cálculo que hace mucha gente al emprender un negocio. Un ejemplo clásico fue el caso de Natasha, alias Vegan Patty Lady. Cuando tocó nuestro timbre, ella tenía un sueño, pero aún no se había comprometido del todo con él. Era un sueño sabroso que tenía todos los ingredientes correctos: quería adueñarse del mercado haciendo empanadillas jamaicanas con relleno vegano. Era una gran idea que tenía un propósito basado en el dolor personal. Tasha había sufrido de asma severo durante toda su vida, pero observó que sus síntomas mejoraban notablemente al adoptar una dieta vegana. Ahora quería promover ese estilo de vida a más personas, demostrándoles que un alimento que les encantaba podía ser igualmente sabroso en su versión vegana, y mucho más saludable.

Pero no estaba segura. No era la primera vez que intentaba montar un negocio. De hecho, ya tenía varios fracasos a cuestas. Ella y su esposo habían estado guardando dinero para comprar una casa. Ahora se enfrentaban a una decisión: montar el negocio de sus sueños o seguir ahorrando hasta tener lo suficiente para adquirir la vivienda.

Muchos emprendedores se detienen al borde de este precipicio antes de empezar. Montar su negocio implica renunciar a sus empleos bien pagados, gastar sus ahorros y hasta firmar una nueva hipoteca sobre la casa para tener algo de financiación. ¿Lo harán? ¿Se arriesgarán?

Ya sabes qué respondería yo a esa pregunta: ¡No compréis la maldita casa! Pero, en ese momento tan importante, mi opinión no cuenta. Solo importáis tú, tu familia y tus seres queridos. La decisión es tuya. El riesgo es tuyo. Y por eso tienes que imaginar el peor de los casos. ¿Cómo sería y cuál sería tu próximo paso? Si esa es una situación que te resultaría intolerable, entonces es un riesgo que no te conviene asumir —o tal vez no sea el mejor momento para enfrentarte a él—. Tal vez necesitas un poco más de tiempo para acumular una suma que te permita afrontarlo, o asociarte con alguien. Nuestro apetito por el riesgo es puramente individual y cambia con el tiempo. Es necesario que conozcas tu disposición para asumir este desafío en particular en este momento. Visualizar el peor de los casos es una parte importante de ese proceso.

Y si crees que sí estás en disposición de afrontar esa situación, ¿qué puedes perder? En tu mente ya lo has evaluado. No será agradable, pero ya sabes lo que harías. Podrías vivir con ese fracaso. En ese momento, tienes que cambiar tu mentalidad y empezar a inspirarte con el mejor de los casos. Convertir esa pesadilla en un sueño. Permitirte saborear un poco ese éxito futuro.

Así fue para Natasha. Yo sabía que ella y su esposo, Adonye, ya habían pensado mucho en lo que ocurriría si sus ahorros se esfumaban por otro emprendimiento fallido. Entonces, cuando ella tocó el timbre, movilicé a la comunidad de HelpBnk para que les infundieran ánimo. Organicé que ciento cincuenta personas se reunieran al pie de la escalera y le planteé a Natasha un desafío. Haríamos una cata, pero con una vuelta de tuerca. Yo quería que Tasha preparara la empanada vegana más grande del mundo, y luego la serviríamos a los invitados. Batiríamos un récord mundial y, al mismo tiempo, tendríamos opiniones sobre el producto: *marketing* e investigación de mercado, todo en uno.

A pesar de algunos inconvenientes, entre ellos una parada de emergencia de la furgoneta que puso en peligro su empanada récord, Tasha y su comida llegaron a Twickenham. El gentío que esperaba la recibió con algarabía y devoró cada porción con su relleno de setas y nueces. No habría podido quedar más claro que ella tenía un producto ganador entre manos. Pero aún quedaba un problema. ¿Querría su pareja destinar lo que había ahorrado con tanto sacrificio para cumplir su sueño? Era indudable que Tasha tenía tanto la pasión como el producto. Pero antes todo le había salido mal. ¿Acaso sería diferente esta vez? ¿Decidirían correr el riesgo?

Fue Adonye quien lo resumió. Sí, llevaban mucho tiempo ahorrando para comprar esa casa, pero dedicar parte de ese dinero a montar el negocio sería como dar un paso atrás para dar diez hacia delante. Cuando el negocio despegara, generaría el dinero que les permitiría comprar una vivienda más tarde.

Ese fue un ejemplo excelente de cómo evaluar y comprender un riesgo. Natasha y Adonye estaban arriesgando sus ahorros, pero de un modo que podía compensarlos con creces más adelante. Y lo que es más: no arriesgarse habría significado para Tasha dejar su sueño en suspenso, tal vez para siempre. En el mejor de los casos, podían tenerlo todo: el negocio que ella ansiaba y también la casa para la que habían estado ahorrando. ¿Y en el peor? En palabras de Adonye:

—Es solo dinero. Si mi esposa necesita algo más de cinco mil para cumplir su sueño, así es la vida.

Hicimos un trato: ellos aportaron unos 5.800 euros para el negocio de Vegan Patty Lady y yo puse otro tanto. Tasha ya disponía de los fondos que necesitaba. Desde entonces, ha vendido miles de empanadillas, tiene media docena de revendedores y ha comprado equipos mediante financiación colectiva. Todo porque asumió un riesgo que se evaluó meticulosamente, tomando en cuenta lo mejor y lo peor que podía ocurrir. Natasha sabía que estaba apostando por su pasión y su sueño. Tenía un propósito que la guiaba e impulsaba. Además, ella y Adonye sabían que, si la inversión no resultaba, la vida seguiría. Era solo dinero.

Quizá lo más importante es que se habían dado cuenta de que renunciar a aquel sueño no era una opción. Analizaron el riesgo, lo examinaron desde todos los puntos de vista y por fin decidieron que tenían una sola opción.

Por eso debes pensar muy bien en los distintos desenlaces antes de tomar una decisión importante y aceptar lo que parece un riesgo. Una vez que hayas hecho eso y te hayas permitido vivir con las posibles consecuencias, el miedo ya no puede afectarte. Estarás tomando un camino u otro. Puedes hacer frente a los resultados. Estás listo para aceptar el riesgo.

Desarrolla ese músculo

No importa cómo lo hagas: si vas a montar un negocio, estás asumiendo un riesgo. Muchas cosas pueden salir mal: que surja un competidor más fuerte que tú, que la economía se hunda, que tu almacén se incendie, que tu socio huya con las ganancias, que tus empleados dimitan a la vez. Incluso una empresa pequeña es un ecosistema complejo que depende de muchos factores distintos que operan en conjunto. Si uno solo sale muy mal, todo se puede romper en pedazos.

Todo emprendedor, aunque tenga mucha experiencia o muchos ahorros, se enfrenta a la amenaza de que el negocio se derrumbe y al riesgo de fracasar. Podrías perder tu empresa y todo el dinero que invertiste en ella. Asumes ese riesgo porque es la única manera de cumplir tu sueño.

Pero no debes quedarte con ese riesgo solamente y ponerte cómodo. Recuerda que este viaje consta de muchos pasos pequeños que te van acercando un poquito más al sueño. No puedes llegar de un solo salto, y tampoco basta una sola jugada audaz. Para que la empresa prospere, vas a tener que seguir aceptando riesgos. Así iniciaste tu negocio, y así lo harás crecer. Para un empresario, lo verdaderamente peligroso es dar por sentado que lo que vienes haciendo seguirá dando resultado y que no necesitas cambiar nada.

Por eso digo que el riesgo es como un músculo que debes desarrollar con el tiempo. La evaluación del riesgo es una habilidad que aprendes con la práctica. Y, como cualquier músculo, cuanto más lo entrenas y lo usas, más se fortalece. Asumir desafíos te enseña a hacerlo bien.

Con los que dan buen resultado, desarrollas confianza, y, con los que no, aprendes. Mientras tanto, comprendes que mucho de lo que llamamos riesgo no es más que un producto del miedo. Lo cierto es que esas amenazas solo son opciones: una vez que aprendes a verlas como decisiones empresariales normales, con sus pros y sus contras, dejarás de temerlas. Podrás ver tus probabilidades con más claridad.

En tu proceso como emprendedor, serás tú quien crees algunos riesgos, y otros se te presentarán como opciones. Una semana estarás pensando en la posibilidad de expandirte a un nuevo territorio o lanzar una nueva línea de productos, y la siguiente un cliente te abordará y preguntará si puedes realizar algo que actualmente no contemplas. ¿Podrás escalar rápidamente el servicio que estás ofreciéndole y, tal vez, asignarle un equipo en exclusividad?

Esas son oportunidades, pero también riesgos. Pueden llevarte a un terreno que no conoces, a obligarte a contratar con más rapidez de la que te resulta cómoda, o a asumir y asignar a tu personal más tareas de las habituales. Para decidir si sigues adelante o no, aplica las mismas pruebas que cuando empezaste con tu empresa. Recuerda que, si seguiste los pasos que detallé al comienzo, esa empresa nació de algo que te gustaba hacer o que sabías hacer bien. Está ayudándote a cumplir un propósito y avanzar hacia un sueño. A la hora de evaluar los riesgos, hazte esta pregunta: ¿Esas cosas también se aplican a este nuevo proyecto o esta extensión de la marca? ¿Está en sintonía con el propósito? ¿Te acercará un paso más a tu sueño? ¿Será divertido?

En retrospectiva, yo habría evitado muchas decisiones malas si hubiese conocido mejor mi propósito y aplicado esas pruebas. Me habría salvado de formar sociedades que terminaron mal o de embarcarme en emprendimientos secundarios que no llevaron a nada. **La mejor manera de estar seguro de asumir los riesgos correctos mientras construyes tu empresa es recordar por qué la creaste.** Con el tiempo, vas a saber decidir más rápidamente qué te va a ayudar a cumplir tu propósito y qué va a ser un obstáculo. Desarrollarás un instinto porque has trabajado para aumentar el músculo del riesgo. (Una vez oí decir a alguien que el instinto no es sino la pasión disfrazada, y me parece una excelente descripción).

Decidir qué riesgos asumir es una parte importante de la ecuación, y otra consiste en decidir cómo asumirlos. Si actúas con inteligencia, puedes dar un paso audaz con relativa seguridad. Fíjate en el caso de Bizzies, una empresa de golosinas que lancé para promover la idea de *#GiveWithoutTake*. Es una marca de dulces que tiene un mensaje simple y un propósito claro: una golosina que puede hacer realidad los sueños. Compra sus productos e invertiremos las ganancias en apoyar a la gente con sus sueños.

La idea era simple, pero también arriesgada. Porque, si bien ya había tenido muchas empresas, nunca había estado en el sector de las golosinas. Y resulta que es uno de los mercados más competitivos y saturados del mundo. Son gigantes globales que batallan por el dinero que gastes en tu próximo antojo de algo dulce. Es un negocio brutal con una competencia feroz, y alguien tan pequeño como yo no debería tener ninguna posibilidad de entrar.

Si, por ejemplo, hubiese decidido invertir toda mi fortuna para desarrollar Bizzies sabiendo que es un sector complicado que exigía una inversión importante, habría sido un riesgo enorme. Habría apostado todo en un sector en el que no tengo conocimiento, experiencia ni contactos. Habría tenido que aprender toda clase de cosas que no quería saber; por ejemplo, cómo se fabrican, empaquetan y distribuyen los productos. Habría sido difícil, probablemente nos hubiera llevado al fracaso, y mi vida habría estado dedicada a superar a Mars y Nestlé en lugar de tratar de ayudar a la gente con sus sueños.

No hice nada de eso. Lo que decidí fue buscar un socio, una *start-up* de golosinas llamada Tasty Mates, que fabrica dulces veganos con ingredientes naturales. Lanzamos una sola línea —unas gominolas de maracuyá llamadas Passionate One— con la marca Bizzies. Y fue un emprendimiento conjunto: yo obtuve acceso al conocimiento y la experiencia que ellos poseían en manufactura y distribución del producto, y ellos lograron mi apoyo en la promoción de su marca junto con la que creamos asociados. Mientras tanto, pude hacer algo que sí quería hacer —lanzar una marca de dulces compatible con el propósito de HelpBnk— sin el riesgo de tener que crear la empresa desde cero.

A eso me refiero cuando hablo de fortalecer el músculo del riesgo. En parte, consiste en desarrollar un apetito por los desafíos y aceptar que, si te quedas quieto, te estancas. Otra es aprender a evaluar el riesgo y medir cada decisión según tu propósito y tu sueño. Y la última parte es abordar con inteligencia tu próximo paso audaz. ¿Puedes aprovechar sin riesgo la oportunidad que has descubierto? Es decir, ¿sabrás arriesgarte con más inteligencia? ¿Te conviene abordarlo con un socio, como un programa piloto o una promoción inicial? Eso es ser ágil y flexible respecto del riesgo. Recuerda: **la clave es aceptar que podrías perderlo todo, pero mitigar la probabilidad de que eso suceda.** Nunca debes aceptar un riesgo si no has pensado en el peor de los casos o tomado precauciones para tratar de evitarlo. Saber asumir desafíos con inteligencia y aprender a disminuir el riesgo en tus decisiones es tan importante como estar dispuesto a ser audaz.

Debes saber cuándo mantenerte firme

Quizá la madrugada no sea el mejor momento para asumir un riesgo, pero aquella vez lo hice. Eran alrededor de las tres de la mañana, más o menos en los comienzos de Fluid, y por fin había encontrado tiempo para analizar la idea que había estado dándome vueltas en la cabeza. Cualquiera que haya vivido en Hong Kong sabe lo importante que es el campeonato anual de *sevens* de rugby. Acude gente de todo el mundo para verlo y participar en él. Pero como el público se concentra en lo que está ocurriendo dentro del estadio, muchos comercios sufren la pérdida de ventas en esos días. ¿Y si hacíamos algo por ellos? Mi idea era sencilla: un portal *online* que promoviera todo lo que pasara en Hong Kong durante el campeonato, aparte del rugby. Si nos iba bien y atraíamos público, iniciaríamos un modelo de ingresos cuando las empresas locales comenzaran a publicitarse en nuestro sitio web. En el mejor de los casos, crearíamos un negocio paralelo importante que se podía aprovechar para promover la marca Fluid a posibles clientes. Y en el peor, dejaríamos sin lugar a dudas mi posición sobre el rugby.

Mientras investigaba la idea de madrugada, me topé con algo que, de pronto, hizo que me resultara más interesante. Una URL: www.hksevens.com. Debía de ser un error: los organizadores del torneo tenían que haberla comprado. Pero no: su página web era www.hksevens.com.hk. No habían tenido en cuenta bloquear la dirección de su propio sitio web. Estaba allí, disponible por solo quince dólares. La compré en el acto.

Al principio, esperaba poder asociarme con los organizadores. Tuvimos una reunión y les ofrecí trabajar con ellos, pero dejaron en claro que no les interesaba. Entonces me enfrenté a una decisión. A la fría luz del día, comenzó a parecerme arriesgado tener una URL tan similar a la oficial. Sabía que no había hecho nada malo: no intentaba imitarlos, vender entradas ni quitarles dinero obligándolos a recomprármela. Solo quería tener mi negocillo paralelo y ver cómo me iba. No obstante, en el fondo, empecé a dudar.

Era verano, y el campeonato es en primavera. Las entradas salen a la venta en diciembre. Cuando se abrió esa ventana, de pronto tuvimos un aluvión de tráfico a nuestro sitio web. Nuestra sección de comentarios se llenó de preguntas sobre cómo conseguir entradas. Y pronto nos llegó una carta de los abogados de Hong Kong Sevens donde nos requerían dejar de infringir su marca. No era un pedido amigable. Era una carta agresiva de un abogado que nos amenazaba con demandar a Fluid por lucro cesante y hacernos responsables personalmente a Helen y a mí.

En ese momento, tenía todos los motivos para dar un paso atrás y obedecer. El sitio web no era una parte central ni importante de nuestra empresa. Había sido una idea peregrina que coincidió con una oportunidad fortuita. Podía hacer caso a la amenaza y toda aquella aventura no me habría costado mucho más que los quince dólares iniciales.

Pero sucede que no me gusta que me digan que deje algo cuando estoy seguro de no haber hecho nada malo. Entonces, en lugar de dar de baja el sitio web, contraté a unos abogados de primer nivel. Y en el forcejeo jurídico, se develó que Hong Kong Sevens no era —en aquel momento— propietaria de la marca que nos habían acusado de infringir. Es ilegal afirmar que eres dueño de una marca cuando no lo eres. Jaque mate. Llegamos a un acuerdo por el cual ellos nos pagaron para obtener la URL, y no a la inversa.

Ese fue un ejemplo de que el riesgo puede presentarse sin que hayas decidido asumirlo. Quizá fue un poco aventurada mi decisión de seguir adelante con el sitio web, pero el verdadero riesgo era desobedecer la amenaza de un bufete de los más prestigiosos. Al redoblar la apuesta, me expuse a sufrir graves consecuencias.

Entonces, ¿por qué asumí ese riesgo, y por qué te estoy contando esta anécdota? Creo que ilustra una experiencia que muchos tenemos como emprendedores. Llegará un momento en que alguien llame a tu puerta con algún tipo de apercibimiento o amenaza. Puede ser algo amigable, de un amigo o un inversor preocupado porque estás haciendo algo mal. O puede ser de un competidor que te conmina a salir ya mismo de su terreno. Esta es la parte final de fortalecerte ante los riesgos: saber cuándo y cómo mantenerte firme.

Es un equilibrio delicado, porque siempre tienes que estar abierto a observaciones y consejos, pero nunca debes dejarte disuadir fácilmente de una idea con la que estás comprometido. Si ya has sometido tu decisión a las pruebas que hemos mencionado, sabiendo que está en sintonía con tu propósito y que te ayudará a cumplir tu sueño, aquello que te haga cambiar de parecer deberá ser algo muy convincente: un nuevo dato sobre alguna complicación muy seria que antes desconocías.

El problema de arriesgarse es que a menudo los demás intentan disuadirte. No dejes que los miedos ajenos afecten tu criterio. Nunca olvides que, si no aprendes a arriesgar, estarás aceptando vivir tu vida según las reglas y prioridades de otros. Apártate de ellas, aunque te garantizo que habrá por lo menos algunos más que intentarán disuadirte. Tienes que aprender cuándo acallar esas voces y evitar que erosionen tu convicción.

Si, después de todo eso, aún no estás seguro de si te conviene arriesgarte, debes aplicar la prueba final: ¿Para qué lo haces? Si piensas enfrentarte a un desafío para poder construir algo y acercarte más a tu sueño, es muy probable que estés haciendo lo correcto. Aunque la apuesta te salga mal, aprenderás algo de ese fracaso. Mantente firme a menos que veas una razón excepcionalmente buena para no hacerlo.

Los riesgos más peligrosos son aquellos que te ofrecen algún tipo de truco o atajo. La oportunidad de acortar camino de un modo que tu instinto te indica que puede ser problemático. Entonces tienes que ser precavido y aplicar un enfoque más minucioso.

Aprendí esto en los comienzos de Fluid. Había contratado a una contable que me habían recomendado, y que me aconsejó hacer algo que se conoce como transporte de saldos, para que los ingresos fuesen gravados en el ejercicio siguiente en vez del corriente. Me dijo que era una práctica absolutamente legal y que era ventajoso desde el punto de vista financiero. Eso fue en 2003, cuando la economía de Hong Kong aún sufría las secuelas del brote de SARS, y la idea de reducir el pago de impuestos de ese año resultaba atractiva. Acepté, aunque me inquietaba aquella práctica financiera que no entendía del todo y que me parecía demasiado buena para ser verdad.

Tres años más tarde, teníamos un nuevo contable, quien me informó de que aquello sí era irregular y que habíamos evadido impuestos que deberíamos haber pagado. Llegó a un acuerdo con las autoridades fiscales de Hong Kong, por un pago retroactivo sin multas adicionales; probablemente fue un resultado más benévolo de lo que merecíamos. Y juré que nunca más me enredaría con la contabilidad creativa.

Mientras tanto, aprendí que ese es el peor riesgo que puedes aceptar. En lugar de investigar, confié en alguien simplemente porque me dijo lo que quería oír e intenté conseguir algo a cambio de nada. Desde entonces, siempre trato de evitar los riesgos que tienen que ver con artimañas y atajos, y de concentrarme en aquellos que me permiten crear algo de valor sostenible para una de mis empresas.

Esos son los riesgos que nunca deben inquietarte, aunque salgan mal.

El músculo del riesgo es una de las habilidades más importantes que hay que desarrollar como emprendedor. Yo lo llamo músculo porque todos lo tenemos, y podemos aumentarlo con el entrenamiento indicado. Es difícil afirmarse ante los riesgos en un mundo que a menudo nos dice que no lo hagamos, pero esta es una parte que no se negocia en el viaje que hemos emprendido. Tu sueño no se va a cumplir por arte de magia, y para lograrlo vas a tener que asumir riesgos. Pero si sigues los pasos que he expuesto aquí, aprenderás que los desafíos no es algo que debas temer sino, simplemente, parte del trabajo. (Además, te darás cuenta de que pueden ser muy divertidos).

Saber asumir riesgos es una de las cualidades más importantes que necesitarás desarrollar como emprendedor, pero no es la única. Si quieres que tus logros sean duraderos, vas a necesitar además otra cosa que todo el mundo puede tener, pero de la que mucha gente carece. Nuestro siguiente tema es uno de los más simples y obvios de este libro, pero a la vez uno de los más importantes. Se trata de una idea increíblemente fácil de entender, pero mucho más difícil de implementar. Quizá más que todo lo demás, diferencia a la gente que tiene sueños de la que los cumple. Me refiero a la perseverancia.

12

No te detengas

Cuando piensas en los modelos a imitar en los negocios, por lo general no te vienen a la mente personas que vivieron hace quinientos años e hicieron su mejor trabajo con objetos afilados. Sin embargo, aunque te parezca extraño, a mí me inspira Miguel Ángel, el artista del Renacimiento, y específicamente su creación más famosa: la estatua de David preparándose para su épica batalla contra Goliat, que se alza a 5,17 metros desde que la terminó en 1504 y se suele considerar la escultura más importante que se haya creado jamás.

Ahora bien, no soy artista, aficionado al arte, ni estoy remotamente calificado para explicarte por qué esta obra es tan legendaria. No recuerdo la última vez que empuñé los pinceles, y todos estaríamos en problemas si intentara tallar algo con un cincel. Pero desde que me enteré de qué manera Miguel Ángel hizo el *David*, me parece una de las mejores ilustraciones de cómo se alcanza el éxito.

Esta obra ha perdurado, como también el nombre de su escultor, y eso podría llevarte a suponer que el *David* siempre tuvo un destino de grandeza.

La verdadera historia es diferente y, a la vez, más interesante. La primera vez que Miguel Ángel tocó la piedra con el cincel fue en 1501, pero la idea de hacer esa escultura había surgido mucho antes de que él naciera. Él tenía en aquel momento veintiséis años, y el proyecto se había empezado a idear ya en 1408. Otro escultor había comenzado a trabajar en ella en 1464, y otro más hizo el intento en 1476, al año siguiente del nacimiento de Miguel Ángel. Ambos se dieron por vencidos, ya que pensaron que el enorme trozo de mármol a partir del cual se esculpiría el *David* no tenía la calidad suficiente. Aquella piedra escondía la escultura más grandiosa del mundo, pero esos artistas no la encontraron.

Durante un cuarto de siglo, el trozo de roca quedó en espera: era demasiado costoso para descartarlo, pero, aparentemente, demasiado imperfecto para esculpirlo. Hasta que llegó Miguel Ángel. Durante tres años, acometió la obra a su manera, tan minuciosa: escondido, sin dejar que nadie la viera, comiendo poco y durmiendo vestido.

A veces me pregunto si, en aquellos largos días que pasó encerrado en la oscuridad con su obra maestra, Miguel Ángel era consciente de que estaba creando algo tan especial. ¿Acaso sospechaba siquiera que, medio milenio más tarde, la gente seguiría admirando su creación y debatiéndola? Nunca lo sabremos. Pero lo que sí sabemos es lo absurdo que esto habría sido para cualquier otra persona; francamente, a nosotros mismos nos asombra ahora, sabiendo cómo sucedió todo.

Por eso me gusta tanto la historia de cómo Miguel Ángel creó el *David*, casi tanto como admiro la obra en sí. Es un ejemplo brillante y bello de cómo las cosas pueden resultar de una manera distinta a lo que espera la mayoría de la gente. Cómo lo que algunas personas entienden por sentido común puede equivocarse tanto. O cómo suceden cosas extraordinarias cuando alguien cree en su propósito y además lo cumple a rajatabla.

No te cuento esto para transmitirte alguna enseñanza elevada a partir de esa escultura, ni para que pienses que soy culturalmente sofisticado, sino porque nos demuestra algo muy simple con lo que debemos identificarnos: incluso para uno de los genios más grandes que han existido, el talento no fue suficiente. Lo que marcó la diferencia fue su voluntad de seguir adelante. De continuar trabajando durante tres años casi sin dormir ni comer, encerrado en una habitación oscura, concentrado en una tarea que otros escultores más experimentados habían considerado imposible. De perseverar.

Probablemente ninguno de nosotros es capaz de hacer lo que hizo él en lo artístico. Pero sí todos podemos emular esa capacidad básica que le permitió crear el *David*. Todos podemos ser decididos. Todos podemos seguir intentando. Todos podemos hacer oídos sordos a los escépticos con sus advertencias y su «sentido común». Eso es perseverancia, una de las habilidades humanas más importantes, una de las más sencillas y, tristemente, una de las que menos abundan. Todos tenemos esta capacidad, pero hay demasiada gente que no lo hace o no acaba de comprender qué significa.

Por eso, en esta sección hablaremos de la dedicación: de cómo seguir adelante aun cuando parezca que tenemos todo en contra y sería mucho más cómodo darnos por vencidos. Esa es la parte fácil, que, paradójicamente, también es la más difícil. Demasiada gente abandona en el peor momento y por las peores razones. En este capítulo, te enseñaré cómo evitar ese destino, aprender a perseverar y mantener vivo tu sueño hasta que esté por fin a tu alcance.

Perseverancia pura

Aún recuerdo una de las primeras cosas que hice cuando Helen y yo creamos Fluid. Me senté y confeccioné una lista. En ella había cincuenta nombres: todas las marcas grandes y conocidas que estaban activas en Hong Kong y para las que quería que trabajáramos. Era mi lista de clientes soñados. Para una agencia completamente nueva y sin antecedentes, era poner la vara en una posición ridículamente alta.

En nuestro primer mes en actividad, contacté con cada una de ellas. La mayoría ni siquiera me respondió, y ninguna aceptó una entrevista. Fue un mal comienzo, y decidí que tal vez había sido demasiado ambicioso. Pero no rompí mi lista. Seguí persiguiendo a esas compañías y, cuando una persona no me respondía, lo intentaba con otra. Cuando lograba que alguien me atendiera, mantenía el contacto, ya fuera enviándole un saludo para las fiestas de Fin de Año, un artículo que podía interesarle, o algún comentario sobre un aspecto de su empresa que tenía que ver con nuestro trabajo.

Lo hacía con el fin de mantenerme visible y que me tuviese presente. Lo peor que puede pasarte en cualquier tipo de negocio es que se olviden de ti. En cambio, si te mantienes disponible, cuando llegue el momento en que necesiten lo que sea que vendes, serás el primero en su lista. Por otra parte, mi enfoque sumaba valor: no molestaba a las mismas personas con la misma oferta semana tras semana, sino que les daba algo un poquito diferente, un poquito útil, y no les pedía nada a cambio. Si sigues haciendo eso, tendrás la mejor probabilidad de convertir un no en un sí.

Así fue para Fluid. Durante el primer año, logré incorporar como clientes a varios nombres de esa lista. Al cabo de nueve años, habíamos trabajado con cada uno de ellos. Con algunos tuvimos una relación laboral duradera y otros fueron proyectos más bien pequeños, pero todas esas empresas pasaron de no haber oído hablar de Fluid a elegirnos como proveedores. Eso se dio solamente gracias a la perseverancia. Al abrir de esta manera las puertas de una o dos marcas conocidas, pudimos atraer a otras. Nuestro perfil creció y nuestra marca quedó establecida. Desde luego, un factor a favor fue que trabajábamos bien, pero el producto o servicio por sí solo nunca es suficiente. Para que te vaya bien, tienes que venderlo, y para vender es necesario perseverar.

Esto es algo que cualquiera que se gane la vida como comercial aprende rápidamente. No puedes prosperar si estás dispuesto a aceptar un no por respuesta, o si aceptas con facilidad que alguien te ignore. Los mejores vendedores no se dan por vencidos simplemente porque alguien no se haya dejado convencer. Cuando creen que aún hay una oportunidad, quizá más adelante o con una oferta ligeramente distinta, siguen insistiendo hasta que encuentran el mejor momento y los mejores argumentos para que esa persona acepte.

Por haber trabajado esencialmente en ventas durante treinta años, y haber contratado y despedido a innumerables ejecutivos de ese sector, sé que lo que diferencia a los que cumplen su cometido de los que no lo hacen es la perseverancia. Los vendedores mediocres hacen un seguimiento un puñado de veces y, si la puerta no se abre, se dan por vencidos. En cambio, los mejores encuentran la manera de prolongar la conversación y el interés. No bombardean a la persona con una infinidad de mensajes no deseados que seguramente serán un fastidio. En lugar de eso, tratan de mantenerse presentes, de recordar su existencia al posible cliente y establecer algún tipo de relación, aunque sea fugaz. Perseveran con muchas cosas que no son un discurso vendedor, hasta que llega el momento en que sí pueden venderle a esa persona. Dicho de manera más sencilla, no abandonan el juego, y eso les da la oportunidad de ganarlo. La mayoría de las empresas son, en cierto nivel, un trabajo de perseverancia: tienes que sobrevivir el tiempo suficiente para darte la oportunidad de cerrar ese trato que te cambiará la vida. Y la única manera de hacerlo es apretar los dientes y seguir adelante.

¿Por qué es la perseverancia, algo tan simple, lo que separa a los ganadores de los perdedores? Puede parecerte una respuesta insatisfactoria: sin duda, la divisoria tiene más que ver con la habilidad, la personalidad o la experiencia, ¿verdad? Te aseguro que no. Si me dieran a elegir entre contratar a una persona hábil o a una persistente, sin dudarlo elegiría a la segunda, por una razón muy sencilla: si eres perseverante, eso te permite tener suerte. Si continúas el tiempo necesario y te das suficientes oportunidades de concretar la venta, y si te mantienes presente para la gente indicada, algo va a aparecer. Una de las personas con quienes has tirado la toalla va a necesitar lo que vendes. El emprendedor perseverante va a conseguir un logro que alguien hábil le dijo que no era posible, simplemente porque se ha proporcionado más oportunidades de tener suerte.

La gente habla de tener o no tener suerte en los negocios como si se tratara de cosas que escapan por completo a su control. Lo cierto es que puedes ayudar a la suerte y aumentar tus probabilidades, pero solo si perseveras. Si no dejas de crear oportunidades, el mundo va a recompensarte con más oportunidades. Lo que llamamos suerte y atribuimos al azar o a un poder superior no suele ser otra cosa que un tedioso juego matemático. Si has estado más visible para más personas que requerían tu producto o servicio, vas a tener más «suerte» que el otro, que no volvió a contactar con aquellas que dejaron de hablarle. En esa situación, tu verdadera fortuna es que no todos los demás que compiten en tu área han puesto tanto empeño como tú. No insistieron durante tanto tiempo y no los motivaba el mismo sentido del propósito.

En los negocios, así como en la vida, la constancia es una ventaja, porque la mayoría de la gente no la demuestra —por eso, siempre voy a contratar al trabajador perseverante, pues la habilidad se la puedo enseñar—. Si eres perseverante en el manejo de tu empresa y te dedicas a tu sueño, vas a distinguirte de la mayoría de los que intentan hacer lo mismo. En poco tiempo, te convertirás en la persona con más suerte que conoces.

Perseverancia en la adversidad

En el momento de escribir esto, existen en el mundo nueve compañías que valen más de un billón de dólares. Siete de ellas son de Estados Unidos. Y un par estuvieron a punto de quebrar, las dos con un año de diferencia.

El caso más conocido es el de Apple, alrededor de una década antes de que cambiara el mundo —y su propio destino— al presentar el iPhone. Había tenido una serie de lanzamientos fallidos; su icónico fundador, Steve Jobs, seguía exiliado de la compañía, y hacía doce años consecutivos que estaban perdiendo dinero. En 1997, el agujero de Apple fue de mil millones de dólares, que es lo que hoy gana esta empresa en lo que Tim Cook tarda en rascarse la nariz, pero por aquel entonces eso representaba más de un tercio de toda la capitalización de mercado de la tecnológica. Dicho en términos técnicos, estaban casi en bancarrota.

Lo que ocurrió después es una historia conocida. Jobs regresó, una alianza con Microsoft ayudó a salvar la empresa y, al cabo de un año, Apple había lanzado el primero de una serie de productos innovadores —el iMac— que convertirían a la marca en el gigante que conocemos hoy.

Un año antes de que Jobs devolviera la vida a Apple, otro integrante del actual club del billón de dólares había estado muy cerca de la quiebra. Era Nvidia, relativamente un crío en comparación con la compañía que había contribuido a definir el auge de los ordenadores personales en la década de 1980. Casi nadie los conocía. Faltaba mucho tiempo para que la empresa llegase a ser conocida, sinónimo del furor de la IA.

En 1996, Nvidia intentaba hacer pie en el mercado del procesamiento gráfico. Desarrollaba chips para consolas de juegos, y decidió apartarse del modelo estándar en busca de ventaja, para permitir que los diseñadores trabajaran con píxeles de cuatro caras en lugar de tres. No les fue bien. Los proveedores de *software*, entre ellos Microsoft, solo querían compatibilidad con la plantilla estándar, y el primer lanzamiento de Nvidia fue un desastre. La empresa quedó con poco dinero y consciente de que el siguiente producto debía lograr buena respuesta para evitar la quiebra. Cuando entró en operaciones, Nvidia tenía en el banco apenas los fondos suficientes para pagar a su personal un mes más. Disponía de microchips para comercializar, pero no contaba con la plena seguridad de que iban a venderse bien. «Era mitad y mitad —confesó su fundador, Jensen Huang, a *The New Yorker* en una entrevista de 2023 cuando le preguntaron por las perspectivas de que el producto fuese un éxito—, pero, de todos modos, íbamos a tener que cerrar».[10] La apuesta dio resultado. En cuatro meses, vendieron un millón de chips. La empresa se había salvado, y había nacido un caso de éxito de un billón de dólares.

Es una historia estupenda, que demuestra que hasta las empresas más famosas del mundo alguna vez han estado al borde del desastre y han tenido que perseverar en la adversidad para salir adelante. Algo que también es trascendental: Jensen Huang no intentó esconder esa cercanía a la quiebra. Celebraba el recuerdo de esa adversidad y construyó la identidad de su compañía en torno a ella. La frase «Nuestra empresa está a treinta días de cerrar» pasó a ser la idea central en sus presentaciones y su grito de guerra habitual, incluso mucho después de que dejara de ser literalmente cierta.

Conforme la compañía crecía y prosperaba, no quería que sus empleados perdieran aquel sentido de urgencia que la había definido en su momento más difícil. La persistencia en la adversidad no solo la había salvado de un aprieto; también sería la característica que garantizaba su futuro.

En otras entrevistas, Huang habló de su convicción de que la adversidad es uno de los mejores maestros y de que la gente que aprende a persistir es la que triunfa en la vida: «Las personas que tienen expectativas muy altas tienen muy poca resiliencia. Lamentablemente, la resiliencia es importante para tener éxito. No sé cómo enseñársela a ustedes, salvo decirles que espero que sufran».[11]

Dijo esas palabras a un auditorio lleno de estudiantes en la Universidad de Stanford, y su mensaje fue que en la vida no les bastaría con ser inteligentes, tener buenas calificaciones y redes. Era necesario que además cultivaran la resiliencia que solo se aprende cayendo y volviendo a levantarse. Aprendiendo lo que significa fracasar y buscar otro camino. Aprendiendo de las experiencias lo que en verdad significa perseverar. Esa ha sido la historia de su vida, y así construyó la que ahora es una de las compañías más exitosas del mundo. Como dijo también en aquel evento en Stanford: «Hasta el día de hoy, uso con gran regocijo la frase "dolor y sufrimiento" dentro de nuestra compañía... [Digo] caramba, esto va a causar mucho dolor y sufrimiento. Y lo digo contento, porque es bueno entrenar [y] refinar el carácter de tu empresa... El carácter no nace de la gente inteligente, sino de la gente que ha sufrido».

Yo tengo mi propia versión de esta frase, y a veces la digo para motivarme: si te detienes, alguien muere. Ese es el grado de decisión que hay que tener para triunfar cuando hay tantos obstáculos en el camino. A menos que seas realmente perseverante, tarde o temprano te toparás con un problema que te parezca imposible de superar. Y te darás por vencido. Son los momentos de verdadera adversidad los que ponen a prueba tu perseverancia, y en ellos aprenderás si de verdad entiendes lo que significa la palabra.

He visto ocurrir esto innumerables veces. Las personas fracasan, levantan su campamento y luego cuentan su versión al mundo. Explican que hubo una crisis financiera, una pandemia, que apareció un competidor mucho más rico e imparable, que Google o Meta modificaron su algoritmo y destruyeron su modelo de negocio. Dicen que fue imposible de evitar. Lo atribuyen a la mala suerte.

A veces tienen razón, pero en la mayoría de los casos es un relato falso que cuentan para sentirse mejor. No era inevitable que fracasaran y que tuvieran que cerrar su empresa. Había otra posibilidad, si tan solo hubiesen puesto más atención o más empeño. No es amable decirlo, pero esas personas se dieron por vencidas. La cocina se calentó demasiado y se retiraron. Se les pidió que reinventaran su modelo de negocio, que hicieran recortes drásticos en su personal o que emprendieran algo que consideraban inferior a su posición, y decidieron que no podían o no querían hacerlo. Consideraron que era demasiado difícil resistir y que resultaba preferible renunciar. No perseveraron el tiempo suficiente para tener suerte y prefirieron culpar a la mala fortuna.

Digo esto de forma tan directa porque mi experiencia como empresario me demuestra que es así de sencillo. Cuando las cosas se ponen muy difíciles —y eso va a suceder—, el camino que venía recorriendo tu empresa se bifurca. O renuncias o pasas por un infierno con tal de salir adelante. Te enfrentas a la encrucijada de decidir si perseveras o no.

No es fácil y, si eliges el segundo camino, no hay garantía de que te vaya bien. Aún recuerdo lo mal que me sentí en 2007, cuando nuestro mayor cliente, un banco importante, nos llamó para informarnos de que iban a suspender los pagos a proveedores por noventa días. Nos debían una suma de siete cifras, con la que habíamos contado para pagar los sueldos. Durante varias semanas, me sentí enfermo, me costaba dormir y todos los días pensaba que la empresa se iba a la quiebra. Creo que una parte de mí quería que así fuera, para quitarme el problema de encima. Pero habíamos avanzado tanto, hecho tantas cosas, y yo sabía que aquella era la empresa que nos cambiaría la vida a Helen y a mí si lográbamos salir adelante. Aún vivía en mi interior aquel adolescente de quince años que no tenía nada, y eso me impidió renunciar. Así que seguimos adelante y, como expliqué antes, sobrevivimos gracias a que nadamos contra la corriente y a que tuvimos la suerte de que el mercado se recuperó antes de lo que la mayoría esperaba —un buen ejemplo de que, si perseveras el tiempo suficiente, te das la oportunidad de tener suerte—. Cuando aquel cliente nos pagó por fin, ya teníamos otros encargos y no dependíamos de ese dinero para sobrevivir.

Lo interesante es que, si Fluid hubiese quebrado en 2007, sé que yo habría culpado al cliente importante que nos había fallado. Habría dicho que no depende de ti si no te pagan la mayor suma que te adeudan. Y me habría equivocado. Habría sido una explicación egoísta que ignoraba el hecho de que yo había permitido que dependiéramos demasiado de un solo cliente. Y habría sido una versión falsa, porque el fracaso no habría sido consecuencia de la mala suerte, ni siquiera de mala planificación, sino de la falta de perseverancia.

Aquí hay dos cosas que tienes que entender. La primera es que, hagas lo que hagas, tú y tu empresa os vais a enfrentar a la adversidad, y vas a necesitar mucha perseverancia para superarla. Y la segunda es que, si no cedes, tu recompensa será más que la simple supervivencia. La experiencia te moldeará y saldrás de ella fortalecido. El resultado es que la próxima dosis de adversidad —algún gasto inesperado, una falla en tu cadena de suministro, un cliente de pesadilla o algún hecho fortuito— no te tomará por sorpresa. Estarás preparado.

Se necesita perseverancia para enfrentar la adversidad que aqueja a cualquier proyecto, y **tu perseverancia, tanto individual como colectiva, crece gracias a la adversidad.** Es otro músculo que puedes desarrollar. Por eso es tan importante la capacidad de seguir adelante. Te ayudará a superar el problema de hoy y te hará más fuerte para enfrentarte al próximo. Será la garantía de que tu empresa va a sobrevivir y crecer.

Aunque te parezca extraño, aprenderás a disfrutar esos momentos. Esa sensación de náusea en la boca del estómago es un recordatorio de que antes has salido adelante, y de que volverás a hacerlo. Tu empresa sobrevivirá, si de verdad necesitas que lo haga. Encontrarás la manera. Tu sueño persistirá.

Cambia el rumbo y persevera

Cuando insisto tanto en la importancia de no abandonar y en la necesidad de seguir adelante, necesito que entiendas un detalle importante. Me preocupa que pienses que tanto hablar de la perseverancia resulte sospechosamente similar al viejo cliché de trabajar duro. Pero no es lo mismo.

Cuando hablo de perseverancia, no quiero decir que debas agachar la cabeza y seguir caminando en la misma dirección, pase lo que pase. Este juego no lo ganan aquellos que más trabajan, sino los que lo hacen con más inteligencia. Aquellos cuya perseverancia está impulsada por un propósito y dirigida por un sueño. La constancia tiene que ver con el coraje, pero también con el cerebro: con elegir la ruta que te da la mayor probabilidad de sobrevivir y de triunfar en el largo plazo. A menudo, esa ruta será diferente de la que has venido siguiendo.

El verdadero significado de la perseverancia es seguir adelante y evolucionar sobre la marcha. No importa el tipo de empresa que tengas, el mundo cambia constantemente a tu alrededor, y tú debes cambiar con él. No puedes dar por sentado que lo que te ha servido hasta ahora te funcionará más adelante. Tienes que adaptarte y hacer los cambios necesarios. Ser ágil. Una parte importante de la perseverancia es aprender cuándo y cómo cambiar de rumbo.

Por eso algunos de los productos más famosos del mundo empezaron siendo una cosa y acabaron haciéndose conocidos por otra. El plástico con burbujas que todos conocemos no fue diseñado originalmente para envolver: sus inventores intentaban crear un papel para paredes, y luego trataron de usar su producto para aislar invernaderos. Pasaron un par de años hasta que descubrieron su aplicación principal, cuando IBM empezó a usarlo para embalar sus enormes ordenadores centrales antes de despacharlos a sus clientes.

Mucho más tarde, en 2010, dos emprendedores crearon una aplicación llamada Burbn, que te permitía grabar tu ubicación, concertar una cita con tus amigos en determinado lugar y compartir fotos. Era complicada, no tuvo éxito y casi puedo garantizarte que nunca has oído hablar de ella.

Pronto, los fundadores de Burbn se dieron cuenta de que, si bien la mayoría de sus usuarios no estaban utilizando las funciones principales de la aplicación, sí usaban la de compartir imágenes. Entonces dieron un paso atrás, cambiaron de rumbo y crearon una aplicación de fotos más simple. La llamaron Instagram.

Estos son solo dos ejemplos de empresas que tuvieron éxito porque perseveraron hasta dar con el modelo de negocio más indicado. Y esta es también la historia de muchas más marcas famosas de las que creerías: Starbucks originalmente vendía café en grano para preparar en casa; Netflix enviaba DVD por correo y YouTube era un servicio de citas. Si hubiesen perseverado sin inteligencia, todos esos nombres ahora tan conocidos habrían caído en el olvido. Pero gracias a que insistieron con un cambio de rumbo y descubrieron el modelo de negocio que quería la mayoría de sus clientes, han llegado a ser algunas de las marcas más exitosas del mundo.

Esta clase de perseverancia puede ser necesaria en los comienzos de una empresa, cuando aún intenta resolver su enfoque. O bien podría serlo en un momento en el que el modelo de negocio ya está establecido, pero sufre algún revés inesperado. Eso nos pasó en Fluid en 2003, cuando la pandemia de SARS afectó a Asia oriental. Era la clase de virus de transmisión aérea que el mundo conocería, tristemente, en 2020, y durante seis meses tuvo el mismo efecto en la sociedad. En Hong Kong, como en gran parte de la región, la vida se detuvo temporalmente. Y con ella, gran parte de nuestros encargos desaparecieron de la noche a la mañana. Una base importante de lo que hacíamos era el trabajo de marcas, y de pronto ya no se abrían empresas, no se lanzaban campañas y no se necesitaban promociones de *marketing*.

Si me hubieses dicho al comienzo de ese año que en poco tiempo más estaríamos cerrando nuestro negocio de marcas, me habría dado un ataque. Pero resultó que había oportunidades para cambiar de rumbo. Tal como sucedería en otra escala durante la pandemia del COVID, se aceleró el cambio hacia los negocios *online*. Las marcas orientadas al consumidor comenzaban a invertir en sus operaciones de *eCommerce*. Contratamos a gente que había sido despedida y que tenía experiencia en esa área y empezamos a desarrollar una nueva línea en lugar de la que habíamos perdido. Cuando volvió la normalidad, y, con ella, nuestro trabajo de marcas, nuestra empresa disponía de todo un sector nuevo que se había creado por necesidad, pero que nos hizo más fuertes y diversificados en el largo plazo. Mientras tanto, aunque en el momento no me percaté de eso, también habíamos desarrollado un sistema *de facto* para crisis que resultó de gran utilidad cuando los bancos se fueron a pique en 2007-2008, y, con ellos, gran parte de nuestro trabajo.

Puede que te veas obligado a cambiar de rumbo, como les ocurrió a los bares y restaurantes durante la pandemia del COVID, ya que muchos optaron por proveer servicios de entrega a domicilio y comidas para llevar. Pero en muchos casos, el camino no será tan evidente. Las señales de alerta no serán tan perceptibles y puedes verte tentado a ignorarlas. Puedes convencerte de que estarás bien si sigues como estás. «Esa tecnología interesante en la que otros están invirtiendo considero que es muy cara». «Esa nueva tendencia parece una moda pasajera». «Esos nuevos competidores no van a durar mucho». Eso no es perseverancia: es estancamiento. Es la clase de confianza excesiva que lleva a las empresas a la ruina.

Por eso digo que, para perseverar, también debes cambiar de rumbo y saber cuándo encaminar tu empresa en nuevas direcciones, ya sea hacia una nueva oportunidad o para alejarte de una amenaza incipiente. La perseverancia tiene que ver con la supervivencia, y en los negocios, sobreviven aquellos que se adaptan constantemente y evolucionan en un mundo dinámico que nunca se detendrá para que puedas alcanzarlo.

En cambio, las empresas que fracasan suelen ser las que no perseveraron cuando más lo necesitaban. Si menciono a Blockbuster, la compañía de
alquiler de películas que una vez dominó el mercado, probablemente recordarás que se hundió por el surgimiento de Netflix. Incluso es posible que
recuerdes que una vez rechazaron la oportunidad de comprar Netflix, lo
que suele describirse como una de las peores decisiones de negocios que
se hayan tomado.

Por esa razón, mucha gente cree que el fracaso de Blockbuster se
debió a una falta de innovación y perspectiva. Les ganó un competidor
que tenía una visión más clara del futuro. Pero, en realidad, no fue tan así.
Sucedió que Blockbuster se resistió bien a la amenaza de Netflix en los
años 2000. Desarrolló su propio servicio de suscripción, que creció tan
rápidamente como el de su rival más joven. Más tarde, uno de los cofundadores de Netflix recordó que les había preocupado mucho que
Blockbuster, que contaba no solo con una operación *online* sino además
con su vasta red de locales minoristas, los aplastara.[12] Eso habría podido
suceder, y la historia del negocio del *streaming* habría sido muy diferente.
Pero luego Blockbuster se vio en problemas: tenía una deuda importante,
sus principales accionistas no se ponían de acuerdo en cuanto al rumbo
que les convenía tomar, y acabaron por despedir al CEO que había lide-
rado el contraataque a Netflix. El resultado fue que el servicio de suscripción fue menguando y la empresa quebró en pocos años. Blockbuster no
perdió porque no vio el futuro o trató de ignorarlo. Perdió por falta de
perseverancia. Las complicaciones a las que se enfrentaba lo hicieron renunciar demasiado pronto a una estrategia potencialmente ganadora. No
mantuvo el rumbo y la empresa no sobrevivió.

Por eso es importante la perseverancia. Sin ella, es seguro que vas a
fracasar en poco tiempo. En cambio, si continúas hasta tener suerte, si
aprendes a prosperar en la adversidad y aceptas la necesidad de cambiar
tus planes con regularidad, es muy probable que logres una prosperidad
perdurable.

Y entonces quizá empieces a preguntarte: y ahora, ¿qué? ¿Quiero
continuar dirigiendo esta empresa en cinco, diez o quince años? ¿Sigue
siendo la manera más gratificante de pasar mi tiempo, y el mejor medio
posible para cumplir mi sueño? Ahora que estamos llegando al destino

de este viaje, debemos pensar cómo sería un buen final —y el nuevo comienzo a continuación—. Debemos analizar cómo desarrollas tu rol con el tiempo, si vendes tu empresa y cómo lo haces, y cómo resolver lo que viene después. Todo negocio tiene una duración natural, como también la tiene el lugar del fundador dentro de esa compañía. Y entonces hay que pensar y planificar el final con la misma meticulosidad con que lo hiciste al comienzo.

13

Vende y vuelve a empezar

Nunca te rindas. Nunca te des por vencido. Siempre sigue adelante.

Estos consejos se oyen mucho en el mundo empresarial. Y, después de todo un capítulo dedicado a la importancia de la perseverancia, probablemente piensas que estoy de acuerdo con ellos. Pero no es así.

Prefiero la sabiduría de la canción *The Gambler* (El jugador), de Kenny Rogers, que nos dice que hay un tiempo para seguir adelante y otro para rendirse.

Toda compañía y todo proceso empresarial tiene un ciclo de vida natural. En ocasiones, diriges un negocio durante apenas seis meses o un año, porque te enseña cómo hacerlo y te permite cometer todos los errores de una vez —para mí, fue la empresa de jardinería que monté a mis quince años—. O tal vez lo manejas desde hace veinte años y estás listo para venderlo por una suma que te cambiará la vida. También puede ocurrir que, al cabo del tiempo que sea, tu papel en la empresa haya cambiado hasta el punto de que resulte natural que delegues el mando en tu equipo directivo y te concentres en tus otros compromisos.

Como sea, lo cierto es que **llegará un momento en el que renunciar será la decisión correcta** para ti. Te apartarás porque la suma es demasiado buena como para rechazarla, o porque quieres dedicar tu tiempo a otra cosa o, simplemente, porque estás agotado y ya no te divierte ese trabajo. En las circunstancias correctas, renunciar es lo mejor. De verdad.

Esto no es de lo que hablé en el capítulo anterior, cuando dije que no debes darte por vencido cuando las cosas se ponen difíciles. Eso es verdad cuando te encuentras a la mitad del viaje: cuando la empresa está atravesando un momento de crisis y estás luchando por sobrevivir. En ese caso, renunciar es tirar la toalla. En cambio, retirarte en el momento adecuado, cuando ya has llegado al final del camino, es sentido común. Si sientes que irte significa abandonar tu sueño, lo estás haciendo en mal momento; pero si el hecho de apartarte te permite seguir trabajando a favor de ese sueño de una manera nueva o mejor, probablemente sea el momento indicado.

Eso es algo que me llevó mucho tiempo aprender, y necesité que me lo enseñara mi compañera de vida. No he olvidado nunca el día en que Helen de pronto se volvió hacia mí y me dijo que quería irse de Fluid. Habíamos estado tan concentrados en desarrollar la empresa los dos, trabajando codo a codo durante nada menos que diez años, que jamás se me había ocurrido que no seguiríamos llevándola juntos hasta la línea de llegada. Helen me tomó totalmente desprevenido cuando me dijo que ya había tenido suficiente y quería bajarse: ella era una parte tan intrínseca de la compañía que no la imaginaba sin ella. Como si fuese un chiquillo, lo primero que me salió preguntarle fue:

—¿Por qué?

Me avergüenza admitir que mi primera reacción a la decisión de Helen fue egoísta. Pensé, más que nada, en lo terrible que era para mí y en lo difícil que sería dirigir la empresa sin mi socia en la vida y en los negocios. Una vez pasada la conmoción inicial, cuando recordé que mi esposa es una persona infinitamente más sabia que yo, pude empezar a verlo desde su perspectiva. Helen había creado Fluid conmigo a sus veintitantos años. En lo laboral, nunca se había dedicado a otra cosa que al diseño gráfico. Ahora se encontraba en otra etapa de su vida, ya no estaba enamorada del trabajo y se daba cuenta de que podía haber algo más. Específicamente, quería ser kinesióloga y especializarse en una forma de terapia holística natural que atiende la salud física, emocional y mental, algo que le llevaría años de estudio. Cuanto antes iniciara ese camino, mejor.

Al principio, la decisión de Helen me dejó aturdido. Pero pronto empecé a respetar la fortaleza de carácter y la conciencia de sí misma que había necesitado para comprender que había terminado aquella etapa de su vida, y luego tomar medidas acordes. Aún más, después de un tiempo, empecé a darme cuenta de que yo sentía lo mismo. Tal como les sucede a muchos emprendedores, la pasión que había experimentado en los primeros años de mi empresa había empezado a disiparse. Sentía que ya lo había visto todo, que no aprendía nada nuevo y que corría el riesgo de quedarme atascado, haciendo lo mismo una y otra vez.

Al mismo tiempo que me aburría del mundo de los servicios de *marketing*, también empezaba a interesarme en otras cosas y a participar en el ambiente de las empresas que comenzaban a surgir en Hong Kong. Quería ayudar a los emprendedores e invertir en otros negocios, en lugar de seguir dedicando toda mi atención a uno solo. De haber tenido constancia de mi sueño en aquel momento —aún no lo sabía—, me habría dado cuenta de que estaba evolucionando y de que yo había llegado al punto en el que necesitaba darle una nueva salida.

Era la clásica crisis de la mediana edad de los empresarios. Respecto de mi negocio, me encontraba más cerca del fin de mi tiempo con él que del comienzo, pero en ese momento no sabía cuándo ni cómo saldría de allí. No estaba seguro de qué medidas tomar ni en qué orden.

En los tres años que pasaron desde que Helen se apartó de la empresa hasta que la vendimos, hice algunas cosas bien y otras mal. Llegamos al final correcto, pero no necesariamente de la manera más eficiente. Con el beneficio de esa experiencia, quiero terminar este libro indicándote lo que debes hacer cuando estés alcanzando el final de la trayectoria de tu empresa. ¿Cómo te divorcias de tu propia compañía? ¿Cuándo y cómo te conviene vender? ¿Y cómo, una vez que la hayas vendido, mantienes vivo el sueño?

Cómo divorciarte de tu empresa

Cualquier empresario te dirá que es doloroso soltar. Sea grande o pequeña, famosa o desconocida, la compañía que creaste es tu bebé. Tú le diste vida y la nutriste. La viste crecer y superar dificultades. Por un tiempo, posiblemente bastante largo, la empresa fue tu vida. Pasaste casi todas tus horas de vigilia trabajando en ella y te ocupaste de sus necesidades antes que nadie. Te tomaste a pecho cada fracaso y cada contratiempo, e hiciste todo lo que estaba en tu poder para intentar superarlos.

Por algo muchos fundadores famosos acabaron por volver a las empresas que crearon. Steve Jobs regresó para salvar Apple; Howard Schultz regresó a Starbucks no una sino dos veces, y Jack Dorsey tuvo un segundo período al timón de Twitter. Cuando se advirtió que Alphabet —la sociedad que controlaba Google— empezaba a rezagarse en la carrera de la IA tras el lanzamiento de ChatGPT —en el que invirtió Microsoft—, se informó de que sus cofundadores, Larry Page y Serguéi Brin, empezaron a tener una participación más activa en la empresa que hacía años.

Esto resume lo difícil que es para un empresario alejarse de la compañía que creó. Porque una cosa es ceder el control, en teoría. Pero otra muy distinta es aceptar que el negocio ya no es tuyo y comportarte de forma acorde. Entonces la situación se pone más difícil, no importa si eres Mark Zuckerberg o alguien que tiene un pequeño servicio de jardinería. Por eso tienes que entender qué significa divorciarte de tu empresa y cómo hacerlo bien.

Lo primero que tienes que elegir es hacerlo en el momento indicado. Yo supe que me había llegado el momento algunos años después de que Helen tomara su decisión, porque mi mente estaba cada vez más enfocada en otros asuntos. ¿Recuerdas que te dije que te darías cuenta de que tu sueño es real porque no podrías dejar de pensar en él? Tras poco más de una década de dirigir Fluid, eso ya no me sucedía. Buscar nuevos clientes se me hacía una tarea rutinaria, ya no me entusiasmaba ni me estresaba. No tenía motivación para sentarme a redactar una lista de cincuenta grandes firmas que quería conseguir. El fuego que me había impulsado a dirigir esa empresa estaba apagándose poco a poco. Estaba listo para la separación.

No puedo decirte con exactitud lo que se siente, pero estoy casi seguro de que lo sabrás. Subconscientemente, tu cuerpo y tu cerebro ansían algo distinto. Quizá te lleve algo de tiempo admitirlo, pero sabes que se terminó para ti. Tienes que ser capaz de reconocer los indicios cuando la pasión y la motivación van en caída. Ya las recuperarás cuando vuelvas a empezar y encuentres un nuevo vehículo para tu sueño, pero, en lo que respecta a esta empresa, vas de salida y no deberías tratar de huir de eso.

Del mismo modo, no te dejes convencer de alejarte de tu empresa antes de que estés listo. Algunos te envolverán en cantos de sirenas: es un buen momento para vender; sería mucho más fácil si delegaras la dirección en un director profesional; siempre puedes quedarte con el capital social y llevar una vida más fácil. Si alguien intenta convencerte de apartarte de tu negocio, no le prestes atención. Si sigues sus consejos, casi puedo garantizarte que acabarás por lamentar la decisión o por tratar de revertirla y volver a hacerte cargo de la empresa. No te divorcies mientras quede amor en el matrimonio.

Pero si estás listo para dar el paso, tienes que planificarlo. Salvo que algo haya salido muy mal, tu alejamiento de la compañía que creaste no será algo repentino. Tanto si vas a conservar una participación como si directamente la vendas, tienes que salir de tu cargo de la manera que sea mejor para ti y para la empresa. A menos que vayas a cerrarla, es conveniente asegurar la estabilidad del personal, además de maximizar su valor como activo —por el bien de ellos y también por el tuyo, ya que, si has seguido mis consejos, habrás dado una participación a tus empleados—.

Tratar de salirte de tu empresa de una sola vez es un poco como intentar curarte de la adicción a la nicotina de un día para otro. Es mejor retirarte gradualmente, ir reduciendo tus responsabilidades hasta que todo esté funcionando sin tu intervención. Mi consejo es que lo hagas por etapas. Delega una parte de tu trabajo diario, elige a alguien para que se haga cargo, ayuda a esa persona a ponerse al tanto y luego déjala en paz. Después, hazlo de nuevo. Sigue delegando hasta que no seas más que una figura a la que consultar en caso de necesidad, pero que ya no es imprescindible. En ese punto estarás divorciado: puedes vender tu participación y cortar del todo los lazos que te unen a la empresa, o bien seguir siendo el dueño pero relegarte a un rol secundario en el que seas poco más que un embajador que asiste a alguna que otra junta directiva cada año. Si vas a seguir participando, intenta hacer menos, no más. Ya no eres el dueño del espectáculo, y tienes que saber reconocer tu momento de salir de escena.

Así fueron, básicamente, las cosas con Fluid, aunque, en retrospectiva, entiendo que cometí una cantidad de errores durante el proceso. Conservé demasiada responsabilidad durante demasiado tiempo, y cuando por fin decidí que era necesario reemplazarme, primero elegí a alguien por motivos erróneos: no porque tuviera la experiencia y los conocimientos necesarios para estar al mando de una empresa como aquella, sino porque conocía a esa persona y me caía bien. Durante un tiempo que excedió lo prudencial, la conservé e insistí en que podía ayudarla a ponerse al día, a pesar de que demostraba cada vez más que no era así.

Al final, tuve que irme de Hong Kong por motivos familiares, y eso me dio una segunda oportunidad de reemplazarme. Esta vez me impuse unas pautas muy claras. Quería a alguien que ocupara un puesto de alta dirección en otra compañía, pero que tuviera poca o ninguna participación accionaria —que es lo que yo ofrecía—. Buscaba un profesional de primera línea, con experiencia y que no solo pudiese hacer mi trabajo, sino desempeñarlo mejor y llevar a la empresa a un nivel superior. Identifiqué y entrevisté a ocho personas. Después de tomar café con todas, caí en la cuenta de algo: cualquiera de ellas dirigiría Fluid con más talento que yo. Elegí al mejor candidato, que hizo exactamente eso: dos años más tarde, vendimos la compañía por más dinero del que yo habría esperado jamás.

Esa experiencia me enseñó la última lección sobre cómo divorciarte de la empresa que creaste. Tienes que dejar atrás tu ego. Es probable que un poco de ego te haya ayudado a construir la empresa: cuando no posees casi nada, necesitas convencerte de que eres genial, de que concretarás la venta y cumplirás tu sueño. Pero cuando ya cuentas con una empresa madura, el ego pasa a ser un obstáculo y empieza a perjudicarte. Recuerda, en cambio, estas tres reglas: capacita a tu gente, confía en ella y apártate. Da un paso atrás y aprende a aceptar un rol diferente. Desde esa distancia, admira lo que has construido. Y si tu ego está herido, consuélate con este dato: al haberte despedido tú mismo, has hecho que sea mucho más fácil dar el siguiente paso y vender tu compañía.

Cómo vender tu empresa

Está muy bien eso de alejarte de la empresa de la manera correcta y en el momento indicado. Pero casi puedo oírte decir: ¿Y cómo la vendo?

Pues bien, hay una regla muy sencilla para vender un negocio, y es la siguiente: no trates de venderlo. No es un chiste ni pretendo hacerme el gracioso. Pero si colocas en la entrada de tu oficina el equivalente a un cartel de «Se vende», el precio bajará inmediatamente. Tienes que colocarte en desventaja. Todo el mundo sabe que tu empresa está en venta, y no necesitas ser un experto en los negocios para saber que, cuando le compras algo a quien está motivado para vender, sueles conseguir un buen precio.

Las cosas que son realmente valiosas en la vida son aquellas que queremos, pero creemos que no podemos tener. Eso tiene que ser tu empresa si quieres venderla bien: un bien valioso al que los compradores crean que no son capaces de acceder. En lugar de ser un vendedor motivado, tienes que motivar a los compradores.

Entonces, ¿cómo haces para vender una empresa sin dar la impresión de que quieres venderla?

La respuesta simple es que debes conocer a las personas que estarían dispuestas a comprarla, relacionarte con ellas, asociarte a ellas si corresponde, y luego ver qué pasa.

En Fluid, yo tenía una idea bastante clara de cómo sería el final de la compañía. Mucho antes de contratar a alguien como CEO en preparación para la venta, yo sabía quién creía que compraría la empresa. Era una de las grandes agencias publicitarias globales que tenían presencia en Hong Kong. A veces competía con nosotros, y otras, compartíamos proyectos, pero con el paso del tiempo, intenté llevar nuestra relación cada vez más en términos amistosos. Hice hincapié en la perspectiva de sociedad y me relacioné con sus ejecutivos más importantes. Pensaba que, si íbamos a vender Fluid, sería a ellos.

Me equivoqué por completo. Nunca estuvimos cerca de hacer ese trato. Y cuando sí lo hicimos, fue una sorpresa total. Yo nunca habría creído que acabaríamos por vender la empresa a PricewaterhouseCoopers (PwC), una consultora dedicada originalmente a la contaduría. Pero PwC, como muchas de las grandes consultoras, estaba incursionando cada vez más en la venta de servicios creativos. Nos habían contratado para trabajar en varios proyectos con ellos. Tras hacer más cosas juntos, pronto decidieron que sería más fácil comprar Fluid y que fuese parte de su propio equipo.

Por eso digo que no deberías salir a buscar un comprador para tu empresa. Si te concentras en hacerla crecer y en generar relaciones tanto en tu sector como fuera de él, quizá te sorprenda quién quiera comprarla. Hazte visible sin demostrar que estás en venta. Confía en que la gente tiene ojos y ve que tu negocio está haciendo algo innovador o diferente, que es lo que lo hace exitoso. Enfócate en hacer las cosas tan bien que la competencia no pueda ignorarte ni superarte, para que no les quede otra opción que comprarte.

Incluso entonces, haz una pausa para asegurarte de lo que estás haciendo. Que alguien te haya hecho una oferta no significa que tengas que vender. Además, solo deberías aceptar si la propuesta cumple con ciertos criterios: que te convenga, porque estás decidido a alejarte de la empresa y te proporciona la liquidez y la oportunidad para hacerlo; que sea adecuado para el personal de la empresa, a quienes convenciste de acompañarte en este viaje; y que sea también apropiado para la empresa misma, de modo que creas que estarás dejando en buenas manos la marca que creaste con tanto cariño.

PwC no fue la primera compañía que quiso comprar Fluid, y su oferta tampoco fue la más alta que recibimos. Pero yo sabía que era la mejor, porque habíamos trabajado con ellos, respetaban nuestro propósito de elevar la creatividad y a la gente creativa, y porque se comprometían a aumentar los sueldos de toda nuestra gente a partir del primer día. Era un trato conveniente para los accionistas mayoritarios de Fluid y para todos los que querían seguir trabajando allí. No había mucho que pensar.

Más tarde, vendí de otro modo mi empresa de inversiones, Nest. Esa fue una adquisición por parte de los directivos de la empresa, en la cual el CEO elaboró el plan de toma de control. Esencialmente, el cuerpo directivo —o, en este caso, uno de sus integrantes— te compra la empresa y quedas fuera. Esta es una buena manera de salir si los demás quieren seguir llevando adelante la compañía sin tener nuevos dueños, y puede servirte para reunir los fondos para comprar tu participación.

Como sea que decidas tratar de vender tu empresa, mi consejo es que primero estés seguro de que quieres hacerlo. Aunque, en aquel momento, no cabía duda de que era lo correcto, a veces lamento haber vendido Fluid. Ahora sé que me llevó tres o cuatro años volver al punto en el que tengo una organización y un equipo con los que puedo hacer el trabajo que me interesa. En otro mundo, habría conservado la titularidad de Fluid y la habría usado como plataforma para todo lo que estoy haciendo ahora a través de HelpBnk.

Pero en el mundo que tenemos, sí vendí mi empresa, y me quedó la pregunta a la que se enfrenta todo empresario al salir de su proyecto: y ahora, ¿qué? ¿Qué sucede cuando has escalado una montaña y todo tu esfuerzo se ha visto muy bien recompensado? ¿Cómo vuelves a empezar y sigues el camino de cumplir tu sueño?

Cómo volver a empezar

Con la primera empresa que vendí, no gané mucho dinero, pero sí aprendí algo importante. La había creado cuando trabajaba en la recepción de un hotel, el último empleo que tuve en el Reino Unido, antes de mudarme a Hong Kong. No tardé mucho en comprender que estábamos desperdiciando una oportunidad. Corría el año 1996 y, cuando estábamos completos, a la gente que llamaba para reservar una habitación le decíamos que no era posible. Una noche, quise ayudar a alguien que necesitaba hacer una reserva con urgencia, llamé a otro hotel y acordé con ellos que lo alojarían. Pronto, trabajando con los demás recepcionistas, eso llegó a ser un negocio: derivábamos todo el exceso de tráfico que ingresaba por nuestra centralita a otros hoteles que tenían habitaciones disponibles, y a cambio recibíamos una comisión. Lo llamamos Accommodation Express.

Era Booking.com antes de que se generalizara internet, pero en aquella etapa de mi vida no tenía la seguridad ni la motivación necesarias para escalar el negocio. Al final, lo vendimos por una suma baja, y en ese momento aprendí lo que sucede a continuación.

Cuando has ganado dinero con un emprendimiento, aunque sea poco, de pronto todo el mundo quiere decirte qué hacer con él. Cómprate una casa, te aconsejan. Invierte en el mercado de valores. Úsalo para generar un ingreso pasivo. Muchas personas que nunca han creado o dirigido una empresa se sienten muy seguras como para decir a otros cómo deberían gastar el dinero ganado.

Mi consejo es: no les hagas caso. No te dejes arrastrar por los financieros que te dicen que saben mejor que tú qué te conviene hacer con tu dinero. No escuches a los que te aseguran que sería genial retirarte antes de tiempo —yo creo que hacerlo es para aquellos que detestan su trabajo—. Y no aceptes el relato de que tu mejor proyecto y el más importante es el que ya hiciste. Un gran ejemplo de esto es Tony Fadell, un emprendedor a quien entrevisté en mi pódcast. Siendo empleado de Apple, se lo llegó a conocer como «el padre del iPod» por su trabajo como líder del equipo que desarrolló ese producto icónico. Además, tuvo una participación esencial en la creación del iPhone. Habiendo conseguido todo eso, mucha gente habría optado por guardar sus ganancias e irse a la playa. Tony, en cambio, renunció a Apple, creó Nest Labs, su propia compañía dedicada a los dispositivos inteligentes para el hogar, y al cabo de cuatro años se la vendió a Google por 3.200 millones de dólares (casi 2.780 millones de euros).

Así que no olvides esto: lo mejor siempre es lo que aún está por llegar. Pero eso no significa que debas apresurarte ni exigirte demasiado. Cuando has pasado años concentrado en una actividad, puedes necesitar un tiempo para salir de esa visión reducida y empezar a pensar en tu vida con una perspectiva más amplia. Quizá no sepas de inmediato cuál será tu próximo emprendimiento, proyecto o campaña. Tal vez prefieres tomarte un tiempo tan solo para disfrutar, y eso está muy bien, siempre que aceptes que no debería ser para siempre; además, pronto te aburrirás del golf y de la playa.

La pregunta de cómo volver a empezar dependerá de la etapa que hayas alcanzado en tu vida y en tu trayectoria laboral. Si eres joven y has ganado dinero con una empresa, pero no lo suficiente como para no tener que preocuparte por tu economía nunca más, la respuesta es muy sencilla. Tienes que invertir en ti mismo. Busca tu próximo negocio: aquel que antes no pudiste emprender porque era demasiado costoso o complicado, pero para el que ahora tienes el capital o la experiencia. Aborda ese proyecto importante que siempre tuviste en mente pero nunca encaraste. Apunta alto, porque ahora cuentas con los medios, la experiencia y, probablemente, los contactos para hacerlo. Retoma tu sueño y tu propósito y pregúntate: ¿Cuál es la mayor y mejor manera de articular esto? ¿Cuál es la versión más ambiciosa?

Además, si no lo hiciste antes, viaja. Ir a Hong Kong a mis veintitrés años me cambió la vida. Quizá te parezca trillado, pero de verdad me ayudó a ver el mundo de otro modo y a comprender que el lugar en el que había crecido no era sino una burbuja entre millones de sitios. Te prometo que, si conoces más el mundo, otras personas y culturas, cambiará tu manera de desarrollar empresas: entenderás que el mercado es mucho más grande y diverso, y que hay muchísimas más oportunidades de las que creías.

Si no eres tan joven, o si ya has ganado una suma que realmente puede cambiarte la vida, resultará más complicado. La atracción de la playa será mucho más intensa. Pero no olvides algo: tu sueño no ha desaparecido. Si tuviste la ambición y la voluntad de crear una empresa exitosa, probablemente no seas la clase de persona que se conforma con venderla y alejarse hacia el atardecer. Sabes que aún eres joven y puedes contribuir innovando en tu área de especialidad, sea cual sea. Tal vez no quieras medias tintas y crees otra empresa desde cero, o prefieras ser inversor, mentor o asesor para otros emprendedores. Puedes dedicarte al mismo propósito que impulsó tu negocio inicial, pero a través de una empresa sin ánimo de lucro o un medio de impacto social, que ahora tienes capacidad de financiar.

Si te embarcaste en este viaje desde el comienzo y creaste una empresa basándote en tu sueño, probablemente sabrás qué rumbo tomar ahora. Ya tienes tus puntos cardinales. Si, como yo, solo has llegado a medio camino de alcanzar tu sueño, tal vez necesitas una reevaluación. Lo que yo decidí después de vender fue que siempre me había motivado el interés por ayudar a otros con sus emprendimientos: con Fluid, lo había hecho a cambio de honorarios, y en Nest, a cambio de una participación. Ahora contaba con los medios para empezar a hacerlo gratis: esa fue la base de HelpBnk y de todo lo que vino después.

Eso es lo que tienen los sueños, y por eso son la base de este libro. Puedes vender tu empresa, pero nunca nadie podrá comprarte tu sueño. Este permanece, y sigue siendo tan importante como siempre. Y, si has ganado dinero, estás en mejor posición que nunca para ser ambicioso al elegir cómo intentas cumplirlo. El sueño a veces será más grande y mejor que antes. Un restaurante en tu ciudad podría convertirse en un grupo que abarque el mundo entero. La misión de tu empresa exitosa podría pasar a ser el foco de una campaña más amplia que te atreverías a dirigir o financiar. Tu trayectoria como cineasta, arquitecto o escritor podría evolucionar de manera de ayudar a otros a alcanzar el mismo sueño.

Por eso creo que, aun con cincuenta años cumplidos y más de tres décadas de trabajo a mis espaldas, apenas estoy a mitad de camino de alcanzar mi sueño. Estoy ayudando a la gente sin cobrarle nada, HelpBnk está creciendo y nuestras ideas se están difundiendo, pero queda mucho más por hacer. Aún me motiva el recuerdo de cuando tenía quince años y no disponía de hogar, necesitaba ayuda con desesperación y no lograba conseguirla. Quiero crear algo donde la gente pulse un botón y obtenga la ayuda que necesita de un modo significativo, ofrecida por tanta gente que acompaña nuestro propósito y la filosofía de #GiveWithoutTake. A ti podrán parecerte castillos en el aire, pero para eso es un sueño ambicioso. Es una aspiración tan grande y un destino tan lejano que hay que caminar y caminar, buscando nuevas maneras de abrirse paso y acercarse cada vez más a él. Es el antídoto para el exceso de confianza, el cinismo y la idea de que el mundo es demasiado grande y complicado para que logremos cambiar algo. No dejaré de trabajar mientras haya una persona que pueda beneficiarse de mi ayuda y no la esté consiguiendo. En realidad, eso significa que seguiré trabajando hasta que ya no sea capaz de seguir, y entonces otros tomarán el relevo y adoptarán la misión.

Por eso he dedicado una parte tan grande de este libro a hablar sobre la importancia del sueño y la necesidad de plantearte las preguntas verdaderamente fundamentales: ¿Qué me gusta hacer? ¿Cuál es mi propósito? ¿Qué considero que es el éxito? ¿Cuál es mi sueño? Si puedes responder estos interrogantes a la edad más temprana posible, estarás consiguiendo lo más importante para poner rumbo al éxito. Estarás dando un profundo sentido a todo lo que haces.

Y si bien muchas cosas cambian en la vida, estas no. Pueden evolucionar, sí: tu sueño adquirirá nuevas dimensiones, tu propósito se expandirá, tu concepto del éxito cambiará a lo largo de tu vida. Pero los aspectos fundamentales de estas cosas se mantendrán constantes. Lo que realmente vale para nosotros seguirá siendo importante, cambie lo que cambie. Tu sueño se quedará contigo, y, conforme avances en la vida, encontrarás nuevas formas de expresarlo.

La alternativa es que vivas según las necesidades y prioridades de otros: que cambies de trabajo porque un selector de personal te ha llamado buscando una comisión; que sigas ascendiendo la escalera laboral influido por la idea que otros tienen del éxito, y que evites los riesgos porque tu temor al fracaso es mayor que tu aceptación de la posibilidad de triunfar.

Abandonar todo eso y vivir tu vida como tú quieras es una de las decisiones más liberadoras y trascendentales que puedes tomar. Te asombrará lo claro que verás todo cuando dejes de intentar complacer a personas que no son importantes, o estar a la altura de una visión estandarizada de cómo debería ser tu existencia.

Si este libro te deja algo, espero que sea esto. **Sé tú quien establece tus objetivos, evalúa tu éxito y hazte responsable ante ti mismo y ante aquellos que te importan. Dedícate a algo que te guste mucho y que sepas hacer muy bien. Ten un sueño y trabaja de acuerdo con un propósito.** No pierdas estas cosas, y será la mejor inversión que hagas. No puedo prometerte que será fácil. Pero sí que superarás más dolor y adversidad de lo que creías posible, porque sabrás que estás haciendo lo correcto y avanzando en la mejor dirección para ti. En busca de lo importante. Hacia tu sueño.

CONCLUSIÓN

#TakeFour

Este libro ha girado en torno a cómo cambiar tu vida al descubrir tu sueño y trabajar para cumplirlo. Se trata de un proyecto a largo plazo y, como te he contado ya en varias ocasiones, muchas veces deberás esperar para ver sus frutos.

Pero no todo tiene por qué darse en un futuro lejano. Hay cosas que puedes y deberías hacer hoy, ahora mismo, y que te encaminarán hacia ese futuro. Para terminar este libro, quiero compartir contigo la más importante.

Yo la llamo *#TakeFour* (#TomaCuatro). Es increíblemente simple.

A partir de hoy, tómate cuatro minutos cada día. Busca la manera de ayudar a alguien; idealmente, a un desconocido.

Tómate un minuto para averiguar quién es. Un minuto para averiguar qué necesita.

Un minuto para brindarle ayuda.

Un minuto para transmitirlo, para que alguien más pueda hacer lo mismo.

Son solo cuatro minutos, de modo que no será nada muy grande o complicado. Puedes detenerte en la calle si ves a alguien recaudando dinero y preguntarle para qué es. O responder una pregunta en LinkedIn porque tienes algún dato útil o un contacto capaz de ayudar. Puedes compartir en las redes sociales el caso de alguien que te inspiró, publicar un comentario positivo en la página de una pequeña empresa con la que tuviste una buena experiencia o detenerte frente a un supermercado para hablar con alguien que vive en la calle, oír su historia y ofrecerte a comprarle comida.

¿Por qué son importantes estos actos tan simples? Porque vivimos en un mundo que, nos guste o no, cada vez más se construye en torno a la tecnología y se optimiza para ella. Tanto si estamos realizando las compras semanales como buscando pareja, se nos pide que deslicemos el dedo por la pantalla o pulsemos un ícono, cuando antes hablábamos con una persona.

Permíteme aclararte que no estoy en contra de la tecnología. Me encanta, y he creado varias empresas en torno a ella. Pero incluso la gente que disfruta este mundo tecnocéntrico necesita reconocer que toda esta comodidad tiene un precio. Los creadores de sistemas digitales han hecho nuestro mundo más eficiente en un sinfín de aspectos, pero también lo han vuelto cada vez más transaccional e impersonal. Esperamos que las cosas se den con rapidez, y si no es así, nos frustramos. Y, como interactuamos más con las máquinas que con la gente, acabamos por tener menos conversaciones aleatorias e imprevistas. Sabemos menos sobre los demás, y, en consecuencia, nuestra vida se vuelve un poco más pequeña y menos interesante.

Ese es el propósito de #TakeFour: volver a conectarse con las personas, especialmente aquellas a quienes aún no conocemos. Sentir más curiosidad por el mundo, oír más historias y tener más encuentros fortuitos.

Sobre todo, se trata de **dar ayuda sin esperar nada a cambio**. Es #Give WithoutTake en acción. ¿Por qué es importante? Porque cada vez que alguien tiene que pagar o esforzarse por conseguir ayuda, eso evita que le eche una mano a otro. Pero si le ofreces esa ayuda sin ataduras, lo liberas para que haga lo mismo. Con tan solo una interacción cada vez, lograremos transformar este mundo transaccional del «toma y daca» en uno donde la gente quiera ayudar a los demás y tenga la posibilidad de hacerlo.

Eso es lo que intento lograr con todo lo que hago. Creo que casi todos queremos ayudar, pero el mundo está cada vez más diseñado para dificultarlo. La tecnología hace que se arraigue esa mentalidad transaccional. Yo te doy mis datos y recibo algo gratis. Te pago y tú destacas mi perfil a posibles candidatos. Me suscribo a tu boletín para que me des un descuento.

Yo quiero que la gente se libere de esas transacciones y adopte el puro acto de ayudar. Una persona le echa una mano a otra, y esta, a una tercera.

Es una reacción en cadena, en la cual tu simple acto de *#GiveWithoutTake* llega a afectar a alguien a quien nunca conocerás en persona.

Podrá parecerte altruista, pero lo que es bueno para el mundo también es bueno para ti. Ayudar a alguien cada día va a ayudarte y sostenerte en el viaje que te propongo en este libro. Porque cuando le haces un favor a alguien, ese gesto te cambia a ti también. Hace que despierte algo en ti: no solo lo que sentimos cuando logramos que alguien sonría, sino también una confianza en que puedes crear un cambio y una conciencia de cómo hacerlo.

Recuerda que, en el proceso de descubrir cuál es tu sueño, el tercer paso después de preguntarte qué te gusta hacer y qué dolor te motiva es definir de qué manera quieres ayudar a la gente: cómo hacer que tu pasión y tu propósito se crucen con el mundo que te rodea. Pues bien, permíteme sorprenderte: la mejor manera de descubrir cómo echarles una mano a otras personas consiste precisamente en ayudar a los otros. Estoy convencido de que, para cumplir tu sueño, es necesario que ayudes a alguien a cumplir el suyo. Haz la prueba. Vale la pena, ¿no crees? Y además, ¿qué pierdes si me equivoco? Este es mi último desafío para ti. Ayuda hoy a una persona, y vuelve a hacerlo mañana, y otra vez al día siguiente. Deja que alguien te cuente cuál es su sueño y haz algo pequeñito para ayudarlo a cumplirlo. Da por el solo hecho de dar y no esperes nada a cambio. Te garantizo que, al hacerlo, estarás un paso más cerca de alcanzar tu propio sueño. Así que ¡adelante! *#TakeFour.*

Publícalo. Etiquétame. Sigamos la conversación y veamos hasta dónde puede llegar.

AGRADECIMIENTOS

Antes que nada, quiero agradecer a Helen Griffiths por haberse asociado conmigo hace veinticuatro años para crear una empresa que nos cambió la vida, y por ser la mejor esposa y madre del mundo.

Gracias a mi hermano mayor, Christian, por mostrarme el mundo y lo que yo podía llegar a ser.

A la familia Brennan, por ayudarme cuando estaba pasando por una mala época y por mostrarme cómo es una familia amorosa.

A mis socios en HelpBnk, por acompañarme y poner su energía en desarrollar algo con el mismo amor y cuidado que yo. Sé que no debemos decirlo, pero no son solo compañeros de trabajo: para mí, son amigos. A AJ, Adam, Adrien, Ben, Chloe, Callum, Dudley, James, Jack, Jess, Yordi, Samir, Phebe, Will y Joe: juntos ayudaremos a millones de personas a ayudar a millones más.

A Josh Davis, quien me animó a tomar las ideas que tenía en mente y escribirlas.

A Lawrence Morgan y Guy Parsonage, por ayudarme a sacar adelante Fluid.

A Callum Crute y el equipo de Century, y a Adam Gauntlett, por creer en el sueño que era este libro y hacerlo realidad.

Quiero agradecerte a ti, lector, por seguirme *online* y ayudarme a cumplir sueños, y por leer este libro y ayudarme a transmitir el mensaje de que es hora de *#GiveWithoutTake*.

Tras treinta y cinco años de experiencia en los negocios, la lista completa de las personas que me han ayudado podría llenar un libro entero.

Mi agradecimiento final es para todos aquellos que me han apoyado en este viaje, que son demasiados para mencionar a cada uno, pero sin los cuales este libro nunca se habría podido escribir y las lecciones que contiene nunca se habrían aprendido.

NOTAS

1. Los mitos sobre la vida

1. V. Chow, «HK comic makes foray into Hollywood, with US$80m adaptation on the cards», *South China Morning Post*, 8 de agosto de 2009.

2. Por qué es importante tener un sueño

2. C. Gardner, *The Pursuit of Happyness*, Amistad, 2006.

3. M. Yousafzai y P. McCormick, *I Am Malala: How One Girl Stood Up for Education and Changed the World*, Little, Brown, 2016.

4. Citas de Stallone a través de *The Greatest Underdog Story Ever Told: Stallone on Making Rocky*, Jer Films, YouTube.com.

3. Por qué el propósito es importante

5. M. Makara-Studzinska, Z. Wajda y S. Lizinczyk, «Years of service, self-efficacy, stress and burnout among Polish firefighters», *International Journal of Occupational Medicine and Environmental Health*, 2020, 33(3): 283–297; G. Crea y L. Francis, «Purpose in life as protection against professional burnout among Catholic priests and religious in Italy: Testing the insights of logotherapy», *Pastoral Psychology*, 2022, 71: 471–483.

6. J. McKoy, «Higher sense of purpose in life may be linked to lower mortality risk, study finds», *Science Daily*, 15 de noviembre de 2022, a través de www.sciencedaily.com.

7. E. Kim, V. Strecher y C. Ryff, «Purpose in life and use of preventive health care services», *Proceedings of the National Academy of Sciences*, 2014, 111(46): 16331–16336.

8. A. Van Dam, «The happiest, least stressful, most meaningful jobs in America», *The Washington Post*, 6 de enero de 2023.

6. Libérate

9. A. Wilkins, «Will Amazon's robotic revolution spark a new wave of job losses?», *New Scientist*, 23 de abril de 2024.

12. No te detengas

10. S. Witt, «How Jensen Huang's Nvidia is powering the AI revolution», *The New Yorker*, 27 de noviembre de 2023.

11. *Nvidia CEO Jensen Huang on Building Resilience with Pain and Suffering*, PodiumVC, YouTube.com.

12. T. Huddlestone Jr., «Netflix didn't kill Blockbuster—how Netflix almost lost the movie rental wars», *CNBC*, 22 de septiembre de 2020, a través de www.cnbc.com.

Simon Squibb, fundador de HelpBnk, se dedica a ayudar a la gente a ayudar a otros. No es el clásico emprendedor: Simon creó su primera empresa cuando tenía apenas quince años y no disponía de hogar, y más tarde vendió su agencia, Fluid, a PwC por más dinero del que necesitará en toda su vida.

Conocido por su acto viral de comprar una escalera en Londres e instalarle un timbre para que la gente pudiera presentar sus sueños, Simon se impuso la misión de ayudar a diez millones de personas a dar el puntapié inicial a sus negocios. Con más de nueve millones de seguidores en las redes sociales, difunde su actividad a través de su movimiento *GiveWithoutTake* y de inspiradoras entrevistas a la gente en la calle.